생각을 우는 영어

영어 독서 코칭

이기택
이루시아
박원주 공저

입문

Literacy

Read Aloud

추천사

'진짜 전문가가 쓴 영어독서지도의 바이블!'이라고 추천하고 싶습니다. 영어독서를 통한 학습효과가 알려진지 오래되었지만, 그간 비전문가들의 경험에만 치우친 서적이 많았던 것이 사실입니다. 이 책은 영미권의 독서지도 이론과 EFL 환경의 한국 학생들을 대상으로 한 지도 경험과 노하우를 제대로 녹여냈기에 학부모님들과 선생님께 많은 도움이 될 것입니다.

- 사이버한국외국어대학교 기획처장, 영어영문학 박사, **조기석**

'영어독서지도의 나침반 같은 책!'

이 책은 영미권의 '영어독서코칭' 방법론을 학부모님의 눈높이에 맞춰 쉽게 설명해 놓은 책입니다. 우리 아이의 실력에 맞는 책을 고르는 법부터 EFL학생들을 위해 자기주도적 영어 읽기 학습을 차근차근 지도하는 방법에 이르기까지 현장 경험을 바탕으로 한 노하우가 빛나는 책입니다.

- 고려사이버대학교 교수 및 한국아동영어학회 회장 **조수근**

이 책은 그동안 열풍이던 엄마표 영어가 가질 수 있는 지도 불균형에 대한 문제를 짚고 체계적인 영어교육을 위한 방법을 제시하고 있다. 포스트코로나 시대 속에서 엄마표 영어를 해볼까 고민하는 학부모도 늘어나고 있으며, 현장 선생님들 또한 비대면으로 균형 있는 영어교육을 학생들에게 어떻게 제공하고 평가할 것인가에 대해 새로운 고민을 하고 있다. 그동안 출간된 가이드북들이 저자의 자녀, 혹은 몇 가지 지도 방법에 대한 경험을 바탕으로 노하우를 제공했다면, 이 책은 현장 지도 경험과 이론을 겸비한 리딩 전문가들이 여러 데이터를 바탕으로 불빛 같은 시원하고 체계적인 가이드를 제공하는 책이다. '개인별 맞춤 영어독서 지도'의 효과적인 코칭 방법을 학부모도 쉽게 이해할 수 있게 설명된 책을 찾는다면 자신 있게 이 책이라고 소개하겠다.

- 한국교원단체총연합회(한국교총) **하윤수 회장**

이 책은 영어 독서를 전문적으로 지도해 온 경험이 풍부한 선생님이 최근 코로나로 크게 바뀐 교육 환경에 선제 대응하며, 체계적이고 과학적인 '영어 독서 코칭'을 통해 아이들의 영어 실력이 한층 발전할 수 있도록 효과적인 지도 방법을 알려주고 있습니다. 영어 독서 지도에 관심이 크신 어머님들과 선생님들께 도움을 드릴 수 있는 매우 유용한 책이기에 추천합니다.

- 정상어학원 (정상제이엘에스) 창업주, **허용석 원장**

영어를 학습이 아닌 환경으로, 티칭이 아닌 코칭으로 접근해야 하고 교실영어를 뛰어넘어 표현영어와 진짜영어를 10년 전부터 강조해오던 저였기에 전문적인 이론에 근거하고 현장에서의 경험을 바탕으로 쓰여진 이 책이 출간된다는 소식에 매우 반가웠습니다. 영어 원서 읽기 지도법에 대해 관심이 많으신 분들은 이 책을 통해 아이들을 자기주도적인 읽기 독립자로 성장시킬 수 있는 나만의 로드맵을 꼭 만드시길 바랍니다.

- 공터영어, 대표이사 **정인수**

전문가들이 친한 지인에게만 들려줄법한 자녀 영어 학습 및 지도 이야기들이 알차게 들어있는 책입니다. 현장 경험 내용이 많이 담겨 있는 만큼 체계적인 영어 지도에 관심이 많은 학부모님들과 선생님들께 추천하고 싶습니다.

– 네이버카페, 성공하는 공부방 운영하기 **김보미 원장**

"왜 이 책을 쓰게 되셨나요?"

먼저 세 명의 작가 중 대표로 '저자의 말'을 쓰게 되어 영광입니다. 이 책을 쓰게 된 큰 계기가 있었습니다. 독일 프랑크푸르트에서 열린 국제 도서 박람회에 출장을 갔다가 인연이 닿아 우리나라에서 가장 유명한 온라인 육아 커뮤니티 매니저님을 만나게 되었습니다. 시간 가는 줄 모르고 함께 영어독서교육과 토론 교육에 대해 이야기를 나누게 되었습니다. 그리고 인스타그램 라이브 방송을 제안받게 되었습니다.

운 좋게도 한달 반 동안 영어 독서 지도에 대해 라이브 강의를 하면서 전국의 많은 학부모님들, 선생님들과 소통하는 기회를 가지게 되었습니다. 늦은 밤 10시에 진행되는 방송임에도 불구하고, 매번 1,000여 명이나 되는 분들이 시청을 하셨습니다.

더 놀라운 것은 실시간으로 시청하시는 분들이 쏟아 내시는 수 많은 질문들이었습니다. 우리의 학부모님들과 선생님들이 아이들의 미래가 달린 교육 방법론에 대해 그렇게나 열심히 연구하고 고민하고 있다는 것을 눈으로 보게 된 특별한 경험이었습니다.

그분들과 더 적극적으로 지식과 노하우를 나누고 싶은 마음이 강해졌습니다. 그래서 비효율적인 영어교육계의 여러 문제점들에 대해 교육 공동체로서 함께 솔루션을 실천하는 변화의 물결을 만들고 싶었습니다. 그 뜻을 함께한 이 교수님, 박 작가님과 이 책을 쓰게 되었습니다. 그리고 오랫동안 준비하고 꿈꿔왔던 영어독서전문가 양성 과정을 론칭하게 되었습니다.

저는 영어 선생님 출신이자 영어 교육 컨텐츠 기획자로 리터러시(Literacy, 문해 교육), 디베이트(Debate, 영어 토론), 스피킹(Speaking) 분야의 다양한 프로젝트에 R&D 연구원으로 경력을 쌓아 왔지만, 그 중에서도 영어독서 교육과 아주 특별한 인연을 가지고 있습니다.

십 여년 전, 미국의 영어독서 프로그램인 스콜라스틱사의 리딩 카운츠(Reading Counts - 렉사일Lexile 기반 독서 프로그램)를 우리나라에서 처음으로 썼던 목동의 영어독서 전문학원에서 선생님으로 일하면서 리터러시 교육 방법론에 대해 접하게 되었습니다.

그 이후에는 미국에 출장을 가서 리딩 전문가(Reading Specialist) 선생님들의 교육 세미나에 참여하는 기회도 갖게 되었습니다. 미국의 리터러시 교육 방법론에 대한 생생한 연구 자료들과 수업에 쓰이는 다양한 교구 및 교재를 접하면서 그 깊고, 체계적이고 실용적인 면에 더욱 빠져들게 되었습니다. 그리고 르네상스 러닝사의 AR 독서 프로그램을 쓰는 영어독서 전문학원에서도 근무를 하면서 세계적으로 양대 산맥인 대표적인 독서 프로그램에 대한 지식과 노하우를 섭렵하게 되었습니다.

이러한 수 많은 연구와 경험을 했기에, 영어독서교육에 대해서는 저 자신을 리딩 전문가라고 당당하게 소개할 수 있습니다.

현재 "엄마표 영어독서"라는 이름으로 많은 분들이 독서를 기반으로 한 통합적 영어학습법을 하고 계신데, 이것을 짧게 '영어독서코칭'이라고 하겠습니다. 이것은 일반적으로 영어 코스북(Course book)을 가지고 가르치는 것보다 훨씬 어려울 수 있습니다. 워낙 다양하고 방대한 교수법이 있기 때문입니다.

현재 시중에 "엄마표 영어독서"에 대한 교육정보 도서들이 많이 나와있습니다. 그런데 그 책들을 살펴보고 두 가지 측면에서 많이 놀랐었습니다.

엄마표 영어독서를 초기에 시도한 대부분의 인플루언서들은 그 당시 정보가 워낙 없다 보니, 스스로 찾고, 시행착오를 겪어가며 자녀를 가르치셨습니다. 그래서 책 내용의 대부분이 자신과 아이에 한정된 경험치에 기반한 팁들을 공유한 내용입니다. 하지만, 이것을 들여다 보니 영미권 리터러시 코칭 이론과 연구 내용에 부합하는 내용들이 적지 않게 있는 것을 보고 첫 번째로 놀랐습니다.

둘째는, 경험치에 근거하다 보니, '내가 해보니 좋더라 내가 이렇게 성공했으니, 너도 묻지도 따지지도 말고 나를 따르라.'는 식의 내용을 보고 매우 놀랐습니다. 잘못된 정보들과 너무 독서 레벨과 듣기만 강조하는 과열 양상 등의 문제점이 있는 것도 안타깝게 느껴졌습니다. 그래서 제가 보완을 해주고 싶은 마음을 오래전부터 갖고 있었습니다.

그런데, 한 달 반 동안의 라이브 방송이 도화선이 되었습니다. 첫 방송부터 1,000명이 넘는 분들이 보셨고, 생방송 중에도 질문들을 엄청나게 많이 쏟아 내셨고, 다이렉트 메시지, 이메일로도 사연과 질문들이 쏟아졌습니다. 그 글들을 보니 아이들을 위해 많은 고민과 노력을 하시는 것이 느껴지면서, 도움을 드리고 싶다는 마음이 생겼습니다. 그냥 도움을 드리는 정도에서 그치지 않고, 진심으로 최선을 다해서 도와드리고 싶었습니다. 그 분들의 열심이 자신의 아이 뿐 아니라 다른 아이들도 가르칠 수 있는 커리어로 까지 성장 할 수 있을 것이라는 가능성도 보였습니다. 그 분들의 성장을 이끌어 주고 싶은 소망도 생겼습니다.

그래서 시간을 쪼개서 네이버 온라인 카페 '영어독서코칭SOS'도 개설하고, 이렇게 이 분야의 전문가인 3인방이 만나서 영어독서지도에 대한 책도 집필하고 영어독서지도사 양성과정도 개설하게 되었습니다.

책은 1년여 동안 1000페이지가 넘는 분량을 여러 차례 수정하였는데, 그래도 부족함을 느끼고 있습니다. 앞으로 학부모님들 그리고 선생님들의 고충과 고민들을 듣고, 필요한 정보들은 지속적으로 업데이트할 예정입니다.

이 책은 두 권으로 나뉘어 구성되어 있는데, 입문편은 미국 기준 2학년 이하의 영어독서지도에 대한 정보를 담았습니다. 그리고 심화편은 미국 기준 2학년 이상의 영어독서지도에 대해 다루고 있으며, 생각과 토론을 이끌어내는 더 깊은 독서지도 방법론들에 대해 구체적인 정보를 소개합니다. 부록에는 한눈에 보는 발달단계별 목표와 로드맵, 자주 묻는 질문과 답(FAQ), 그리고 추천 도서와 미디어 리스트로 풍성하게 꾸며져 있습니다. 더 많은 자료가 있지만, 지면의 한계로 모두 담아내지 못한 대신, 네이버카페 "영어독서코칭SOS"에 지속적으로 더 많은 자료들을 공유하도록 하겠습니다.

자녀에게 뿐 아니라 전문적인 수준으로까지 익혀서 커리어로 도전해 보고 싶은 분들은 이 책과 함께 KBS 미디어 평생교육원에서 함께 운영되는 영어독서지도사 자격증 과정(Reading Specialist Certificate Course)을 수강하시면 좋습니다.

디지털 시대의 교육의 핵심은 창의적 사고력, 문제 해결력, 협업 능력입니다. 이것을 실질적으로 훈련할 수 있는 메타인지 독서지도법도 자세히 다루고 있습니다. 이 부분은 리딩 전문가들 뿐만 아니라, 다른 교육 분야에도 널리 퍼져 접목될 수 있기를 바랍니다.

이 책이 나오기까지 많은 어려움이 있었는데, 하나님께 먼저 영광 돌리고 싶습니다. 그리고 독서교육의 중요성을 공감하고, 올바른 영어교육에 대한 비전과 사명감으로 이 책 작업을 함께 해주신 공동 저자분들과 출판사 임직원분들께 감사를 표합니다. 그리고 늘 응원해준 가족, 지인들에게도 고맙다는 인사를 전합니다.

기성 세대인 우리는, 지금껏 경험해 본 적이 없는 인공지능 시대를 살아가야 하는 아이들을 교육해야 한다는 참 어려운 숙제를 가지고 있습니다. 게다가 연일 뉴스에서는 아이들의 기초학력이 떨어지는 심각성에 대해서 나오고 있고, 학교 폭력 등의 인성 문제들이 나오고 있습니다.

새로운 시대를 만들어 가기 위해 우리 아이들에게 필요한 창의력, 사고력, 소통능력, 인성을 키울 수 있는 방법론 중 가장 효과적인 솔루션은 바로 독서와 토론에 있다고 생각합니다.

책 속의 보물들을 아이들이 발견할 수 있도록, 우리가 등대가 되어 주어야 한다고 생각합니다. 등대는 빛을 비추며, 가이드를 주지요. 절대 답을 손에 쥐어 주지 않고, 찾을 수 있도록 도움을 줍니다. 등대처럼 아이들이 상상의 나래를 마음껏 펼칠 수 있도록 디딤돌이 되는 그런 일을 함께 할 교육 공동체로서의 리딩스페셜리스트 일원들이 많이 생기길 바랍니다. 책이 나온 후 이런 뜻을 같이 하는 많은 분들과 협업할 수 있길 기대해 봅니다. 진심을 담아 감사합니다.

2020년 9월
EFL영어독서전문가들이 많아지길 바라며,
공동저자 일동

CONTENTS

추천사 5
프롤로그 왜 이 책을 쓰게 되셨나요? 3

PART 1 엄마표 영어 해? 말아?

-영어독서 왜? 무엇부터?-

Chapter 01 엄마표 영어, 그것이 알고 싶다?!

1. '엄마표 영어'가 대체 뭔가요? 17
2. 한국어 독서도 어려운데 굳이 영어독서를 해야 하나요? 19
3. 꼭 '엄마표'로 하는게 좋을까요? 영어에 자신이 없어요. 40
4. 영어독서 무엇부터 시작할까요? 45

PART 2 잘못 쓰면 독, 리딩레벨 제대로 활용법

-Lexile과 AR 북레벨, 리딩레벨-

Chapter 02 리딩 레벨 '더 빨리 더 높이'의 오류 바로 잡기!

1. 문자보다 소리가 먼저다! 63
2. '더 빨리 더 높이' 보다 At Grade Level 72
3. '더 많이'에 '더 깊게'를 더하자! 76

Chapter 03 렉사일, AR 제대로 알고 활용하기

1. 레벨은 책에 맞추지 않고, 아이에게 맞춰요! ... 78
2. 리딩 지수 읽는 법 ... 83
3. 레벨에 맞는 북 매칭 방법과 레벨 업 Tip ... 85
4. 레벨에 맞는 책 쉽게 찾는 법 ... 90
5. 엄마가 보지 못하는 레벨 테스트의 허점?! ... 98

PART 3 누구도 말해주지 않은 읽기 독립 훈련 첫 걸음 떼기

-그림책 읽어 주기와 파닉스 디코딩스킬 훈련은 다른 트랙!-

Chapter 04 성공적인 영어원서 읽기를 위한 도서 선택 Tip

1. 영어원서 구매 전 꼭 알아야하는 4가지 정보가 있다?! ... 107
2. 그림책 읽어 주기와 읽기 독립 훈련은 다른 트랙이다! ... 109
3. 읽기 독립 훈련의 4단계에 따른 영어원서 믹스 매치하는 법! ... 114
4. 읽기 독립 훈련 첫 걸음 떼기는 디코딩 스킬 훈련 전문 리더스를 써야한다! ... 120
5. 레벨 전환기는 아이의 약한 점을 보완할 디딤돌 도서를 선택하라! ... 124

Chapter 05 그림책 200% 활용법

1. 리딩 레디니스 단계에 대한 이해 ... 129
2. 그림책을 읽은 아이와 1백만 단어 차이?! ... 134
3. 그림책 읽어 주기 Dos & Don'ts ... 138
4. 대화를 더하면 금상첨화! ... 142

Chapter 06 읽기 독립 훈련의 첫걸음 디코딩 훈련 Tip

1. 파닉스 학습서와 디코더블 리더스 조합이 가장 효과적!   153
2. 파닉스 규칙 단어 먼저 마스터 후 디코더블 리더스 읽기로 넘어갈 것   156
3. 발음하는 방법 지도시 I do-We do-You do   158
4. 발음 지도 시 (음가)-(느린깡총조합)-(단어) 순서로   159
5. 반복만이 답!   163
6. 디코딩 전략으로 스스로 읽도록 도와주세요!   166
7. 읽기 피로감이 쌓이지 않게 동화책을 꼭 함께 섞어 읽어주기   177
8. 마더구스(Mother Goose), 너서리(Nursery Rhyme) 라임 활용   178
9. 알파벳 순서 쓰기 헷갈리는 아이   181

Chapter 07 싸이트 워드(Sight Words) 지도 팁

1. 싸이트 워드란?   185
2. 미국 유치원, 초등학교 싸이트 워드 지도 엿보기   186
3. 싸이트 워드 지도 팁   190
4. 컨텍스드, 컨텍스트, 컨텍스트!   195
5. 싸이트 워드 게임   197

Chapter 08 본격적인 읽기 독립 훈련, 리더스

1. 리더스 세트 구매하는 것이 좋을까?   203
2. 리더스 훈련할 때, 리더스만 읽어야 할까?   205
3. 캐릭터 중심 리더스는 좋지 않을까?   206
4. 리더스를 수업에 활용할 때 주의점   207
5. 리더스 종이책 vs 전자책   209

PART 4 전문가들도 놀란 영어원서 낭독의 효과

-영어 원서 낭독 훈련법-

Chapter 09 저평가된 낭독, 제대로 알기

1. 읽어주기 vs 집중 듣기 vs 낭독   213
2. 전문가들도 놀란 낭독의 효과   216
3. 낭독 유창성 구성요소와 문해력 연계성   218

Chapter 10 낭독 리딩 유창성(Oral Reading Fluency) 훈련 요소 제대로 알기!

1. WPM 분당 속도계산법   223
2. 낭독 리딩 유창성 평가표를 통해 본 훈련 요소   226

Chapter 11 낭독 리딩 유창성 지도Tip

1. 원서 낭독은 1분부터 점차 시간 늘려가기   234
2. 가장 효율적인 반복 읽기 횟수   235
3. 낭독 목표, 기록, 모니터링의 중요성   237
4. 낭독의 다양한 방법   240

에필로그   244

부록

Ⅰ. 단계별 로드맵   253
Ⅱ. 레벨별 추천 도서/미디어 목록   255
Ⅲ. 영어독서코칭 FAQ(자주 묻는 질문 모음)   281

PART
1

영어독서 왜? 무엇부터?

엄마표 영어
해? 말어?

"There are many little ways to enlarge your world.
Love of books is the best of all."
-Jacqueline Kennedy-

"당신의 세상을 확장할 수 있는 다양한 방법들이 있습니다.
책을 사랑하는 것은 그 중에 최고죠."
-재클린 케네디-

CHAPTER

엄마표 영어, 그것이 알고 싶다?!

질문1. '엄마표 영어'가 대체 뭔가요?

요즘 자녀 육아 교육 관련 가이드 서적들이 베스트 셀러 리스트에 자주 올라옵니다. 그 중에서도 '엄마표 영어'라는 말이 꽤 오랫동안 유행입니다.

'엄마표 영어'는 엄마가 직접 아이들에게 영어를 가르치는 것을 뜻하는 것으로, 일종의 '홈스쿨링'Homeschooling입니다. 하지만, 단순히 영어 선생님이 '엄마'라는 것에 핵심이 있지 않습니다. 가장 큰 핵심적인 두 기둥이 있는데, 하나는 원어민 어린이들이 읽는 동화책이고 다른 하나는 오디오, DVD, 유튜브YouTube 동영상 같은 미디어 교육자료를 활용하는 것입니다. 이 두 기둥, 즉, 영어동화책과 미디어 교육자료를 활용하여 아이들이 모국어를 익히는 방식과 비슷한 환경을 만들어 주어 재미는 물론 영어실력 성장 효과까지 높이는 것이 '엄마표 영어'의 핵심이라고 생각합니다.

영어독서를 통해 영어학습을 하는 방법론이 처음부터 한국에 대중화된 건 아닙니다. 17여 년 전만 해도, 코스북Course Book이나 문법서적으로 영어학습을 한 것이 대부분이었죠. 미국 아이들이 읽는 영어동화책과 미디어 교재로 말하기, 듣기, 쓰기, 읽기를 통합적으로 학습한다는 개념은 낯선 것이었습니다.

흥미로운 사실은, 이것이 초반에는 영미권에서 유치원, 초등학교를 다니다 한국에 돌아온 아이들, 즉 리터니Returnee들의 부모님들 사이에서만 알려지고 행해졌다는 것입니다. 영어동화책을 통해 말하기, 듣기, 쓰기, 읽기를 통합적으로 원어민처럼 학습하는 것에 대한 효과를 경험하고 정보를 공유하던 것이 강남, 압구정, 목동 등 일부 지역을 중심으로만 시작되다가 그 효과가 입소문을 타면서 여러 온라인 육아정보 커뮤니티를 통해 전국으로 확산되었습니다.

이런 영어 학습 방식이 각광을 받게 된 가장 큰 요인은 영어원서 읽기 지도의 체계성과 재미 그리고 탁월한 효과 때문입니다. 영미권 교육 현장에서는 아이들이 누구나 읽고 쓰는 능력을 갖도록 하기 위해 오랜 세월 리터러시 스킬Literacy Skills 지도 방법론을 발전시켜왔습니다. 학습능력의 필수 기본 스킬이 바로 읽고, 쓰는 능력이기 때문입니다.

누구나 교육받을 수 있게 하는 것만큼이나, 누구나 성장할 수 있도록 그 발판이 되는 학습 능력의 근간이 되는 리터러시 스킬을 제대로 훈련하는 것은 매우 중요합니다. 이것은 결코 타협하거나 양보할 수 없는 교육 목표라는 것을 영미권의 'No Child Left Behind'라는 캐치 프레이즈와 체계적인 리터러시 교육 방법론들을 통해 다시금 확인할 수 있습니다.

영미권의 리터러시 교육은 아이들의 발달 단계에 맞춰 책을 추천해주고, 읽는 법, 쓰는 법, 이해력 훈련을 하는 것이 핵심인데요. 가장 먼저, 아이가 어떤 부분을 어려워하는지 진단하는 것부터 시작합니다. 진단 후 아이의 이해 속도에 맞춰 체계적이면서도 지속적인 독서 지도를 하니 단박에 한국 학부모님을 사로잡을 수밖에 없었죠.

게다가 한국은 영어를 외국어로서 접하는 EFLEnglish as a Foreign Language

환경이기에 아무래도 영어 노출 시간은 현저히 부족할 수밖에 없습니다. 그런데, 원어민들이 쓰는 표현이 가득한 동화책과 미디어 자료 덕분에 자연스럽고 흥미롭게 영어를 공부할 수 있어서 아이들 또한 사로잡아 버렸죠.

17여 년이 지난 지금은 이런 방식으로 영어를 학습해서 영미권으로 유학을 가지 않았음에도 불구하고 뛰어난 읽기, 쓰기, 말하기 영어 실력을 갖춘 학생들의 숫자가 많아졌습니다. 성공 케이스들이 여기저기 흔하게 쏟아지면서, 이 방법론이 이토록 오랫동안 학부모님들 사이에서 각광받게 된 것이지요.

질문2. 한국어 독서도 어려운데 굳이 영어독서를 해야하나요?

결혼 후 아이가 생기면, 아이의 교육에 대한 다른 관점 때문에 부부가 싸우게 되는 일이 많죠. 그 중에 아이를 위해 책을 사는 일에 대해 의견충돌을 겪는 부부들도 있죠. '아이가 아직 어려 책을 읽지도 못하는데, 무슨 책이냐, 게다가 한국말도 제대로 안되는 아이에게 무슨 영어 책이냐?' 따지며 반대하는 분들이 계십니다. 부부싸움은 자고로 껴드는게 아니지만, 영어 독서에 대한 것이라면, 용기 내어 오지랖을 좀 부려야 할 것 같습니다.

물론 모국어 독서가 우선입니다. 하지만 영어독서를 통해 영어학습을 하면 우리 아이들이 살아가야할 인공지능시대에 서바이벌 스킬Survival Skill, 기본 생존 기술을 넘어 경쟁력을 키워 줄 수 있어요. 특히 아래와 같은 효과가 있기 때문에 영어독서를 강력히 추천합니다.

첫째, **진짜 소통을 위한 생생한 영어표현**을 배울 수 있어요. 어느 미국 대학에서 이민자 출신 아이들을 두 그룹으로 나눠 한 그룹은 기존 코스북으로 영어를 가르쳤고 다른 한 그룹은 미국 어린이들이 읽는 영어 동화책을 통해 영어수업을 진행하여 성과를 비교했다고 합니다. 어떤 그룹이 영어 실력이 더 좋았을까요? 영어독서를 통해 말하기, 듣기, 읽기, 쓰기를 학습한 두 번째 그룹의 영어 실력이 훨씬 향상되었다고 합니다.

　그 이유가 무엇일까요? 영미권 아이들이 읽는 동화책을 펼쳐 보면 단박에 이해가 가실 겁니다. 이런 동화책들이야말로 아이들이 생활 속에서 쓰는 생생한 표현이 가득한 보물섬이라는 생각이 바로 드실 걸요.

● 일반 영어회화 코스북 vs 영어 동화책 비교 ●

코스북	영어 동화책
What is it? It is a book. It is an eraser. It is a bag.	"What is it?" asked the little girl. "It is wiggling!" said she. "It is a worm," smiled Grandma. "Yuk! It looks gross," said the girl.
그것은 무엇이니? 그것은 책입니다. 그것은 지우개입니다. 그것은 가방입니다.	"그게 뭐예요?" 작은 소녀가 물었어요. "꿈틀거려요!" 소녀가 말했어요. "그것은 지렁이야," 할머니가 미소 지어요. "웩! 징그러워요," 소녀가 말했어요.

　일반 영어회화 코스북은 단원의 구성이 타겟 문장 3~5개로 한정되어 있죠. 하지만 영어동화책은 우리 아이 또래의 주인공의 행동, 대사, 사건들이 나와요. 언제 어떻게 말해야 하는지 컨텍스트Context, 문맥, 즉 상황과 함께 궁금했던 영어 표현들이 재미있는 이야기로 전개되다 보니, 단어가 아닌 문장으로 노출되고, 그 문장이 사용되는 예시까지 볼 수 있어요. 그리고 기억에 남는 장면과 함께 공부하니 장기 기억에도 더욱 도움이 될 수밖에 없습니다.

　부모님 세대가 그토록 수많은 시간을 투자하여 문법 위주로 영어공부를 했지만, 막상 영어를 사용해야하는 상황에 닥쳤을 때, 입도 뻥긋하지 못하게 되는 가장 큰 이유 중에 하나로, 언어 학습 전문가들은 Context컨텍스트 즉 표현이 쓰이는 상황을 함께 배우지 못한 문제를 꼽습니다.

　언어는 배울 때부터, 활용될 상황과 함께 꼭 배워야 실제로 쓸 수 있기 때문입니다. 영어 동화책은 바로 그러한 컨텍스트와 함께 영어공부를 할 수 있는 최고의 컨텐츠를 제공하는 것이죠.

예를 들어, 위의 비교표를 보세요. 코스북에서는 'What is it?(그것은 무엇입니까?)' 'It is ~'(그것은 ~입니다.)라는 타겟 문장을 배우는 것이 목표이죠.

반면, 영어 동화책을 한 번 볼까요? 어린 소녀가 지렁이를 발견하고 할머니에게 묻는 장면이 나오네요. 그림과 함께 나오겠죠. 아이들은 지렁이 그림을 보고, '영어로는 지렁이가 뭘까?' 궁금해하던 찰나에 익숙한 엄마 목소리로 읽어 주시겠죠. 'Worm'이라고. '지렁이'하면 뭐가 떠오르시나요? 바로 꿈틀꿈틀 거리는 모습(It is wiggling.)이죠. 징그럽다고(It looks gross.) 생각하는 아이들도 있죠. 이렇듯, 궁금한 표현들이 꼬리에 꼬리를 물면서 나오기 때문에, 이러한 표현들을 확장하면서 공부할 수 있어요. 똑같은 4개의 문장을 공부하는데, 영어 동화책으로 영어를 익히면 표현력이 더욱 풍성할 수밖에 없겠죠?

둘째, 영어독서를 하면 단기간에 따라올 수 없는 영어 어휘와 어순 데이터가 쌓여요! 혹시 "Summer Slide"썸머 슬라이드, 여름 미끄럼틀라는 말이 무슨 뜻인지 아세요? 미국에서 여름방학 즈음 "Prevent the Summer Slide!"프리벤트 더 썸머 슬라이드, 여름 미끄럼을 막자!라는 캠페인을 볼 수 있어요.

여름방학 2개월 정도의 기간 동안에 책을 읽은 그룹과 읽지 않은 그룹의 학업성취도를 평가했더니, 그 차이가 35~40%나 났다고 합니다. 조사 결과에 따르면, 특히 리딩Reading skills 실력 격차가 매우 크게 났다고 합니다. 그저 짧은 기간일 뿐인데, 마치 미끄럼틀을 타고 쭉 내려가는 듯이 실력도 하락, 즉 Learning Loss러닝 로스, 학습 손해가 난다는 거죠.

이 2개월의 차이가 방학 때마다 초등학교 내내 쌓인다면, 졸업할 쯤에는 리딩 실력이 3년 정도의 차이가 난다고 합니다. 썸머 슬라이드 캠페인은 책을 읽는 것과 읽지 않는 것이 얼마나 큰 차이를 불러 일으키는지를 보여주면서 지속적인 독서의 중요성을 강조하는 캠페인인거죠.

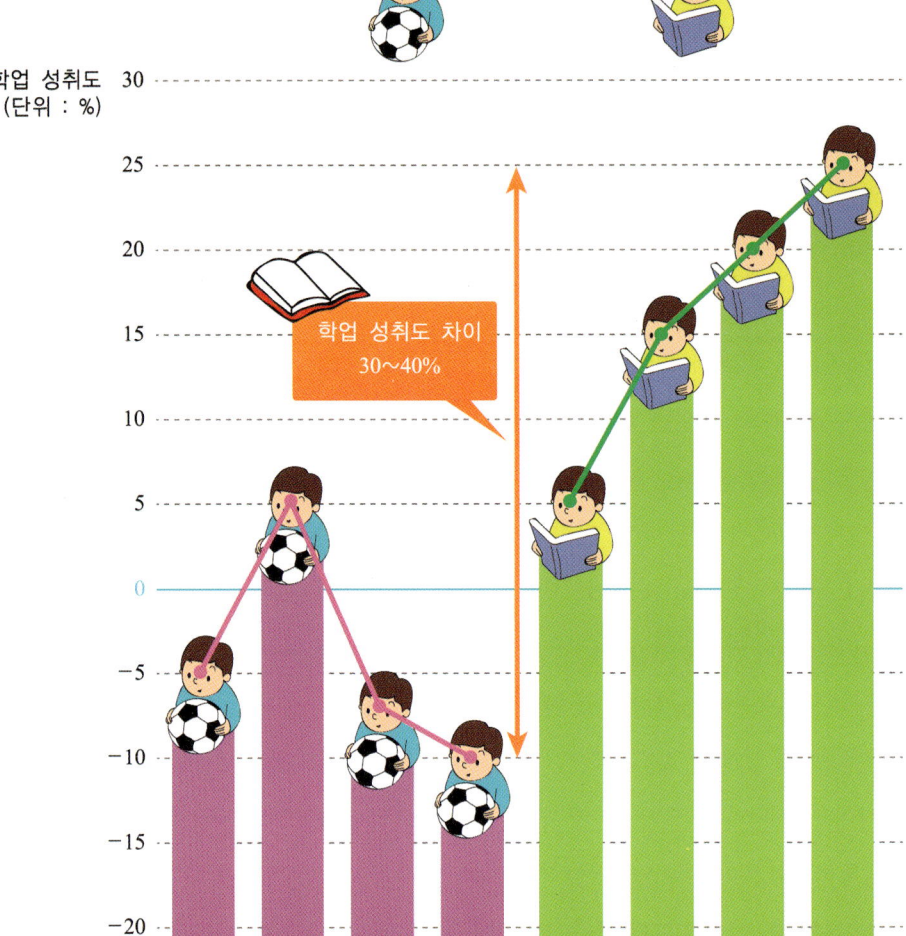

도대체 어떻게 이런 결과가 나오는 걸까요? 독서를 하면 많은 유익이 있겠지만, 눈으로 가장 확인하기 쉬운 노출 어휘 양만 한 번 따져 봐도 금세 이런 결과가 나올 수밖에 없음을 알 수 있습니다.

유치원 때부터 고등학교 때까지 매일 30분 이상 책 읽기를 한 아이들이 노출되는 단어의 수는 1,300만 단어, 15분 이상 30분 미만을 읽은 아이들은 570만 단어, 15분 이하는 150만 단어라고 합니다. 15분 이상 읽은 아이들은 그렇지 않은 아이들에 비해 4배 가량 더 많은 단어에 노출이 되는 겁니다.

연구에 따르면 신규 단어를 학습하기 위해서는 17번 반복 노출이 필요하다고 합니다. 그리고 단어 1,000개 노출량 대비 신규 단어 1개 비율로 습득이 된다고 합니다. 그 계산법에 따른다면, 15분 이하를 읽은 아이들은 1,500개의 신규 단어를 겨우 습득하는 동안 15분 이상 읽은 아이들은 그 4배의 단어를 습득한 것이니 학습성과에 있어서 차이가 날 수밖에 없겠지요.

단순히 단어나 표현의 노출 뿐만 아니라 아이는 영어 동화를 통해서 영어의 어순에 노출이 됩니다. 영어의 어순은 한국어의 어순과 완전히 다르지요. 그리고 표현하는 방법 또한 많이 다르지요. 영어 동화책을 읽는 동안 아이는 영어 데이터가 뇌 속에 엄청나게 쌓이게 되기 때문에 영어를 외국어로 사용하는 한국의 언어환경에서는 이것이 어마어마한 자산이 됩니다.

한국어는 어순에 많이 민감한 언어가 아닙니다. 그도 그럴 것이, 각 단어의 기능 설정에 도움을 주는 '조사'가 있기 때문입니다. 예를 들어, "나는 너를 사랑해."라는 문장 속에서 '는'과 '를'이라는 조사가 의미를 명확하게 잡아주기 때문에 '너를 사랑해 나는.'이라고 단어 덩어리들의 위치가 바뀌더라도 의미를 파악하는 데 문제가 없습니다.

하지만, 영어에서는 이런 기능을 하는 조사가 없기 때문에 어순이 바뀌면 엄청난 의미 변화가 있어요. 예를 들어, "I love you."(나는 너를 사랑해.) "Love you I."(영어 문장이 아님. 의미를 파악하기 힘듦)처럼 말이죠.

●한국어와 영어 어순의 중요성 비교●

한국어	영어
나는 너를 사랑해	I love you. (○)
너를 사랑해 나는	Love you I. (×)
사랑해 나는 너를	You I Love. (×)
사랑해 너를 나는	Love I You (×)

학생들을 가르쳐보니, 미국 원어민들의 일상 생활을 고스란히 담은 영어 동화를 읽고 듣고, 따라 말하고, 써 본 아이들과 그렇지 않은 아이들을 비교해보면 이 영어적 어순 감각이 있는 것과 없는 것에 따른 영어실력 차이는 엄청 컸습니다. 똑같은 수업을 듣더라도 똑같은 지문을 읽더라도, 뇌가 처리하는 속도 자체가 달랐습니다. 영어 동화책을 평상시에 읽고 접한 적이 없는 아이들은 오로지 한국어 뜻으로 암기한 그대로 치환하고, 문법적으로 계산하느라 습득도 해석도 느릴 수 밖에 없습니다. 아이에게 영어 책을 읽어주는 건 달리기 대회에서 남들은 운동화를 신고 달리는데, 우리 아이는 인라인스케이트를 타고 달리는 것이나 마찬가지라고 할만큼 효과적인 것이죠.

셋째, 영어 독서가 내신 입시에도 도움이 돼요! 더욱이, 영어독서를 통해 뇌에 쌓인 이 어휘, 표현, 어순 데이터는 꼭 어릴 때 잠깐의 차이가 아니라, 고학년에 진학하였을 때도 내신과 입시에 영향을 미치는 강력한 펀더멘털 스킬 Fundamental Skill, 근본 능력이 됩니다.

교육열에 대해서는 둘째가라면 서러울 한국. 중고생이 되면, "내신과 입시" 말고는 그 어떤 것도 우선순위를 주장하지 못하게 되다 보니, 독서는 중요도에서 밀려나게 됩니다. 때문에, 내신과 입시에 자유롭고 시간적 여유가 있는 유치원생이나 초등학생 자녀를 위해 '영어독서'에 관심을 갖던 학부모님들도, 자녀들이 중고등학생이 되면, 영어독서를 버리기도 합니다. 아이들도 더 급한 내신 점수에 시간을 더 투자하겠다는 생각을 갖게 됩니다. 하지만, 오히려 영어독서를 통해서

펀더멘털 스킬Fundamental Skill, 근본 능력이 길러졌기 때문에 내신과 입시에서 우위를 차지할 수 있다는 것을 보여드리고 싶습니다.

그래서 입시의 끝에 있는 수능 영어 지문과 한국 영어 교과서 지문에 대한 분석을 하게 되었고 그 분석 데이터를 통해 영어독서를 통한 영어학습이 오히려 모든 학생들에게 필요하다는 확신을 갖게 되었습니다.

제가 최근 4년 간의 수능 영어 지문을 분석한 이유는 대한민국에서 고등학교 졸업자에게 기대하는 영어 실력은 어느 정도이며, 영어 원서 읽기를 통한 영어 학습법이 얼마나 효과적일 수 있는가를 알아보고 싶었기 때문입니다.

다음의 표들을 보실까요?

수능 영어 빅데이터로 본 영어 리딩유창성 레벨

2017년 수능 기준

Q 수능 영어를 풀기 위해 최소한 갖춰야 하는 읽기 속도는?

1분당 163개의 영단어를 읽고 이해하는 능력
원어민 기준 미국 초등학교 3~5학년 수준

수능 영어
· 70분 100점 만점 45문항
· 듣기 17문항(25분내외)
· 읽기 28문항(45분)
→ 1문제 당 1분 30초

★ 필수 리딩 유창성
평균 163WPM(G3~G5)
최저 94
최고 357
WPM(G9~College)

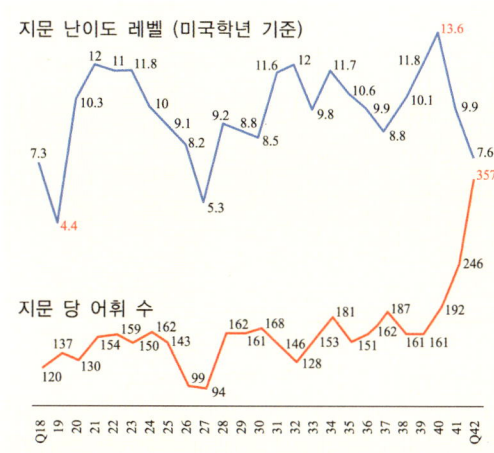

Q 수능 영어 지문에서 출현한 총 어휘 수는?

약 1,500여개(중복 어휘는 1개로 계산)

Q 수능 영어에서 출현 어휘의 레벨 분포?

수능 영어 출현 어휘 중 미국 초 1~6학년 레벨 우선순위 어휘 일치도 80%

수능 영어 출현 어휘 레벨 분석표

■ 2017 수능
■ 미국 학년별 어휘

총 4069개
중복 어휘 제외 1472개

	Level1 (미국 초1~6)	Level2 (미국 중/고)	Level3 (미국 고등~대학)	Outside
2017 수능	785	173	228	286
미국 학년별 어휘	1000	1000	800	...

Q 수능 영어 지문의 난이도는?

미국 학년	연령 (미국 기준)	지문 수준	개수	비율
9	14~15	BBC News Website 비비씨 뉴스 웹사이트	6	24%
11	고등 졸업	Most of William Shakespeare 셰익스피어 작품	5	20%
10	고등 입학	Financial Times 경제 잡지	5	20%
12	대학	Harvard Law Review 하버드 법대 잡지	4	16%

7	12~13	웹사이트 긴 지문	2	8%
8	13~14	오바마 대통령 연설	1	4%
6	11~12	Harry Potter 해리포터	1	4%
5	10~11	영어 만화책	1	4%

Q 수능 문제 중 가장 많이 틀린 오답률을 보인 문제는?

(수능 오답률 자료 출처: 르네상스 러닝 및 이투스)

10명 중 7명이 유추형 문제를 틀림!!
유추능력은 고차원 사고능력을 필요하므로 책 읽기를 많이 해야 함.

항목	오답률	유형	ATOS 지수	미국학년기준 평균 난이도
33번	72%	빈칸추론	9.8	중학교 3학년 8개월차
32번	65%	빈칸추론	12.0	고등학교 3학년
31번	63%	빈칸추론	11.6	고등학교 2학년 6개월차

결론! 영어원서 읽기 훈련이 필요해!!!!

수능 영어를 풀 정도가 되려면, 속도 측면에서 어느 정도 실력을 갖춰야 할까요? 최소한 1분당 평균 163단어를 읽고 이해할 수 있는 읽기 유창성Reading Fluency을 갖춰야 합니다. 원어민 실력으로 따지면, 이런 속도는 미국 초등학교 4~5학년 정도의 수준입니다. 지문 길이의 평균치일 뿐이고, 가장 긴 지문의 경우, 최고 1분당 357단어로 구성되어 있었는데, 이 정도의 수준은 미국 고등학생이나 대학생 수준입니다.

이러한 리딩 유창성Reading Fluency을 갖추려면, 영어 교과서만 열심히 공부

하면 될까요? 중학교부터 고등학교까지의 교과서 지문을 분석한 결과 - 지문을 분석할 때는 문장 난이도 즉 Text Difficulty를 계산하는 일정 공식이 있는데, 어휘의 난이도와 문장의 길이 등을 고려하여 계산됩니다 - 재미있는 사실을 알아냈습니다.

그것은 바로 우리나라 중학교 1학년의 교과서는 평균적으로 미국 초등학교 1학년 정도의 문장 난이도를 가지고 있었고, 학년 별로 꾸준히 상승해서 고등학교 3학년 교과서는 미국 고등학생 수준과 맞닿아 있었습니다. 그렇다 보니, 학년이 올라갈 때마다, 지문의 난이도가 한 학년이 아니라 2개 학년 씩 가파르게 올라가기도 했습니다.

리딩 전문가들이 입을 모아서 하는 말이 있습니다.

"One Level at a Time!"

1년에 한 학년 정도의 리딩 실력을 향상시키는 것이 가장 이상적인데, 1년에 두 학년 치의 리딩 실력을 올리는 것은 무리가 따른다는 것입니다. 이쪽 분야의 오랜 데이터를 갖고 있는 유명한 독서프로그램 회사 측에서 제시한 표만 보더라도 1년 안에 독서 능력이 두 학년씩 상승하는 것은 엄청난 노력이 없다면 굉장히 어려운 일입니다. 정상적인 훈련과 독서량이 따랐을 때 1년에 한 학년 레벨 상승이 가장 이상적입니다. 국정 영어 교과서를 읽는 것 만으로는 아이들의 읽기 유창성 훈련을 끌어올리는 것은 불가능합니다. 영어 독서가 우리 초·중·고등 학생 모두에게 절실히 필요할 수밖에 없습니다.

수능 영어 지문을 어휘 수준 측면에서 분석해 보았습니다. 영어 지문 총 단어 개수는 총 4,000여 개의 어휘였는데, 중복된 같은 어휘를 1개로 계산해서 - 전체 지문에서 it이 총 15번이 나왔다 해도, 1번으로 셈 - 총 몇 개의 어휘가 출현했는지 분석했더니 1,500여 개 정도의 어휘가 나왔습니다.

그리고 이 어휘의 난이도가 어느 정도인지 미국 원어민 학생들의 학년별 우선 순위 어휘와 함께 비교해 보았습니다. 굉장히 재미있는 사실을 발견했는데,

수능 지문에 나온 단어의 50%가 미국 초등학교 1~6학년 레벨의 어휘였고, 미국 초등 1~6학년 우선순위 어휘 리스트와 80%나 일치했다는 것입니다.

미국 초등학교 1학년~6학년에 해당하는 우선순위 어휘는 어디서 제일 많이 나올까요? 바로 어린이 영어 동화책입니다. 영어원서 읽기를 통해 영어 학습을 한 아이들은 내신과 입시 체제의 영어 평가에서도 월등히 높은 자신감을 가질 수밖에 없겠지요.

출현한 1,500여 개의 단어 중에 난이도가 Level 3 즉, 미국 고등~대학생에 해당하는 수준의 어휘와, 잘 쓰지 않은 전문 용어나 어려운 개념 어휘 등 Outside 레벨에 해당하는 어휘가 34% 정도를 차지했습니다. 이 말은 바꿔 말하면, 아무리 우선순위를 중심으로 어휘를 학습하고, 어려운 어휘도 많이 외웠다 해도, 잘 모르는 분야의 어휘가 시험에 나올 수밖에 없다는 거죠. 즉, 기본 이상의 어휘 실력 뿐 아니라, 모르는 어휘의 뜻을 문맥 속에서 유추할 수 있는 능력을 갖추고 있어야 한다는 결론이 납니다.

리딩 전략 이해도 측면에서도 분석을 해 볼까요? 수능 영어의 지문 수준을 분석해 본 결과, 가장 쉬운 지문은 미국 초등학교 5학년에 해당하는 수준으로 나왔고, 대부분은 미국 9학년에서 12학년에 해당하는 수준이 나왔습니다. 파이낸셜 타임즈나 셰익스피어 작품 수준의 지문에 해당되는 난이도이지요.

가장 많이 틀린 문제를 살펴보니 70%의 오답률을 보인 문제 유형이 바로 유추 문제들입니다. 70%라면 가히 충격적입니다. 10명 중 7명이 틀렸다는 말이죠. 여기서 문제의식을 가져야 할 부분은 유추 문제 오답률이 매년 비슷한 수준으로 나온다는 사실입니다. 즉, 우리나라 학생들의 70%가 리딩 스킬 훈련, 특히 사고력이 필요한 리딩 전략 훈련이 제대로 되어 있지 않다는 충격적인 지표이기도 합니다.

게다가 영어 독서를 하면, 수행평가와 교과 연계 독서 이력이 풍성해지기 때문에 내신과 입시에 도움이 될 수밖에 없습니다. 엄마아빠가 학교 다닐 때는 무조건 사지선다형의 객관식 평가만이 주를 이루었죠. 하지만, 요즘 학교에서는 아이들에게 조별 활동, 글쓰기, 발표하기 등이 수행평가로 나옵니다. 글을 많이 읽은 아이들이 확실히 생각이 풍성해서 수행평가를 잘 할 확률이 매우 높을 수밖에 없습니다.

그리고, 요즘은 독서 이력을 학교생활기록부 – 년도 별로 바뀜 – 에 남기게 되어 있고, 이것이 학생부 종합 전형에서 평가의 기준이 됩니다. 그래서 이러한 정보를 아는 학생들은 자신의 진로와 연계된 독서를 신경 써서 관리하고 있습니다. 예를 들어, 의사가 되고 싶은 학생은 '국경 없는 의사회'라는 책을 읽고, 진로에 대해 실질적으로 찾아보고 생각해 보는 것이죠. 학교생활기록부에는 교과연계독서도 남길 수 있는데, 그 중 영어 원서 읽기는 학생이 글로벌 인재로서 성장할 준비를 하고 있다는 증거자료나 다름없기 때문에, 입시전문가들은 가능하다면 영어 독서도 할 것을 추천하고 있습니다.

영어 독서가 느리고도 먼 너무도 이상적인 학습법이라 바쁜 중고생 때는 뒷전이라 생각했다면, 이제 학부모님, 학생, 선생님들이 생각을 바꾸셨으면 좋겠습니다. 오히려 학생들이 영어 교과서만으로는 리딩 유창성이, 어휘 실력이, 문맥 유추 능력이 길러지기 힘들기에 영어 독서 활동이 강력히 필요하다는 사실을 알아주셨으면 좋겠습니다.

미국의 출판 업계에 책들이 굉장히 많은데 그 중에 학생들이 교과서에서 배운 테마를 더욱 확장하여 독서하도록 돕는 베이절 리더스Basal Readers 시리즈들을 많이 보아왔습니다. 우리는 유치원이나 초등학교때는 교과목을 더 잘 이해하기 위해 테마 연계 독서를 잘 진행하다가 중고등학교에서 끊기는 것 같아 아쉬움이 많습니다. 우리나라 초·중·고 학생들이 바쁘더라도, 이런 교과 연계 확장 영어독서를 한다면, 기초학력 미달률을 개선할 수 있을 뿐 아니라, 실력까지 높일 수 있을 것입니다.

넷째, 영어독서 교육은 인공지능시대의 가장 큰 핵심역량인 인성, 가치관, 창의성을 교육할 수 있는 보물 창고와 같습니다.

인공지능AI을 탑재한 알파고와 이세돌 9단의 바둑게임에서 그 세기적 경기를, TV로 관람하던 모든 사람들은 이세돌 9단의 승리를 바라며, 열렬히 응원했을 것입니다. 그러나 우리들의 바람과는 다르게 알파고의 승리로 끝났습니다. 기계가 사람을 이기다니 그 씁쓸함과 두려움은 사회 전체의 충격이었죠.

인공지능은 머신 러닝Machine Learning과 딥 러닝Deep Learning이라는 엄청난 속도와 양으로 학습해 나갑니다. 그래서 벌써 우리의 직업을 대체해 나가고 있습니다. 주식 애널리스트들과 경제전문 기자들이 써왔던 경제분석 기사들을 1분이라는 시간 안에 몇 백 개 몇 천개를 작성하여 인터넷 신문에 빠르게 배포할 수 있습니다. 최근에 전화로 일일이 고객의 문제를 해결하던 고객서비스Customer Service 또한 사람의 대화체를 따라하며 인공지능이 처리하기도 합니다. 전화를 걸어서 상담을 하던 고객은 자신의 문제를 해결해주던 상담원이 인공지능이었다는 사실을 눈치채지 못할 정도였다고 합니다.

이쯤 되면, 우리는 금세 인공지능에게 모든 직업을 빼앗겨 버릴 것 같아 무서워집니다. 우리의 눈에 인공지능은 우리보다 똑똑하고, 할 수 있는 것도 굉장히 많아 보입니다.

하지만, 충격적이게도 인공지능 개발자들은 오히려 반대로 생각합니다. 인공지능이 인간을 대체할 수 없는 것들이 오히려 너무도 많다고 합니다. 그 중에 하나가 엉뚱한 상상, 사랑을 비롯한 감정, 협업입니다.

요즘 가장 핫hot한 인스타그램Instagram이나 유튜브YouTube 등을 살펴볼까요? 기발한 아이디어와 엉뚱한 콘텐츠들이 우리가 상상할 수 없는 수익을 벌어들이고 있습니다. 그리고 각지 다른 영역을 사랑하는 덕후 – 한 가지 취향에 깊게 빠져 사는 사람들을 뜻함 – 들이 모여 취향을 마음껏 공유하고 자랑한 덕분에 그들만을 위한 시장과 산업이 형성되고 있습니다. 또 각기 다른 영역의 사람들이 '좋아요'를 나누고, 아이디어들을 만들어 전혀 새로운 프로젝트들을 시도합니다.

출판사들이 등 돌리는 유명하지도 않은 작가의 컨텐츠에 '크라우드 펀딩'Crowd Funding이라는 재정지원 시스템으로 오히려 독자들의 사랑을 받아 베스트셀러로 우뚝 선 일은 이제 출판계에 흔한 풍경들이 되어가고 있을 정도입니다.

이 엉뚱한 상상, 사랑을 비롯한 감정, 협업이라는 세 가지 요소는 바로 인간성과 창의성으로 요약됩니다. 이제 21세기의 성공 코드는 인성과 창의성이 뒷받침된 콘텐츠인 것입니다. 아무리 엉뚱한 상상, 사랑을 비롯한 감정, 커뮤니케이션을 잘하는 유튜버라 할지라도 인성이 좋지 않다면, 순식간에 SNS를 통해 알려지고, 대중들로부터 외면당합니다. SNS로 흥하고 SNS로 인성 때문에 망한 인플루언서influencer, -많은 팔로워들을 거느리며, 특정 영역에 대한 자신의 취향과 의견을 팔로워들에게 영향을 깊게 미치는 오피니언 리더들-들이 많아지고 있습니다.

바른 가치관과 인성을 바탕으로 한 상상력, 사랑을 비롯한 감정, 커뮤니케이션 할 수 있는 인재로 키우는 최고의 방법론은 무엇일까요? 바로 책 읽기입니다. 수 많은 책 속의 스토리를 통하여, 우리는 아이들에게 이러한 것들을 가르쳐 줄 수 있습니다.

17년전 목동에서 수많은 영어동화책으로 둘러 쌓여 그 속의 이야기들에 웃고 울고 감동했던 그 날을 떠올려 봅니다. 그때는 수입한 영어책이 가득한 도서관을 따로 갖고 있는 영어독서 전문 학원이 거의 없었던 때였습니다. 참으로 감사하게도 저는 그런 곳에서 일하는 행운을 얻었었네요.

책을 펼치면, 아름다운 그림들이 펼쳐지고, 저의 눈과 마음은 그 페이지들을 따라 책 속에 숨겨진 메시지가 머릿속으로 마음 속으로 전해져 힐링 받는 느낌이었습니다. 아이들이 보는 단순한 문장과 귀여운 그림이라고만 절대 저평가하지 못하실 겁니다. 그 간결함 속에 인생의 보물같은 지혜와 진리들이 얼마나 많은지요. 영어라는 언어로 읽으면서 한국어로 듣고 지나쳤던 단어들을 곱씹으면서 오는 그 생각의 과정이 얼마나 달콤하던지, 한국에서 성장하면서 어떤 부분은 편견에 갇혀있던 저에게 영미권 작가들의 엉뚱하고 자유로운 상상이 어찌나 부럽던지요.

● 인성/가치관을 길러주는 영어동화 추천 ●

The Giving Tree
[아낌없이 주는 나무]
By Shel Silverstein

부모님의 사랑에 대해 느끼게 해주는 동화

줄거리

한 소년을 일평생 사랑한 나무 이야기.
소년에게 그늘이 되어주고, 놀이터가 되어주던 나무. 소년이 성인이 되면서, 나무는 자신의 모든 것을 아낌없이 내어주고 그루터기만 남는다. 그루터기가 되어서 조차 할아버지가 된 소년에게 쉼터가 되어 주는 끝없는 사랑을 보여주는 나무.

Big Al
[빅 앨]
By Andrew Clements

외모 지상주의와 왕따에 대해 질문을 던져 줄 수 있는 동화

줄거리

크고 무섭게 생긴 못난이 물고기 앨은 친구가 사귀고 싶어 갖은 노력을 하지만, 다른 물고기들은 피하기만 하는데…
그런데, 어느 날, 어부의 그물에 물고기들이 다 잡혀버렸다! 빅 앨은 다른 물고기들을 구하다가 그물에 걸려 버리는데…

Chrysanthemum
[내 이름은 민들레]
By Kevin Henkes

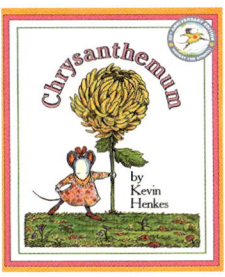

자신의 이름에 대해 놀림을 받는 아이의 고민과 성장에 대한 이야기

줄거리

예쁜 꽃 이름을 가진 크리센터멈은 학교에 입학하게 되면서, 자신의 이름을 놀리는 아이들 때문에, 이름을 싫어하게 되는데… 그때, 나타난 멋진 음악 선생님이 자신의 이름도 꽃 이름이라고 하시면서 크리센터멈의 이름이 너무 예쁘다 말해주시는데…

The Dot [점 하나] By Peter H. Reynolds 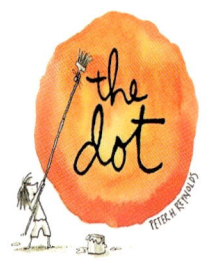	자신을 믿어준 선생님 덕분에 자존감이 높아지고, 자신의 소질을 발전시키게 된 아이의 이야기 **줄거리** 그림 그리는 것이 싫어서 억지로 점 하나 달랑 찍어놓은 아이의 그림을 요리조리 뜯어보더니 너무 멋지다 칭찬하고, 액자에 담아 걸어 놓기까지 한 선생님. 하루 하루 점만 찍다가 점점 그림에 재미를 느끼게 된 아이는 자신감 넘치게 그림을 그리게되는데…
Nothing [아무것도 없음] By Jon Agee 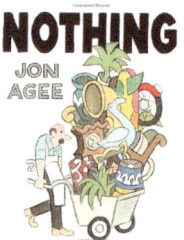	유행을 무작정 따라하는 것에 대해 꼬집는 이야기 **줄거리** 수지검프라는 부자가 오티스 아저씨의 골동품 가게에서 '아무것도 없음'을 사가지고 간 웃긴 해프닝 이후로 같은 일이 반복되면서, 다른 가게들도 '아무것도 없음'을 팔게 되고, 너도 나도 사는 것이 유행이 되면서 사람들은 끝내, 집안의 모든 물건을 버리기 시작하는데…
The Big Orange Splot [큰 주황색 얼룩] By D. Manus Pinkwater 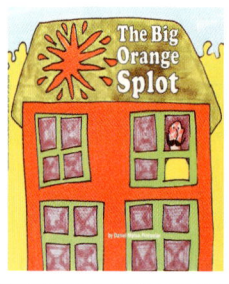	개성과 다양성 추구에 대한 이야기 **줄거리** 모든 집이 똑같이 생긴 동네 한 집 지붕 위에 큰 주황색 얼룩이 묻었다. 동네 사람들은 한 목소리로 빨리 다른 집과 다시 똑같아 지도록 색칠하라고 하지만, 그 집의 주인인 플럼빈씨는 고민하다가, 자신이 원하는대로 새롭게 집을 색칠하게 되고, 온 동네 사람들과의 갈등이 시작되는데….

제가 가르치는 아이들에게 그 아름다운 동화책을 선물해주는 마음으로 수업에 임했던 기억이 납니다. 돌이켜보니, 영어동화책을 가르치는 내내 제가 깨닫지 못한 크기의 행복을 느꼈던 시기였던 것 같습니다. 그래서 지금 이렇게 다시 영어동화책을 통해 함께 읽고 생각하고 마음껏 표현하며 교육하자고 자신 있게 말할 수 있어서 감사합니다.

영어독서 지도가 힘든 점이 있는데도, 많은 학부모님들이 놓지 않고 17년간 유행이 될 정도로 이끌어 온 이유도 이것이라 생각합니다. 인공지능시대가 와도 두렵지 않을 정도로 학습 이상의 효과가 있기 때문입니다. 아이들에게 읽혔던 수많은 책으로 키워진 이 핵심역량으로 인해 인공지능시대에 오히려 빛나는 인재로서 변화된 흐름에서도 유연하게 성장해 갈 힘을 아이들에게 선물했기 때문입니다. 그래서, 제 아이를 비롯한 우리 대한민국의 모든 아이들에게 자신 있게 동화책을 통한 영어교육 솔루션을 제시할 수 있습니다.

다섯째, 디지털 네이티브 세대인 우리 아이의 글로벌 지식정보 습득 스킬 훈련으로 미래 진로에 더 많은 기회의 문을 선물합니다.

다른 건 몰라도 아이들의 교육에 있어서 모두가 고개를 끄덕이며 동의하는 명언이 있습니다. 바로 '물고기를 잡아주지 말고, 물고기를 잡는 법을 가르치라!' 입니다.

그런데, 재미있게도, 이미 부모 세대가 살던 시절의 물고기 잡는 법과 요즘 인공지능시대를 사는 아이들의 물고기 잡는 법은 너무도 달라서 부모세대가 어떤 조언을 해줘야 할 지 감을 잡기가 어렵습니다.

부모세대는 지식을 머리 속에 최대한 많이 욱여 넣어야 경쟁에 살아남을 수 있었지요. 하지만 지금의 아이들은 손가락 끝으로 스마트폰을 뒤지면 몇 초 만에 지식을 찾을 수 있는 시대를 살아가고 있고, 그 지식을 창의적으로 활용하고 네트워크를 이용해 멀리 있는 다른 사람과 협업하고 소통하여야 살아남을 수 있습니다.

부모 세대 때 인터넷 쇼핑몰, 프로게이머, 유튜버, 앱 기획자, SNS라는 건 없었습니다. 의사, 약사, 판사… '사'자 들어간 직업이 최고라고 생각했던 믿음은 인공지능 컴퓨터 앞에 흔들릴 수밖에 없습니다. 알약처럼 먹는 나노 로봇이 몸 속에 어떤 이상이 있는지 보고하고 인공지능 로봇이 빅데이터 분석과 환자 정보를 분석하여 병을 진단하고, 약을 처방해 주는 인공지능 의사가 가능한가 하면, 법전과 수많은 판례를 1초만에 분석해서 판결을 내리는 인공지능 판사, 전 세계 주식정보를 기반으로 뚝딱 경제기사를 작성하는 인공지능 기자까지 있습니다. 미래의 밥벌이가 점점 더 두려워 지는 건, 카풀 앱 서비스와 무인 주행 자동차 때문에 힘겨워하는 택시기사님에게만 해당되는 것은 분명 아닐 것입니다.

부모로서 인공지능 시대 아이들이 인생을 잘 헤쳐나갈 수 있는 무기, 즉 4차 산업혁명 시대 서바이벌 스킬을 교육하고 싶다면, 무엇을 해야할까요? 다양한 솔루션들을 제시할 수 있겠지만, 교육자이면서 부모인 제게 물으신다면, 단연코 생각을 말하고 쓸 수 있는 영어독서토론 교육을 시켜야 한다고 말하겠습니다.

'모국어 독서 교육도 어려운데, 영어독서토론 교육이라고?'라고 의아해 할 수 있습니다. 모국어 독서교육이 중요하다는 것은 필자 역시 매우 동의합니다. 또한 '요즘 같이 컴퓨터로 또는 모바일 앱으로 자동 영어 통번역이 좌라락 되는 시대에 굳이 영어독서교육 시켜야 하나?'라고 반문하시는 분들도 있겠지요.

영어독서훈련은 많은 좋은 점들이 있지만 그 중에서 특히 아래와 같은 이유로 영어독서를 4차 산업혁명 시대 서바이벌 스킬을 키우는 가장 좋은 훈련 방법으로 꼽겠습니다.

"드론에 관심있는 초등 1학년 아이인데 해외 유튜버의 설명 비디오를 스스로 찾아 보지만, 영어를 다 알아듣지 못해 답답해 하네."

"우리 아이는 고등학생인데, 아빠가 경제 관념을 가르쳐 주기 위해, 주식을 아주 조금 사줬는데, 혼자서 인터넷으로 해외 및 국내 경제 뉴스를 섭렵하며,

공부를 하더니, 요즘 경제 트렌드와 자신의 의견이 나름 생기기 시작한 거 있지. 삼촌이 아이랑 이야기하면서 놀라더라."

첫 번째 이야기는 가까운 지인으로부터 들은 이야기이고, 두 번째 이야기는 우연히 카페에 갔다가 저의 뒷자리에 앉아 수시 학생부종합 전형 준비에 대해 도란도란 이야기하는 학부모들의 이야기를 들은 것입니다. 요즘 아이들은 모르는 것이 생기면 컴퓨터나 스마트폰, 아니면 태블릿 PC든 켜서 인터넷 검색을 합니다. 검색 포털 뿐 아니라, 유튜브 영상도 검색을 하는데, 영어를 하게 되면 더 많은 고급 정보를 습득할 수가 있습니다.

기술이 빠르게 변화하고 발전하고 있는데, 이에 대해 <u>인터넷에 가장 빠르게 가장 많이 올라오는 정보의 언어는 무엇일까요?</u> 단연코 영어입니다. 영어를 쓰는 인구는 전 세계 통틀어 20%라고 하는데요. <u>웹컨텐츠는 55.5%가 영어라고합니다.</u>

누가 더 성공할 가능성이 높을까요? 한국어로만 정보를 검색하는 아이는 자동차를 타고 경주를 하는 것과 같다면 한국어 뿐만 아니라 영어로 검색해서 정보를 습득하고 분석하여 자기 것으로 만들어 활용할 줄 아는 아이는 비행기를 타고 경주하는 것과 같다고나 할까요.

영어 원서로 제대로 독서 스킬을 훈련한 학생은, 정보를 검색하는 법을 알고, 한 바닥의 긴 글을 이해하고, 요약할 수 있으며, 그것을 자유자재로 활용할 수 있습니다. 영어원서교육에서는 픽션 즉 스토리만 교육시키지 않습니다. 논픽션 즉 사회, 과학, 인문, 역사 등 다양한 분야를 접하고 가르칩니다. 영어로 책을 읽고 정보 습득하는 법을 배운 학생과 그렇지 않은 학생 중 정보를 검색하고 정리하는 것을 누가 더 잘 할 수 있을지 대답이 필요 없겠지요.

여섯째, 영어 독서는 창의력의 바탕이 되는 넓고 다양한 관점으로 세상을 보게 해주는 안경이 되어 줄 것입니다.

1,000권부터는 세는 걸 포기해서 영어 원서를 지금까지 얼마나 읽었는지 잘 모를 정도로 많이 읽었습니다. 영어 책을 읽으면서 개인적으로 가장 좋았던 점을

꼽으라면, 영미권 작가들이 속한 다른 문화, 다른 가치관, 다른 관점을 만나 볼 수 있다는 것이었습니다. 책을 읽을 때마다 매일 세계여행을 떠나 지혜로운 사람들을 만나는 느낌이랄까요.

예를 들자면, Andrew Clements 작가의 [Frindle]프린들 주세요에서는 새로운 단어를 만들어 낸 아이와 사전의 중요성을 강조하는 선생님과의 싸움 끝에 예상치 못한 반전이 너무 재미있고 감동적이었습니다.

또 Robert Munsch 작가의 [The Paper Bag Princess]종이봉지 공주에서는 멋진 왕자가 예쁜 공주를 구해준다는 뻔하디 뻔한 공주시리즈와는 전혀 다르게 용감한 공주가 왕자를 구하러 갔다가 의외의 선택을 하는 걸 크러쉬 공주 이야기는 신데렐라 이야기와 비교해서 읽어주고 싶은 동화책입니다.

상상력 박사 Dr. Seuss 작가의 [Horton Hatches the Egg]호튼이 알을 부화시켰어요는 알을 맡기고 놀러간 엄마 새와 한 약속을 끝까지 지킨 코끼리와 알의 모험인데, 이야기의 끝이 감동적이면서도 생각할거리가 많아서 매번 읽을 때마다 새롭습니다.

영어원서를 보면서 내가 자라온 환경 속에서 그저 당연하게 받아들이고 생각하게 된 것들을 뒤집어보는 계기를 많이 갖게 되었습니다. 물론 한국어 번역본으로도 느낄 수 있겠지만, 영어표현으로 생생하게 즐기는 건 또 하나의 엄청난 특혜이자 재미입니다.

Janell Cannon 작가의 [Stellaluna]스텔라루나라는 작품을 예로 들어보고 싶습니다. 아기 박쥐인 스텔라루나는 엄마 박쥐를 잃고 우연히 새 둥지에 떨어져, 어미 새 그리고 아기 새 3형제와 함께 살게 됩니다. 그리고 새들의 규칙을 따르느라 박쥐의 본성과는 다르게 살아갑니다.

어느 날, 스텔라루나는 어미 새가 가르쳐 준 것처럼, 박쥐가 아닌 새들의 방식으로 억지로 나뭇가지에 머리를 위로 한 채 똑바로 매달려 쉽니다. 그때 우연히 같은 동족인 박쥐를 처음 만나게 되고, 그에게서 왜 거꾸로 매달려 있냐는 질문을 받습니다. 스텔라루나는 그 질문에 어리둥절해하며, 자신이 똑바로 매달려 있는 거고, 그 박쥐가 거꾸로 매달려 있는 거라고 반박합니다. 어미 새가 거꾸로 매달린 것이 '틀린 것'이라고 가르쳐줬기 때문이었죠. 하지만 처음 만난 박쥐 친구는 충격적인 말을 해줍니다. 박쥐들한테는 머리를 아래로 하고 발로 매달리는 것이 올바른 방향이라는 사실을 알려준 거죠. 세상을 바라보는 관점point of view 의 다양성에 대한 깨우침을 주는 중요한 대목입니다.

이걸 원서로 즐긴다면,

스텔라루나: "You are hanging by your thumbs, so that makes you upside down!"
(네가 엄지로 매달려 있잖아. 그러니까 네가 '거꾸로'지!)

다른 박쥐: "I am a bat. I am hanging by my feet. That makes me right side up!"
(나는 박쥐야. 나는 발로 매달려 있어. 그게 '바른' 자세야.)

스텔라루나: "Mama Bird told me I was upside down. She said I was wrong."
(엄마 새가 나보고 '거꾸로 서 있다'고 말했어. 엄마 새가 나에게 틀렸다고 했어.)

다른 박쥐: "Wrong for a bird, maybe, but not for a bat.
(새에게는 틀린 거겠지만, 박쥐에게는 아니야.)

Upside down을 우리말로 번역하면 '거꾸로'입니다. 우리말로는 '거꾸로'와 그 반대말이 '똑바로'라는 두 단어 속에 '거꾸로'가 틀리거나 잘못됐다는 가정이 깔려있습니다. 하지만 영어단어를 들여다보면, 윗부분Upside이 아래로down라는 뜻이 됩니다. 있는 그대로 잘못됐다는 편견을 깔지 않고 '윗부분을 아래로'라는 두 가지 뜻을 가질 수 있는 것이지요.

이 장면을 영어로 읽는 걸 좋아하는 이유는 제가 영어 배우기를 좋아하게 된 이유와 같습니다. 다른 나라에서 살아도 보고 여행도 하면서 느낀 건 사람들은 자기도 모르게 문화와 관습에 갇혀서 살게 되고 그로 인해 자신의 소중함이나 행복을 오히려 옭아매게 된다는 생각이 들었습니다. 마치 저에게 세상을 바라보는 파란색의 안경만 있었는데, 영어를 배우면서 오렌지색 안경이 하나 더 생겨 어려움이 생길 때마다 다른 관점으로 좀 더 풍성하고 다양하게 인생을 바라볼 수 있게 된 것 같습니다.

언어는 그 나라 사람들의 문화나 가치관을 담는 그릇이지요. 영어 책을 읽고 즐길 수 있다는 건 세상을 바라보는 안경을 하나 더 갖고 있는 것이나 다름이 없습니다. 자신이 알고 있는 만큼만 살아갈 수 있는 것이 어찌 보면 인간의 한계이기 때문에 그 문화나 관습 속에 갇혀 또는 젖어 살게 되지요.

그렇기 때문에 모국어 외에 또 하나의 다른 언어를 알게 되면 두 가지 다른 색깔의 선택지를 더 가질 수 있는 자유를 얻게 됩니다. 더욱 유연하고 넓은 사고를 할 수 있습니다. 또한 그 두 가지 다른 모습에 대해 그 이유를 깊게 생각해보고 비교해 본다면, 그 두 가지가 아닌, 전혀 다른 새로운 제 3의 방향성을 가지고서 생각의 나래를 펼칠 수 있는 자유와 용기를 가질 수 있어, 분명 더욱 창의적일 수 있습니다.

어떠세요? 영어 독서가 아이의 삶에 큰 도움이자 선물이 될 수 있겠다는 생각이 드시죠? 그럼 함께 해 보실까요?

질문3. 꼭 '엄마표'로 하는게 좋을까요? 영어에 자신이 없어요.

예쁜 우리 아이 성장 사진들로 가득했던 SNS가 어느 순간부터, 영어 원서를 술술 읽는 엄친아, 엄친딸 동영상으로 채워지기 시작합니다. 아이의 영어 학습을 직접 계획하고, 관리하고 지도하기 위해 밤마다 인스타그램과 유튜브 라이브 방송을 통해, 인플루언서Influencer의 강의를 들으려고 졸린 눈을 비비며, 정보를 얻고 공부하는 엄마들이 늘어나고 있습니다.

"눈에 안보이면, 모를까… 자꾸 SNS로 보이니.. 안하면, 안될 것 같은 이 불안감……, 막상 시작하려해도 뭐가 뭔지 모르겠어요."

"야심차게 엄마표 영어를 시작하여, 어찌어찌 끌고 왔어요. 그래도 뭔가 되고 있는 것 같긴 하네요. 하지만, 잘 하고 있는 건지 늘 불안해요. 아이의 실력에 구멍이 생긴 건 아닐지 걱정이 됩니다."

"워킹맘으로서, 아이 케어할 시간도 부족한데, 엄마표 영어까지 하려니 현실적으로 너무 힘들어요. 그러나, 주위의 반응들을 보면, 엄마표 영어를 하지 않는 것에 죄책감이 들 정도예요."

"꼭 엄마표로 하는게 좋을까요? 엄마표 영어독서 좋다는 건 알겠지만, 전 영어에 자신이 없어요."

대한민국에서 가장 유명하다는 온라인 육아커뮤니티에서 우연히 인스타라이브 방송을 해달라는 요청을 받았습니다. 한 달 반 동안, 영어독서 지도법에 대한 무료 강의를 하면서, 매 방송마다 실시간으로 '엄마표 영어'를 하는 분들의 질문과 반응들을 접하는 경험을 하게 되었습니다. 그분들의 고민 중 대부분이 불안감이었습니다. 잘하고 있는 분도, 시작하려는 분도, 하지 않고 있는 분들 모두 똑같이 느끼고 있다는 것이 참 안쓰러웠습니다.

개인적으로 '엄마표 영어'라는 용어를 좋아하지 않습니다. 영어독서의 중요성과 그 수 많은 효과를 너무나도 잘 아는 1인이며, 가족독서대화 캠페인을 하고 있는 사람이 무슨 소리냐고 반문할 수 있으시겠지요.

오해는 하지 말아주셨으면 좋겠습니다. 엄마표 영어독서를 끌어 오신 인플루언서분들과 영어울렁증을 자녀에게 물려주지 않겠다는 열정으로 최선을 다해 지도해 오신 엄마들에게 진심으로 고개 숙여 감사의 인사를 드리고 싶습니다. 왜냐면, 눈에 보이는 빠른 결과만 중시하는 입시교육 중심인 한국에서 영어독서교육 시장을 이만큼 키워 오시고, 아이들의 영어 실력을 기존과는 다르게 많이 발전시켜 내셨기 때문이죠.

근 이 십여 년 전에 미국의 영어독서 프로그램인 스콜라스틱사의 리딩 카운츠 Reading Counts를 우리나라에서 처음으로 썼던 목동의 영어독서 전문학원에서 제가 일할 때까지만 해도 영미권의 리터러시 코칭에 대해 이론과 실전 노하우를 모두 잘 아는 선생님이나 학부모는 거의 없었습니다. 해외에서 접해보지 않는 이상 불가능한 일이었습니다. 저는 그 당시에 과학적이면서도 실질적인 독서지도 교육 방법론에 매료되었습니다. 하지만, 한국에서 영어독서를 통한 통합적 영어학습 방법론은 상위 계층의 전유물일 것이라고 생각했습니다. 효과적이고 좋은 건 알겠지만, 정보를 얻고, 가르치기가 여간 어려운 일이 아니기 때문에, 이렇게 대중화 될 것이라고는 상상하지 못했습니다.

그도 그럴 것이, 한국에서는 영어 문법만 잡고 늘어지는 영어교육이 수 십 년째 주류의 자리를 내놓지 않았었고, 목동, 강남, 압구정 등의 일부 지역에서 영미권으로 조기유학을 다녀왔거나 국제학교를 다니는 학생을 둔 학부모들만이 영어독서를 통한 자연스러운 영어학습법에 대한 효과를 잘 알고 있어서 관심을 갖고 있었거든요. 특히 수입 책들의 가격이 비싼데다 어떤 책이 좋은지 어떤 방법으로 가르쳐야 하는지에 대한 정보를 찾기 어려운 시절이었습니다.

그런데, 어느 순간 정보를 공유하는 온라인 카페, 공동구매를 하거나 원서를 다루는 출판사와 전문서점들이 많아졌습니다. 그리고 17년이 흐른 지금 대한민국의 학원, 학교, 도서관 할 것 없이 책이 있는 곳이라면, 영어동화책이 함께 꽂혀 있는 것이 매우 자연스러운 일일 정도로, 영어독서를 통한 영어학습법이 대중화되었습니다.

처음에 '엄마표 영어'라는 용어가 나오게 된 배경은, 오직 문법만 강조하여 입도 안 트이는 비효율적인 영어는 지양하고, 모국어를 배우는 방식으로 영어 환경을 만들어 주자는 의도였습니다. 해외에서 DVD, CD 등을 들고 들어와서 아이가 영어 노래나 책 또는 비디오를 자연스럽게 접하면서 언어에 노출시키고, 문자가 익숙해지도록 옆에서 책을 소리 내서 읽어주면서 함께 즐깁니다. 서서히 그 레벨에 맞춰서 원어민들이 읽는 책을 아이가 읽어낼 수 있도록, 즉 읽기 독립Independent Reading 훈련을 시켜 나가면서 글쓰기 훈련까지 추가하는 겁니다. 영어 듣기, 말하기, 읽기, 쓰기Listening, Speaking, Reading, Writing 교육을 차근차근 골고루 균형 있게 향상시킬 수 있었던 거죠.

그러나 그 당시에는 이렇게 원어민이 모국어를 습득하는 방식으로 교육하는 영어독서 전문학원이 극히 드물었습니다. 그래서 해외에서 수입한 아동용 영어 원서로 가정에서 이러한 학습법을 실천해 나가고자 '엄마표'를 붙인 것입니다.

그 용어는 '자연스러운 모국어 습득 환경을 집에서 만들어주자'라는, 그 당시에 한국의 영어교육 시장에 매우 낯선 개념을 손쉽게 설명하기 위해 생긴 것이었습니다. 한편으로 생각해 보면, 시대적으로 이런 방법론에 대한 효과를 이해하고 추구하는 전문학원이나 전문가가 부족한 한계 때문에 생긴 것이었습니다.

'엄마표 영어'가 유행하게 된 그 핵심은 '엄마'라는 '교육 수행자'에 있었던 것이 아닙니다. 영어독서를 통한 모국어 습득 방식의 효율적인 영어교육 방법론의 추구라는 '새로운 교육 솔루션을 선택하자'라는 의도였던 것이죠.

헌데, 시간이 지나면서 뭔가 왜곡되고 와전된 느낌입니다. 꼭 영어독서가 '엄마'가 시켜야만 하는 '학원표 영어'의 반대말인 양 왜곡되기도 하기 때문입니다. SNS 방송을 통해 '엄마표 영어' 학습에 대한 정보를 공유하시는 분 중에 어떤 육아 인플루언서Influencer는 학원 가봤자 소용없다는 식으로 '엄마표 영어'가 만능이라는 듯 말씀하시는 것도 보았습니다. 이것이 '교육자'='엄마'임을 포기하면 큰 일 난다는 식으로 잘못 전달이 되면 큰 문제적 발언이 될 수 있습니다. 그것은 사실이 아닙니다. 요즘은 학원 뿐 아니라 공부방, 교습소에서도 영어독서 커리큘럼을 쓰는 곳이 매우 많습니다. 전문가들이 늘어나고 있다는 뜻입니다.

한 번은 '엄마표 영어독서'를 하고 계신 '엄마'들에게 영어독서지도 관련 질문을 이메일로 받았었는데, 거의 대부분이 본인의 영어 실력의 한계 때문에 굉장한 고민을 하고 계셨습니다.

실제로 지역 도서관 사서분께서 영어 도서 대여 데이터를 가지고 하신 말씀이 있습니다. "원어민 학년 기준 2학년 이상의 도서들은 엄마들에 의해 잘 대여되지 않는다." 바꿔 말하면, 그 이상의 레벨은 엄마들이 대부분 가르치기 버거워한다는 뜻이기도 합니다.

그 이상 레벨부터는 챕터북으로 넘어가고, 말하기 쓰기speaking, writing의 지도 비중이 높아지기 시작하기 때문입니다. 엄마들 개개인마다의 영어 지도 능력 수준이 다르기 때문에 어느 시점에서는 본인이 전문가가 되기 위해 더욱 공부를 많이 하든, 전문가에게 맡겨야 하든 선택의 시점은 올 수밖에 없고 그것은 당연한 것입니다. 그런데, 그러면 절대 안되는 듯이 이 '엄마표 영어'라는 용어가 발목을 잡는다면 주객이 전도된 것이겠지요.

그 때문에, 오히려 자녀에게 영어독서라는 좋은 학습법을 선택한 모두에게 마음 한 구석에 다른 이유의 스트레스를 주는 상황이 되었습니다. 소위 말하는 '엄마표 영어'를 직접 하시는 분들은 주변 사람들에게 '극성 엄마'라는 이미지가 되고, 또 '엄마표 영어'를 잘 해서 아이의 실력을 높이고 있는 '다른 엄마 선생님'들과 스스로를 비교하며, '내가 잘 하고 있나, 내 영어 실력이 부족한데 어쩌지, 아이의 스피킹과 라이팅Speaking & Writing은 어떻게 가르쳐야 하지?'하는 고민으로 괴로워 하게 됩니다.

반대로 워킹맘이나 또는 시간이 허락되지 않거나 영어실력이 안되는 엄마들은 영어교육 전문가에게 맡기면서도 유행하고 있는 '엄마표 영어'를 하고 있지 못하다는 죄책감을 느끼게 만듭니다. 이게 무슨 웃기고도 슬픈 상황인건지요.

그래서 이 질문에 대한 답은, '영어독서지도는 꼭 필요하니, 진행하되 선생님이 꼭 엄마일 필요는 없어요.'입니다. 영어독서지도라는 학습법을 하고 있다면, '엄마'가 선생님이 되든, '전문가'가 선생님이 되든 그것은 중요하지 않습니다.

오히려 더욱 중요한 두 가지 질문은, '아이가 읽기 독립Independent Reader, 혼자서 스스로 읽기'을 할 수 있도록 훈련이 지속적으로 이뤄지고 있느냐?'입니다. '레벨이 성장함에 따라 적절한 도움과 코칭을 받아 생각이 깊어지고, 말로 표현하고 글로 구성할 줄 알게 되느냐?'입니다. 영어독서의 그 '열매'를 우리 아이가 누릴 수 있도록 누가 됐건 돕는 것이 더욱 중요합니다.

우리 이제 '엄마표 영어'라는 말보다 '영어독서지도' 또는 '영어독서코칭' 내지는 '영어 홈스쿨링'이라는 말을 썼으면 좋겠습니다. "우리 아이는 집에서 영어독서 지도를 받고 있어." 또는 "우리 아이는 학원에서 영어독서코칭 받고 있어."라고 말입니다.

그래서 선생님이 엄마이든, 학원 선생님이든, 학교 선생님이든, 모두가 한마음 한 뜻으로 아이의 성장을 위한 책 읽기를 독려하고 도와주는 교육 공동체가 되었으면 좋겠습니다.

> "영어원서 읽기를 해보려는 엄마, 아빠, 선생님들께…
> 불안감, 죄책감 같은 건, 우리 멀리 버려요.
> 아이의 성장을 위해 좋은 것을 주고 싶은 당신의 마음이 더 큰 걸요.
> 어디까지 해내느냐는 중요하지 않아요.
> 당신이 시간을 내어 아이와 함께 책 읽는 시간을 가지는 것만으로
> 우리 아이의 영혼은 행복하게 살찌고 있어요."

질문4. 영어독서 무엇부터 시작할까요?

시중에 엄마표 영어독서 가이드 책이 많이 나와있습니다. 좋은 정보들도 많지만, 독서 지도에 대한 전문 지식과 지도 경험이 있는 제가 읽다가 "어?"하고 고

개를 갸우뚱하게 되는 부분도 많습니다.

특히 자신의 아이 한 사례만을 가지고, 여러 독서 지도 방법론 중 몇 개만을 기반으로 정보 공유를 한 부분이 안타까웠습니다. 게다가 간혹 전혀 잘못된 정보와 방법도 있었습니다. 그런 경우 필연적으로 생기는 문제들이 있을 텐데, 전문 지식을 기반으로 주의점이나 해결하는 방법 등이 제시되지 않았다는 점이 내내 마음에 걸렸습니다.

그래서 영어 독서 지도의 좋은 점들을 보시고, 시도해보고자 하신다면, 응원하고 싶고, 꾸준히 해나가실 수 있도록 균형 잡힌 정보를 드려야겠다는 생각을 하게 되었습니다.

먼저 시작하기 전에 4가지 요소를 사전 점검하여, 계획을 짜시라고 조언해 드리고 싶습니다.

좋은 학원을 고르는 법을 물어오는 분들에게 4가지 기준을 제시한 적이 있습니다. 첫째, 선생님의 역량과 스타일, 둘째, 학원의 교재/커리큘럼 등 컨텐츠, 셋째, 학습을 관리하는 방식이 어떻게 되나? 그리고 마지막으로 가장 중요한 기준은 '바로 이러한 요소들이 우리 아이와 맞는가?'입니다.

영어독서 지도를 하실 때도 크게 다르지 않다고 봅니다. 영어독서 지도를 위한 4가지 점검 요소는 바로 첫째, 아이, 둘째, 선생님, 셋째, 교재와 커리큘럼을 비롯한 컨텐츠, 그리고 넷째, 스케줄 계획과 운용, 평가를 포함한 관리입니다.

영어독서 지도에 관한 방송을 했을 때, 개인적인 상담과 질문들도 이메일로 받았는데, 가장 많았던 질문이, '엄마가 영어를 못하는데도, 영어독서 지도 괜찮을까요? 어디서부터 어떻게 시작해야 할까요?'였습니다.

제 대답은 "엄마가 영어를 못해도 영어독서 지도 가능하다!"입니다. 다만 조건이 붙습니다. "컨텐츠(교재/커리큘럼), 프로그램, 관리 시스템으로 보완할 수 있다면!"이란 조건입니다.

영어독서 프로그램들이 초반에 비해 굉장히 많이 발전하였습니다. 온라인 프로그램에 원어민 발음으로 읽어주는 기능에 어휘 퀴즈, 이해력 퀴즈까지 있어서 엄마는 확인만 해도 되는 정도이죠.

가르치는 일Teaching보다 독서 지도라는 큰 그림을 전반적으로 이해하고 있고, 아이의 특징과 발달 단계에 맞춰서 관리만 해주면서 코칭Coaching해주는 보조 정도만 있다면, 레벨에 따라서는 아이 혼자도 할 수 있을 정도입니다.

엄마 선생님으로서 영어독서 지도, 즉 영어 홈스쿨링Homeschooling을 고민하고 계신다면, 교육의 수행자로서의 자신의 역량을 먼저 점검해 보세요. 이 두 가지를 먼저 스스로에게 질문해 보세요. 아이의 레벨 대비 어디만큼 티칭Teaching 할 수 있는지, 어디만큼 관리Managing 또는 Supervising할 수 있는지를 먼저 점검해보세요.

'티칭Teaching' vs '코칭Coaching' vs '관리감독Supervising'의 세 가지 역할 정의를 이해해 보시고 엄마 선생님으로서 본인 역할의 스펙트럼에 대한 경계와 기대치를 규정하신다면, 불안감이나 조급한 마음은 조금 사라지실 거라는 생각이 듭니다.

성공적인 독서코칭을 위한 4가지 사전 점검 요소와 계획4단계

[사전점검요소]

영어 독서

01 아이
레벨, 성향, 흥미

02 선생님
역량, 시간, 특징

03 컨텐츠
교재/프로그램

04 관리
시간 관리, 진도 관리
목표실행성취평가, 재적용

[4단계 계획]
- 1단계 아이와 엄마 선생님의 레벨, 역량, 강점/약점, 시간 등을 고려하여 1년, 분기별 성취 목표를 설정!
- 2단계 레벨과 설정 목표를 가장 잘 이뤄줄 교재와 프로그램 선택하기
- 3단계 실행 가능한 주차 별, 일별 학습 활동 루틴 짜기
- 4단계 실행과 평가, 재적용을 통한 관리

티칭Teaching은 아무래도 영어실력이 뛰어나야 하겠죠. 발음도 잘해야 하고, 어휘도 많이 알아야 하는 부담감이 있겠죠? 하지만, 관리감독은 모든 역량이 완벽할 필요가 없습니다. 만약 그 부분을 대신 해줄 좋은 교재와 프로그램이 있다면요.

요즘은 영어독서코칭을 다루는 인플루언서들이 기존의 자료에 자신들의 경험과 노하우를 곁들인 레벨 별 커리큘럼과 온오프라인 교재를 상세하게 제시하고 있고, 그것을 그대로 따라하면서 아이들이 정해진 과제들을 수행하는지를 관리감독Supervising하는 식의 수월한 홈스쿨링을 하는 분들이 많아졌습니다.

또한 온라인 다독 프로그램들은 레벨 별로 책도 볼 수 있고, 어휘 학습, 이해도 학습 컨텐츠를 제공하고, 엄마 선생님이 관리하기 쉽게 리포트도 척척 만들어주며, 아이의 부족한 부분을 차트로 조언하기도 합니다.

예전에는 레벨 테스트 찾아다니고, 책 정보 알아보러 다니고, 책 읽히고, 워크시트 만들고, 영어독서코칭을 집에서 하기 위해 A부터 Z까지 모두 엄마가 해야 했습니다. 그러나 요즘은 수월해졌습니다.

더욱 더 이해를 높이기 위해 오직 우리 아이와 엄마 선생님으로서 자신의 역량을 고려하여 영어독서 지도 계획을 알차고 실질적으로 짠 예시를 아래 표로 보여드리겠습니다.

● 오직 우리 아이와 나에게 맞춘 로드맵과 실행 계획 짜기 예시! ●

	목표	교재/커리큘럼	선생님	시간/관리
유치원 (7세)	영어에 대한 흥미를 갖게 하고 노출시키기	마더구스 동화책 멀티미디어	유치원 방과후+ 문화센터	주 2회 25분 씩
초1학년 (8세)	파닉스 떼기	파닉스 학습지 디코더블 리더스 영어 동화책 멀티미디어	엄마	주 3회 40분 씩
초2학년 (9세)	미국 초 1학년 수준 읽기 유창성 훈련	리더스 영어 동화책 멀티미디어	엄마	주 3회 1시간씩
초3학년 (10세)	미국 초 2학년 수준 읽기 유창성 훈련	온라인 다독 프로그램 리더스 +베스트 셀러 영어 동화책	엄마	주 3회 1시간씩
초4학년 (11세)	미국 초 3학년 수준 읽기 독립 및 이해도 향상	얼리챕터스 논픽션 동화책 Writing 지도	영어독서 전문학원	주 3회 2시간씩
초5학년 (12세)	미국 초 4학년 수준 읽기 및 이해도 향상+ 논픽션 리딩 스킬 향상	챕터스 논픽션 Writing 지도 독서토론	영어독서 전문학원	주 3회 2시간씩
초6학년 (13세)	미국 초 5학년 수준 읽기 및 리딩 스킬, 글쓰기와 토론 스킬 훈련	논픽션 챕터스 Writing 독서토론	아이 자기주도+ 원어민 화상통화 및 첨삭 서비스	주 3회 1시간+ 주1회 10분

위의 로드맵과 실행계획은 아이의 학년별 발달 단계와 EFL언어 환경임을 고려하여, 영어 읽기 유창성 목표를 미국 초등 학년 기준 그대로를 따르지 않고, 본래 한국의 학년보다 한 단계 정도 차이 나도록 했습니다.

이후에 레벨 발달 단계에 대해서 상세히 설명하겠지만, 영어를 외국어로 배우고 생활 속에서 쓰지 않는 EFL English as a Foreign Language의 환경에서라면, 미국 초등학교 기준에서 1학년~2학년을 낮춰 목표를 잡는 것이 아이들이 소화하기에 가장 적절한 정도입니다.

또한 기본적으로, 아이의 리딩 유창성 발달 단계를 고려하여, 교재와 프로그램을 구성하였습니다. 아직 영어독서지도에 대해 잘 모르시는 분들을 위해 리딩 발달 단계에 맞는 책, 즉 적서 Right Book를 고르는 법에 대해서도 뒷부분에서 알려드리겠습니다.

위의 계획이 가장 돋보이는 건, 아이의 리딩 레벨이 높아져 감에 따라 그 때 꼭 필요한 부분에 대한 지도가 이뤄질 수 있도록, 효율적으로 선생님들을 선택했다는 것입니다.

엄마 선생님의 영어 실력을 스스로 점검해 봤을 때, 파닉스 Phonics를 가르치고, 영미권 초등 1~2학년 정도의 리딩 유창성 훈련을 가르칠 수 Teaching or Coaching 있을 정도라고 판단한 것입니다. – 실제로 엄마표 영어를 진행하고 계신 많은 분들에게 해당되는 것 같습니다. 도서관에서 빌려 가시는 책들의 레벨을 따져보면 미국 초등학교 2학년 이상은 소수라고 합니다. – 엄마 선생님의 한계점이라고 말하기 보다는 엄마 선생님의 역량과 장점이 가장 잘 활용될 수 있도록 선택한 것이라고 생각합니다.

위의 예시 표를 조금 더 자세히 설명드리겠습니다. 아이들은 리딩을 할 때, 문자를 해독하는 스킬 즉 디코딩 Decoding 스킬 훈련을 해야 합니다. 문자와 소리 간의 관계를 인위적이고 의도적으로 반복하면서 뇌에서 자동으로 이뤄질 수 있도록 체화몸에 완전히 익히는 것를 시키는 것이죠.

아마 7세나 초등 1학년 자녀들이 한글을 떼기 직전에 단어를 더듬더듬 읽는 것을 본 적이 있다면, 이 부분을 더 잘 이해할 수 있을 것입니다. 아이가 '비읍'을 보고 '브' 소리가 난다는 것을 배워서 안 다음, '바다'라는 단어를 천천히 '브.아.드.아, 바다'하고 읽는 모습을 떠올려보세요. 처음엔 그 단어를 처리하여 읽는 시간이 오래 걸리지만, 잦은 반복 훈련으로 '바다'라는 단어를 보자마자 '바다'라고 소리 내서 읽고, 머리 속에 바다 이미지를 떠올려 이해하게 될 것입니다. 이것이 디코딩Decoding 스킬 체화 훈련입니다.

문장을 읽을 때 문자로 이뤄진 단어와 그 단어들의 구성 법칙인 문법 등을 배워 그 의미까지 해석을 자동화하는 것이 바로 읽기 유창성Reading Fluency, 리딩 플루언시 훈련이라고 합니다. 이렇듯 영어 학습을 시작해서 1~2년까지는 읽는 방법을 배우는 단계Learn to Read, 런 투 리드입니다.

선생님은 아이의 눈높이에 맞춰 설명해주고 반복 지도하여 아이가 문자를 깨우치고, 체화Automaticity 자동화할 수 있도록 지도해야 하는데, 지도 방법에 대한 지식도 필요하지만, 이 단계에서 선생님으로서 가장 중요한 역량은 인내심을 갖추고 있어야 하고, 아이가 재미있게 배울 수 있도록 많은 관심을 기울이는 것입니다. 우리 아이를 가장 잘 이해하고 사랑으로 기다려 줄 수 있는 엄마 선생님이 유리할 수 있지요. 물론 이 부분도, 개인의 성향과 상황마다 다를 수 있지만 말이죠.

미국 초등학교 기준으로 3~4학년, 위 표의 학생의 기준으로는 영어 공부를 시작한 지 4년이 지난 상황에서 아이들은 좀 더 아카데믹한 영어, 그리고 이해도와 생각을 말과 글로 논리적으로 표현하는 발달 목표를 가져야 합니다. 이 계획표를 세운 엄마는 그 부분을 아주 잘 간파하고 있었기에, 논픽션 도서의 비중을 늘렸습니다. 그리고 영어독서전문 학원에서 엄마가 가르쳐 주기 힘든 글쓰기와 토론 부분이 지도될 수 있도록 활용한 것이지요.

또 위 계획표에서 보면, 아이가 초등학교 6학년이 되면서 앞으로 중학생이 되면, 공부해야 하는 것이 늘어나는 것을 미리 생각하여서 영어는 자기 주도 학습을 시키는 목표 부분이 보입니다. 영어를 문자로서 유창하게 읽어내고, 이해도도 충분히 완성된 읽기 독립이 되었다면, 가능한 일입니다. 책을 스스로 읽고, 생각을 쓰는 북 리포트Book Report, 독후감를 일정시간 꾸준히 쓰게 하는 대신, 원어민 선생님과 화상 통화를 통해, 짧은 토론이라도 하면서 영어에 대한 감을 잃지 않고 지속적으로 발전할 수 있도록 아이에 맞게 효율적으로 계획하신 것이 눈에 보입니다.

또 다른 케이스를 보자면, 저의 케이스입니다. 워킹맘이면서, 아이는 엄마 선생님을 거부합니다. 엄마가 공부 좀 시키려고 하면, 멀찌감치 도망가 버리죠. 그리고 영어학원을 따로 다니고 있고요. 저는 홈스쿨링을 할 수 없는 입장이지만, 영어 독서에 대한 중요성을 알고 있기에, 일주일에 3번 정도, 집에 빨리 오는 날에 자기 전에 아이들과 나란히 누워 아이들이 좋아하는 책을 그저 읽어주고 웃고 떠드는 영어 노출 중심 영어독서를 하고 있습니다.

저의 목표는 읽기 유창성보다는 아이들이 영어 동화를 보면서 가치관의 다양성을 대리 경험하고 상상의 나래를 활짝 피는 것입니다. 또한 엄마와 책에 대한 추억을 쌓아가는 것을 목표로 두고 실행하고 있습니다. 학습적인 것은 모두 영어학원에 맡긴 채 말이죠. 좋은 점은 아이와 싸울 필요가 없어졌고, 엄마 팔 베개를 하고, 오손도손 알콩달콩 책을 읽는 것이 하루 일과 중 저에게도 아이들에게도 행복한 시간이 되었다는 것입니다. 불안감 한 톨 없이요.

영어 동화책은 앞 부분에서 말씀드렸듯, 여러 좋은 점들이 있습니다. 활용하시는 방법은 천차만별입니다. 그 어떤 것도 헛되이 땅에 떨어지지 않습니다. 아이의 뇌 활성화에도 도움이 되고, 어휘 데이터를 쌓는 것에도 도움이 되고, 상상력에도 도움이 됩니다. 어떻게, 얼만큼 활용하시든 간에, 목표를 뚜렷하게 하시면, 불안하지 않을 수 있습니다. 이 책을 사지 않으면, 이 프로그램을 하지 않으면, 이 레벨이 되지 않으면, 큰일 나는 그런 일도 없습니다. 엄마와 아이, 둘에게만 집중하여 할 수 있는 만큼만 목표하고 계획해서 성장하고 성취하는 재미를 느껴보세요.

 평가는 목표를 기준으로 이뤄집니다. 저의 목표가 아이와 행복하게 책 읽는 시간을 매일 갖기라면, 저와 아이는 이미 매일매일 행복하게 성취해내고 있는 거죠. 영어독서를 너무 어렵게만 생각하지 마시고, 아이와 그림을 보고 즐기고, 책에 딸린 CD 속 노래를 듣고 따라 부르며, 율동해 보며 즐기는 것부터 목표하면서 천천히 나아가 보세요. 그 다음 레벨은 그 다음 레벨에 맞는 해결책들을 찾아서 연결하면 됩니다.

 '내 말만 옳다. 묻지도 따지지도 말고 오직 나의 방법만을 따르라!'고 외치는 '엄마표' 영어 교육 정보가 많은데, 이 책에서 만큼은 '한 가지 정답만 있지 않다!'는 것을 알려 드리고 싶었습니다. 다만, 영어독서지도에 대한 전반적인 이해, 그리고 각 레벨 별로 무엇을 어떻게 가르쳐야 더욱 효율적일 수 있을지에 대한 전문정보를 좀 더 알려드리겠습니다.

 선택은 오직 나와 아이의 상황과 역량을 고려하여 가장 맞는 방법을 골라 실행하시길 바랍니다. 학원에 온전히 맡기지 않고 집에서 하는 홈스쿨링의 가장 큰 장점은 나와 아이에게 꼭 맞춘 커스터마이징Customizing이 가능하다는 겁니다. 에디슨이 학교에서 '저능아'라고 퇴출되었지만, 엄마와 함께 한 홈스쿨링에서 천재성을 천천히 발전시켰던 것처럼 말이죠.

 말이 길었지만, 정리하자면, 영어독서를 시작하고자 하실 때, 4단계로 실행계획을 짜보세요.

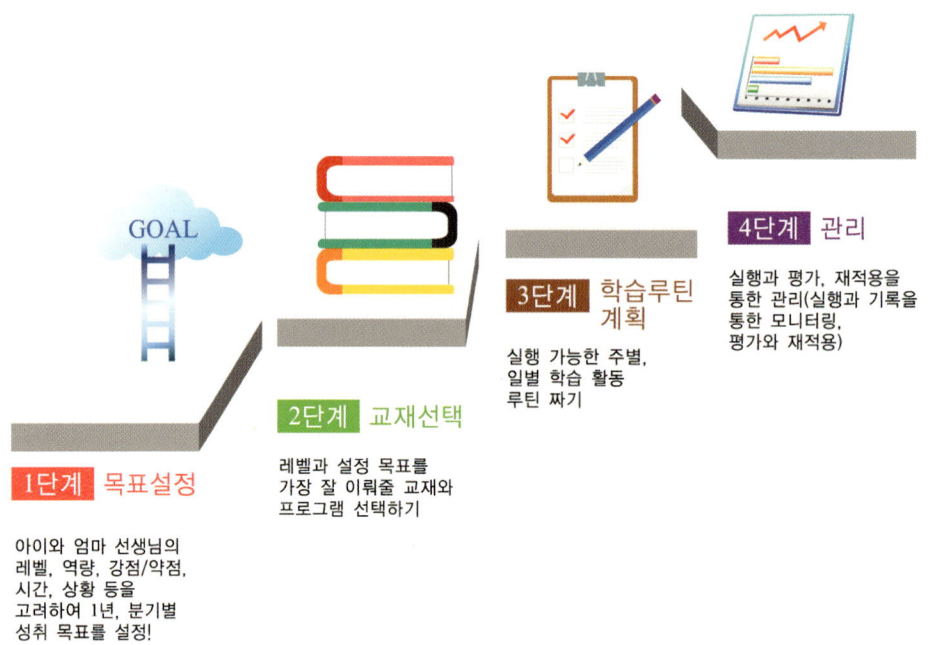

1단계는 큰 목표, 즉 나아갈 방향을 설정하는 것입니다. 1년 및 분기별 3개월마다 성취 목표를 설정하는 것이지요. 이때 중요한 것이 있습니다. 바로 아이의 연령대와 환경, 역량, 강점 약점과 엄마 선생님의 역량과 상황을 잘 고려해야 합니다. 그렇지 않으면, 실행하지 못하고 스트레스만 받는 계획이 되어버립니다.

1년의 커다란 목표를 다시 분기별 즉 3개월씩 4개로 쪼개는 이유는 너무도 큰 방향성을 실현 가능할 크기의 목표로 구체화하기 위함입니다. 목표를 설정할 때, 학습적으로 어느 정해진 기간 동안 어느 만큼을 할 건지를 정해 놓으면, 제대로 모니터링할 수 있고, '내가 지금 잘하고 있나?'하는 걱정과 불안에서 벗어날 수 있습니다.

사실, 인스타라이브 방송을 통해 집에서 영어독서코칭을 하시는 엄마들과 소통하면서 느낀 것인데, 홈스쿨링의 가장 큰 적은 불안감과 조급증인 것 같습니다. 그 불안감과 조급증과 싸워 이길 수 있는 방법 중 가장 기본이 되는 무기가 바로 내가 제대로 가고 있는지, 얼마만큼 해냈는지 모니터링이 되는 것입니다.

그리고 불안감과 조급증을 미리 예방하는 또 하나의 무기는 내 아이와 선생님이 될 나의 강점과 약점 환경에 맞는 실행 가능한 계획을 짜는 것입니다.

패션쇼 런웨이를 걷는 모델들이 입는 멋진 쿠튀르 의상을 사다 놓고, 내가 입고 말겠다는 무리한 목표로, 스스로 몸을 혹사시키면서 다이어트를 시도한들, 오래가지도 못할뿐더러, 스트레스만 쌓일 뿐입니다. 남들 보기 좋은 번지르르한 계획은 필요 없습니다. 내 아이와 나의 상황에 맞는 구체적이고 실행 가능한 계획이 백배 낫습니다. 아무리 작은 걸음이라도 꾸준히만 한다면 무엇이든 이룰 수 있습니다.

'엄마표 영어'에 유명한 인플루언서들이 이렇게 저렇게 하라고 제시한 커리큘럼과 일정을 따라하겠다고 마음 먹고 시도하시다가 번 아웃Burnout 모든 에너지를 과하게 쏟아 붓고 나서 지쳐 버림되어 버리거나, 아이도 엄마도 스트레스를 받는 경우를 허다하게 목격합니다. 그것은 내 탓도 아이 탓도 아닙니다. 애초에 그 분들의 커리큘럼은 그 분들의 아이와 상황에 맞춰진 것인걸요. 무작정 따라하기 보다는 나와 아이의 상황에 맞게 수정하시는 것이 맞습니다.

팁을 좀 드리자면, 안전한 범퍼 기간을 두는 겁니다. 일단 무작정 어떤 이들의 계획을 따라하시는 거라면, 그 계획이 나와 아이에게 맞는지 일주일을 시행하면서 수정하거나 대체할 것들을 찾아 나의 계획으로 바꾸는 거죠.

또는 하루 쯤은 복습의 날로 정하세요. 일주일 동안 계획을 제대로 수행한 날은 전체 복습하는 날이고, 혹시 일주일 동안 하루라도 계획대로 수행하지 못한 날은 보충을 하는 날로 정해서, 밀리더라도 스트레스를 덜 받을 수가 있습니다.

오직 내 아이와 나만을 위한 실행 가능한 영어독서 계획을 어디서부터 어떻게 짜야 할지 좀 더 구체적인 감을 잡으시라고 도움이 될만한 질문들을 예시 사례와 함께 보겠습니다.

먼저 아래처럼 간략하게 아이와 나의 상황적 프로파일을 적어보세요.

영어 홈스쿨링 계획과 실행에 도움이 되는 질문과 예시

Plan 아이와 선생님 역량을 고려하여 1년, 분기별 목표와 교재 / 컨텐츠를 선택한 후 월별, 주별 실행 계획 짜기

아이 프로파일	엄마 프로파일
한국나이: 8세(남)	영어 스킬
• 한글 뗌, 동화책 좋아함 • 영어 소리에 노출되어 있지만 읽지는 못함 • 놀이 위주 교육에만 노출되어 있어서 아직 집중력 짧음 • 스티커, 공룡, 팽이, 변신 로봇을 좋아함	• 파닉스와 미국 학년 기준 1~2학년 레벨의 리더스 정도는 지도 가능함. • 발음에는 자신이 없고, 문법에는 강하지만, 스피킹은 약함 • 시간: 주 3회 1시간씩 시간 낼 수 있음

[1] 아이의 레벨은 몇 레벨인가요?

　(1) 1단계 Pre-Reading 읽기 전 준비 단계(미국 기준 0~6세)

　(2) 2단계 Learn to Read 읽기 훈련 단계(미국 기준 7~9세)

　(3) 3단계 Read to Learn 지식 습득을 위한 읽기 단계(미국 기준 9~14세)

　(4) 4단계 Multiple View Points 다양한 관점을 이해하고 가치관을 세우는 단계(미국 기준 14~18세)

[2] 1년 동안 성취하고 싶은 목표는?

> 예시

파닉스 떼고, 미국 학년 기준 1학년 정도 리더스 책 혼자 읽기 독립

[3] 목표 달성을 위해 알맞은 교재와 프로그램은?

> 예시

파닉스 학습서 5권
디코더블 리더스(유치원 읽기 훈련용 리더스) 40권
영어 동화책(베스트 셀러): 엄마가 읽어주는 용
멀티미디어(유치원 정도 수준 추천용)

[4] 3개월씩 4분기로 나눠 매달 구체적인 마스터 계획 짜기?

> 예시

	1분기	2분기	3분기	4분기
목표	파닉스 학습 시작 노출 학습 적응하기	파닉스 완성 총복습	리더스 읽기 독립 훈련 돌입	리더스 읽기 독립 훈련 1.0 굳히기
교재& 프로그램	파닉스1~3권 영어동화책 멀티미디어	파닉스 4~5권 총복습 영어동화책 멀티미디어	리더스 0.6~0.9 영어동화책 멀티미디어	리더스 1.0~1.6 영어동화책 멀티미디어
월별 교재 마스터 계획	3월 1권 4월 2권 5월 3권	6월 4권 7월 5권 8월 1~5권 복습	9월 0.2~0.7 10월 0.2~0.7 11월 0.2~0.7	12월 0.5~1.0 1월 0.5~1.0 2월 0.5~1.0

[5] Weekly 루틴 짜기

- 주별 계획
- 주 3회 1시간
- 파닉스 학습서 30분
- 리더스 듣고 낭독하기 15분
- 멀티미디어 15분

아마 나이대별 알맞은 리딩 발달 단계와 레벨에 대한 지식이 없어서 감이 잘 안 올 수 있을 거예요. 일단 리딩 레벨에 대해 간단한 정도만 이야기하고 이 후 파트에서 더 깊게 다루겠습니다. 리딩 발달 단계는 크게 4단계로 생각하시면 됩니다.

일주일의 독서활동 루틴Routine은 얼마간의 시간 동안 어떤 활동을 하느냐를

● 리딩레벨 발달 4단계 ●

4단계
Multiple View Points[미국기준 14~18세]
- 읽은 지식에 대해 깊게 생각해보고 다양한 관점을 형성하는 단계
- 다양한 장르의 도서를 읽고 작가의 관점, 사회적 이슈 등을 비교 평론, 토론하는 활동 중요

3단계
Read to Learn the "New"[미국기준 9~14세]
- 지식 습득을 위한 읽기 단계
- 이해도를 중점적으로 높이는 단계
- 읽고 지식을 이해하며, 재정리하는 활동 중요
- 논픽션 비율 높아지고 어려운 챕터북 읽기

2단계
Learn to Read[미국기준 7~9세]
- 읽기 훈련 단계
- 소리와 문자간의 관계를 배우고 단어, 문장 읽기 훈련으로 리딩이 자동화되는 단계
- 알파벳 음가, 파닉스 규칙을 배울 수 있는 리더스와 지속적으로 흥미를 자극해주고 어휘력과 문장력 훈련하게 해주는 그림 동화책을 활용하여 반복적 읽기 활동 중요

1단계
Pre-Reading[미국기준 0~6세]
- 읽기 전 준비 단계
- 문자를 읽기 전 언어의 소리에 노출되며 흥미를 느끼는 단계
- 주로 그림 책, 오감 자극하는 책으로 놀이 중심 활동

정해놓는 것입니다. 예를 들어, '주 3회 월, 수, 금 30분씩 파닉스 리더스 책을 1권씩 읽기 연습하겠다.' 이런 식으로요. 어떤 활동들을 해야 할지에 대해서는 추후 파트에서 더 상세히 설명하겠습니다.

마지막으로 계획을 아무리 멋지게 짜도 실행이 관건입니다. 지도든, 코칭이든, 관리감독이든 가장 중요한 것은 실행을 기록하고 모니터링하는 것입니다.

책을 읽기만 하면, 어느새 지칠 수 있고, 목표를 잊기도 하지요. 아이와 함께 책을 읽고 나서 짧게라도 기록해 보세요. 책을 읽은 날짜와 제목만을 기록한 북로그Book Log도 좋고, 책을 읽을 때마다 간단하게 숫자만 확인할 수 있도록 스티커만 붙이는 북트리Book Tree 포스터도 좋습니다.

한 달이 지나고 두 달이 지나면, 그 쌓이는 양을 보면서 성취감을 느낄 수 있지요. 레벨이 올라가서 퀴즈 점수라든가, 북 리포트 이런 것도 얼마만큼 성장해 가고 있는지 모니터링하면서 칭찬과 응원을 해보세요. 지속적으로 할 수 있는 힘이 됩니다.

리딩로그

월 별 리딩 차트

PART 2

Lexile과 AR 북 레벨, 리딩 레벨

잘못 쓰면 독,
리딩 레벨
제대로 활용법

"책 읽는 것을 좋아하지 않는다면,
그건 당신에게 맞는 책을 아직까지 못 만났기 때문일 거예요."
-제이 케이 롤링-

CHAPTER 2

리딩 레벨 '더 빨리 더 높이'의 오류 바로 잡기!

1 문자보다 소리가 먼저다!

　파운데이션을 사러 화장품 가게에 갔더니, 같은 제품인데, 컬러와 텍스쳐, 커버력이 너무도 다양하게 라인업 되어 있어서 깜짝 놀랐습니다. 그리고, 가게 점원이 소비자의 피부 톤이 쿨톤이니 웜톤이니 설명해 주면서 각자의 얼굴색에 맞춰 제품을 선택하는 법을 알려주고 있었습니다.

　'내가 대량 생산된 화장품에 맞추는게 아니라, 화장품을 내 피부 톤에 맞춰 고른다?! 어찌 보면 매우 당연한 이야기인데, 지금껏 반대로 소비하고 있었네. 참 좋은 세상이다.'란 생각이 들었습니다.

　책 이야기 하다가 갑자기 웬 화장품 이야기일까요? 리딩 레벨에 대해 퍼져있는 잘못된 개념을 좀 바로잡고자 이 이야기를 꺼냈습니다.

Q 몇 살 때부터 영어 읽혀야 해요?

Q 무조건 많이 읽혀서, 리딩 레벨을 올리면 되나요?

Q 무조건 원어민 발음 오디오 파일로 많이 듣고, 읽으면서, 퀴즈 많이 풀면 되나요?

Q 아이가 혼자서 영어 책을 읽는데, 그럼 독서 지도는 끝난 건가요?

Q 레벨 테스트 봤는데, 생각만큼 안 나와서 속상해요. 어떻게 하면 좋죠?

리딩 레벨에 대해 이야기할 때 흔하게 많이 하시는 질문들입니다. 이 질문들에 대해 답하기 전에 이 질문 속 저 아래에 깔린 '더 빨리, 더 높이'를 달성하려는 구시대적 교육관이 우리도 모르게 숨어 있다는 사실을 되짚어 보았으면 좋겠습니다.

영어독서기반 학습법 효과를 체험한 분들이 많아지면서 한국에서 원어민 아이들이 읽는 영어원서 활용이 대중화된 것이 누구보다도 기쁩니다. 하지만, 안타까운 것을 꼽으라면, '무분별한 레벨 올리기'에 집착하는 분위기입니다. 그리고 아이의 리딩 발달단계를 고려하지 않는 '너무 빠른 선행학습'입니다.

이 문제는 읽기는 높은데 말하기와 쓰기 실력은 현저히 낮은 불균형적인 영어실력을 낳는 악순환의 고리로 연결됩니다. 이 부분의 심각성을 잘 모르시는 것 같습니다. 이것은 비단 영어뿐만 아니라, 한국 교육문화의 전반적인 문제라서 참으로 걱정이 됩니다.

모국어의 완성 시기가 만 3세라는 것과 한글의 수월성으로 인해, 문자 교육을 아주 쉽게 생각하시고 한글을 3세 또는 4세부터 가르치시는 분이 계십니다. 영어 역시도 아이가 아직 어린데, '알파벳과 파닉스'라는 문자 규칙 배우기와 읽기, 쓰기 수업을 너무 이른 나이부터 시키시는 분들이 요즘 많이 보입니다.

'서울의 목동, 대치, 강남, 압구정 등 뜨거운 교육열의 현장에 있었던 사람으로서, 이 무슨 이상적인 발언인지?'라고 생각하실 수도 있습니다. 하지만, 전 세계적으로 신뢰받고 있는 대표적인 리딩지수들의 개발 배경과 계산법, 분류 이유와 활용 방법에 대해 제대로 알게 되면, 레벨 올리기 집착증이 얼마나 위험하고 비효율적인 생각인지를 금세 알게 됩니다.

레벨 빨리 올리기 집착증을 버리는 것은 참 쉽지 않은 일입니다. 영어를 시작하는 나이는 어릴수록 좋다는 설 때문입니다.

Q "대체 영어 동화 읽기, 언제부터 시작해야 할까?"

이 질문을 수도 없이 받아온 사람으로서, 일단 대답 전에 외국어 배우기와 문자 배우기를 떨어뜨려놓고 생각한다는 가정하에, "언제든 좋다!"라고 대답하겠습니다. 그러나, "문자 배우기는 발달단계에 맞춰!"라고 대답하겠습니다. 이게 무슨 말인고, 고개를 갸웃하시는 분이 계실 것이라고 생각합니다.

언어, 특히 외국어는 뇌가 굳지 않은 어린 나이부터 배우는 것이 좋다는 것은 물론 맞는 말입니다. 외국에서 회사를 1년간 다니게 되어 아이들을 데리고 해외에 살다 온 1년의 경험을 한 저 역시, 아이들이 스펀지처럼 영어를 흡수하는 것을 목격할 수 있었기 때문에 누구보다도 격하게 공감합니다.

하지만, 이렇게 외국어에 빨리 노출되는 것과, 문자를 너무 빠르게 가르치는 경우는 서로 조금 다릅니다. 문자를 너무 빨리 가르치는 경우, 두 가지 문제점이 있음을 알려드리고 싶습니다.

첫째는, 이런 선택을 하신 부모님들은 외국어를 배우는 방법론을 문자부터 시작한 경험밖에 없어서 언어 학습의 시작을 무조건 문자로만 시작하려는 한계점을 갖고 있다는 것입니다. 그것은 어른들에게는 효과적일지 모르겠지만, 아이들에게는 효과적이지 않습니다.

둘째는, 아이의 뇌 성장발달을 고려하지 않고 진행하는 교육방법론으로 인해 결과적으로 얻게 되는 부작용이 너무 큽니다. 결과적으로 투자 대비 효용성 문제를 낳게 되죠. 이해를 돕기 위해, 우리 아이들의 예를 들려드리고 싶습니다.

제가 워킹맘이라 영어를 비롯한 모든 교육에 잘 신경 쓰지를 못했습니다. 그러다가 해외에서 직장을 다니게 되어 두 아이들을 데리고 외국에서 1년간 살다가 오게 되었습니다. 1년간 어른들과는 달리 언어를 스펀지처럼 흡수하는 아이들을 관찰해 보며 매우 흥미롭고 놀라웠죠. 아이들은 처음에 영어 한 마디도 못했었는데, 얼마 지나지 않아 어느 순간 친구들과 영어 문장으로 이야기하는 것을 목격하게 되었습니다. 그러나 재미있게도, 아이들은 말로는 할 수 있지만, 문자로는 읽거나 쓰지 못했습니다.

아이들은 우리처럼 문자로 외국어 학습을 시작하지 않았습니다. 모국어 방식으로 했습니다. 많이 듣고, 소리 내어 따라했죠. 그렇기 때문에 어른들보다 더 빠르게 말을 배우고, 소통할 수 있었습니다. 비교해 볼까요? 몇 십년을 배운 영어인데도, 아직도 한 문장도 내뱉지 못하는 어른들이 얼마나 많은가요? 그런데, 소리를 통해, 상황을 통해 영어를 배운 이 아이들은 자기가 하고 싶은 말을 영어로 척척 꺼내어 말합니다.

비단 저의 아이들만의 이야기가 아닙니다. 모국어를 배우는 아이들을 관찰해도 똑같습니다. 그들은 언어를 소리부터 먼저 받아들입니다. 아직 문자를 해독하는 뇌 프로세스가 발달하지 않았습니다. 대신, 몇 번 들은 노래를 영어든 한국어이든 간에 소리 그대로 달달 따라 부르는 그들은 '소리 천재'입니다. 유명한 디즈니 애니메이션 영화 [겨울왕국]의 O.S.T인 "Let it go"가 무슨 뜻인지 모르는데, 떼 창을 부르는 아이들을 쉽게 목격할 수 있지요.

이것은 저의 주장이 아니라, 과학적인 리서치를 통해 이미 밝혀진 것입니다. 읽기 연구의 대가인 교육심리학자 Jeanne S. Chall 교수의 리딩 발달단계 Chall's Stages of Reading Development를 보면, 연령대별로 아이들의 듣기와 읽기 능력의 발달 단계를 상세히 설명해줍니다.

그의 연구에 따르면, 6세 이전의 아이들은 문자 해독보다는 소리 언어 능력이 훨씬 높습니다. 1000개가 훨씬 넘는 단어를 듣고 이해할 수는 있지만, 읽을 수 있는 단어는 몇 되지 않지요. 문자 학습이 시작되는 6~7세 아이들도, 여전히 읽는 능력과 소리 언어의 능력에서 큰 간극을 보이고 있습니다. 4000개 이상의 단어를 듣고 이해할 수 있지만, 읽을 수 있는 단어는 600개 정도일 뿐입니다. 이후에 읽기 유창성이 확보되고 난 후에 문자 언어가 훨씬 더 효율적이 되는 시기가 9세 이후입니다.

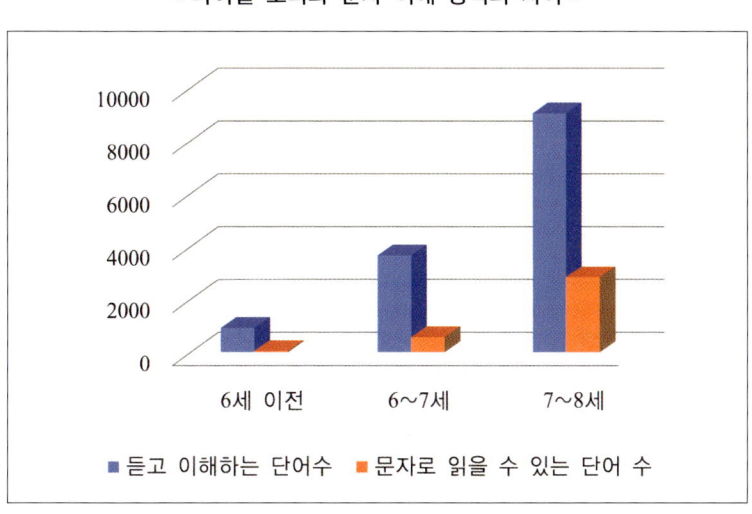

● 나이별 소리와 문자 이해 능력의 차이 ●

즉, 미국 기준 6세 이전, 한국 기준 7세 이전 아이들에게는 영어 노출을 자유롭게 해도 좋지만, 문자 익히기를 너무 푸쉬push할 필요는 없습니다. 그래서 영어원서 읽기 언제부터 시작해도 되냐는 물음에, '부모님이 언제든 읽어주고 들려주시되, 아이가 직접 읽는 훈련은 한국 기준 7세 이후부터 아이의 발달 단계에 적정하게'라고 대답하는 것입니다.

이러한 리딩 발달 단계에 대해서 설명을 보았음에도 불구하고, 우리 아이의 명석함은 일반 아이들과 다르다며, 영어는 어렵지만 한글은 훨씬 쉽기 때문에 3~4세인 우리 아이에게 문자 교육부터 하겠다는 결심이 변함이 없으신 분들도 계실 것입니다. 물론 아이마다 다를 수 있습니다. 하지만, 문자와 언어를 동일시하는 생각의 틀에 갇혀 있고, 어른으로서 이미 문자 읽기가 자동화Automaticity 되어 버린 상황에서 아이의 속도를 배려하지 못한 결정이라는 것을 알아주셨으면 합니다.

'문자와 언어를 동일시하는 착각', '문자 읽기의 자동화'에 대해 한 번도 생각해보지 않으신 분들이 많으실 터라 이해가 좀 힘들 수 있을 것입니다. 이것은 역설적이지만, 감사하게도 한글의 수월성에 요인이 있다고 생각합니다.

우리에겐 한글이란 위대한 문자가 있습니다. 어찌나 배우기가 쉽고 과학적인지 언어학자들 중에는 미래 통합 문자 시스템으로 '한글'을 쓰자는 학자도 있으며, 전 세계적으로 문맹퇴치에 힘쓴 이에게 주어지는 상의 이름은 한글을 만드신 세종대왕님의 이름을 딴 유네스코 세종대왕 리터러시 상UNESCO King Sejong Literacy Prize입니다.

얼마나 쉬운가 하면, 우리는 말을 할 때, 머리 속에서 한글로의 치환이 매우 빠릅니다. 이 말이 무슨 말인가 이해하기 위해 '중국어'라는 소리언어와 '한자'라는 글자 시스템을 떠올려보세요. 목이 말라 '물'을 떠올릴 때 떠오르는 이미지는 인지의 언어 즉 생각의 언어입니다. 그리고 그 메시지를 상대방에게 말로 전달할 때, 중국어 소리 규칙은 shui슈이이고 한자라는 문자 규칙은 水물 수입니다.

사물의 이미지, 소리, 문자라는 이 세 가지의 언어체계가 하나로 머릿속에 인지되기 위해서는 인위적이고 의도적인 훈련이 필요합니다. 왜냐면 이들 사이의 관계는 처음부터 있었던 것이 아니라 극히 사회적인 약속 체계이기 때문입니다. 아래 표를 보면 이해할 수 있을 것입니다.

어렸을 때 우리는 집에서 모국어 소리 규칙을 귀와 입을 통해, 밥 먹는 상황, 놀다가 목마른 상황 등을 포함한 다양한 상황 속에서 익혔고, 그것을 문자로 쓰기 위해서, 학교에서 여러 번 읽고 쓰면서 배워 성인이 된 지금 완전히 자동화되었습니다. 그래서 물이 먹고 싶을 때, 말로도 글로도 바로바로 치환이 될 정도로 체화가 되어 있습니다. 그 자동화의 속도가 얼마나 빠른지, 그것이 '문자 시스템'이라고 인지조차 하지 못할 정도입니다.

● 인지 언어 vs 소리 규칙 vs 문자 규칙 ●

인지 언어	소리 규칙		문자 규칙	
	중국어	[Shuǐ]	한자	水
	한국어	[muːl]	한글	물
	힌디어	[paanee]	힌디글자	पानी
	영어	[wôtər]	알파벳	water
	일본어	[mizu]	한자	水

이렇게 자동화된 덕에 어른이 된 우리는 이제 막 문자를 만난 아이가 문자를 느릿느릿 읽어내는 것을 보면 답답하다 느낄 수 밖에 없죠. 그래서 아이의 뇌가 아직 문자 해독을 할 수 있도록 충분히 발달하지 않았음에도 불구하고, 해낼 수 있을 거란 생각에 푸쉬를 하게 되는 것이죠.

실제로, 인류가 등장하고, 말이 먼저였고, 문자 시스템이 나중에 만들어졌습니다. 과학자들은 우리 뇌가 베르니케 영역과 브로카 영역을 통해 언어를 구사할 수 있도록 설계되어 있다고 밝혀냈죠. 언어 중추라고 불리는 이 부위는 상대방으로부터 들은 소리를 의미 있는 언어로 이해하게 돕고, 자신의 생각에 대응하는 단어를 찾은 후 문장 형태를 결정하고, 문장을 형성한 후 이를 소리로 전환시키는 과정을 담당합니다. 덕분에 누구나 큰 장애가 없다면, 들으면서, 자연스럽게 말을 터득할 수 있습니다. 조급하게 생각할 필요가 없지요.

그러나 문자를 읽어내기 위해서는 훨씬 복잡한 프로세스를 뇌가 처리해야 합니다. 후두엽이 눈으로 스캔한 "사회적 약속으로 그려진 문자 이미지", 시각 정보를 측두엽에게 보냅니다. 예를 들어, '水'라는 시각정보를 후두엽이 스캔하여,

측두엽에게 보냅니다. 그러면, 측두엽은 그 이미지를 소리로 해독합니다. 즉 '수'라는 소리로 디코딩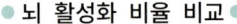합니다.

그런 다음, 전두엽은 그 글자의 의미를 추론합니다. '물'이라는 이미지로 그 뜻을 이해하는 것입니다. 사실 상 우리가 글자로 된 메시지를 읽을 때 이러한 단어들로 연결된 문장을 읽어 내야 합니다. 이렇게 해독한 단어들을 연결하여 결국, '마실 물을 찾을 수가 없어서 입술은 바짝 말랐다.'라는 책 속의 한 문장을 이해하게 되는 거죠. 그리고 이 문장을 읽고 나서, 감정을 관장하는 변연계가 '주인공이 목이 정말 말라서 어쩌나'라는 걱정 어린 '감상'을 갖게 합니다.

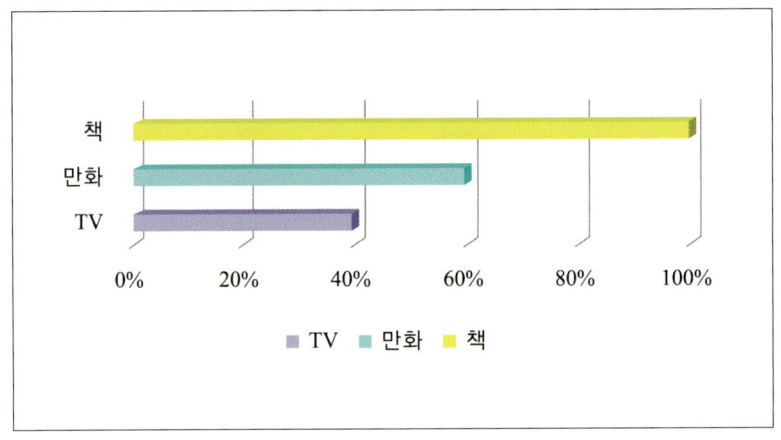

● 뇌 활성화 비율 비교 ●

● 언어 중추 베르니케 영역과 브로카 영역 ●

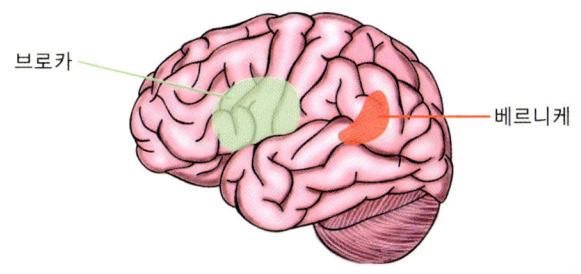

베르니케 영역	브로카 영역
• 좌뇌측두엽에 위치함(왼쪽 귀 바로 위) 　시각, 청각, 체감각 영역과 가까이 위치함 • 언어 이해 담당(구어, 문어) 　- 귀, 눈으로 본 내용을 단어의 뜻으로 연결 　- 단어를 의미로 바꾸거나, 그 반대의 과정을 담당 ☆ 7세 이후 비약적 발달	• 좌뇌 전두엽 위치 　운동 피질 영역 앞 쪽 위치 • 말을 표현해 내는 과정 담당 　단어들을 배열하여 문법적으로 문장을 완성 　1) 들은 정보 또는 말하고자 하는 내용 통합 분석 　2) 문법적으로 조절 통제 　3) 말 또는 글을 쓸 수 있도록 입, 손 근육에 운동 명령을 내림

1. 옹알이 단계
(생후2개월~1년)

2. 한 단어 사용
(생후 1년 전후)

3. 두 단어 사용
(생후 2년 전후)

4. 문장 사용
(생후 2년~5년)

　이렇듯 문장 하나를 읽어 내고 이해하기 위해서는 참으로 복잡합니다. 그렇기 때문에 TV를 볼 때는 뇌 활성화율이 40%, 만화를 볼 때는 60%, 책을 볼 때는

100% 활성화될 수 밖에 없겠지요.

굉장히 어려운 전문 용어들이 많이 나왔는데, 결론적으로 하고자 하는 말은, 아이들은 언어를 빠르게 배울 수 있는 능력을 타고 났지만, 그것은 뇌가 관장하며, 아이들의 뇌 발달에는 알맞은 순서, 속도와 과정이 있으므로 그것을 무시해서는 안된다는 것입니다.

따라서 소리 언어와 문자 언어를 동일한 것으로 착각해서, 아직 문자 언어를 빠르게 처리할 수 있도록 뇌가 발달하지 않은 어린아이에게 문자 언어 학습을 선행으로 시키는 것은 좋지 않습니다.

소리 언어는 아주 어릴 때부터 빠르게 습득하지만, 문자 언어와 연계된 뇌 발달은 7세 이후 비약적으로 발전합니다. 언어 그리고 읽기와 관련된 뇌의 발달이 7세 이후 비약적으로 발전하는데, 만약 7세 이전 너무 어린 나이에 문자부터 들이민다면, 아직 도로가 2차선인데, 8차선에서 소화할 수 있는 차를 내보내는 것이나 마찬가지인 거죠.

② '더 빨리 더 높이' 보다 At Grade Level[학년 적정 레벨]

절친한 친구에게 얼마전 전화가 왔습니다. 다둥맘인 그녀는, 학창 시절 영어 때문에 힘겨워했던 경험이 있죠. '엄마표 영어독서'에 관심있는 분들이 '내 아이에게 만큼은 영어 울렁증을 물려주지 않겠다!'는 한 마음 한 뜻으로 대동단결을 하는 것처럼 이 친구도 같은 마음입니다. 게다가 큰 아이가 또래의 다른 아이들 보다 영어에 대한 재능을 보이고, 영어를 매우 좋아합니다. 때문에 아이의 영어교육에 대한 고민이나 의사결정거리가 생기면, 저에게 자주 상담 전화를 해옵니다.

"레벨 테스트 봤는데, 생각만큼 안 나와서 속상해…"

아이가 영어원서를 읽는 친구들을 부러워하여, '영어원서 전문 학원에 보내 볼까?'하고, 상담을 갔다가, 레벨 테스트를 보게 되었다고 합니다. 그런데, 레벨 테스트 결과가 기대보다 약간 낮게 나온 것 같다고, 굉장히 실망한 눈치였습니다. 자존심(?)이 상한다는 말까지 솔직히 말할 정도였죠. 그 친구의 주변 지인은 1개월만에 0.3이 떨어져서 다른 학원으로 옮겨야 겠다며 속상해 했다는 군요.

수치적인 평가에 익숙한 세대인 우리들은 아무래도, 레벨이라는 말에 예민합니다. 그래서 '더 빨리, 더 높이'가 당연한 것으로 생각됩니다. 하지만, 리딩 전문가들은 그것을 위험한 생각이라고 지적합니다.

혹시 '초독서증'을 알고 계시는지요. 초독서증이란, 의미를 전혀 모르면서 한글이나 영어를 기계적으로 발음하는 현상으로 그동안 자폐의 여러 증상 가운데 하나로 분류되어 왔는데, 전문가들은 뇌가 성숙되지 않은 아이에게 한글, 영어, 수학을 조건반사식으로 가르친 것이 그 원인이라고 합니다.

많은 단어를 배워 알고 있지만, 대화할 능력은 없고, 책은 줄줄 읽어 낼 수 있지만, 뜻은 전혀 모르는 상태가 초독서증의 증상입니다.

물론 아이들마다 읽기 유창성에 편차가 있기 때문에, 각자에 맞게 책을 추천하여 주고 이끌어 줘야 합니다. 하지만, 군이 레벨을 빨리 올리기 위해서 푸쉬하는 것은 좋지 않습니다. 오히려, 레벨 올리기에 집착한 아이들은 두꺼운 책을 나중에 버거워하여, 책 읽기를 싫어하게 되거나, 글쓰기나 토론에서 풍성하게 생각을 끌어내지 못하는 등의 불균형을 보여주는 케이스를 많이 보았습니다.

혹시나 레벨 빨리 올리기에 열을 올리고 계신다면, 부모로서의 욕심과 조급함을 잠깐 내려 놓고, '아이표 영어독서'를 추구하도록 돕는 용어를 하나 알려드리고 싶습니다. 바로, At Grade Level^{학년 발달에 맞춘 레벨}입니다.

리딩 전문가들은 1년에 한 학년에 해당하는 리딩 레벨로 올라가는 것이 가장 좋다고 추천하고 있습니다. 바로, At Grade Level앳 그레이드 레벨 즉, 발달 단계에 맞는 '학년 적정 레벨'이라는 뜻입니다.

Lexile이나 AR같은 리딩 레벨에 대해서 제대로 배우기 전에 우리는 At Grade Level에 대한 이해를 쌓아야 한다고 생각합니다. 연구를 통해 At Grade Level의 기준을 가장 잘 알려주는 Chall 교수의 리딩 발달단계표를 소개합니다.

● Chall 교수 리딩 발달 단계 ●

단계 (미국 기준 나이/학년)	발달 특징과 마스터 능력	습득 방법
0단계 읽기 전 단계 Pre-Reading (6개월~만 6세 유치원)	아이들은 '읽는 척'을 함, 읽어주었던 내용의 페이지를 보면서 이야기를 다시 말하기도 함. 알파벳 이름을 알고, 몇 개의 표시를 알아봄, 자신의 이름 글자를 알아봄, 책과 연필, 종이 등을 가지고 놈	어른이 책을 읽어 줌 대화 형태의 읽기
1단계 읽기 초기와 문자 해독 단계 Initial reading & Decoding (만 6~7세 1학년~2학년 초반)	글자와 소리, 인쇄된 활자와 구술 어휘의 관계를 배움, 음소가 규칙적인 단어 또는 높은 빈도의 어휘가 들어 있는 간단한 텍스트를 읽을 수 있음. 읽기 스킬을 사용하여 새로운 1음절 단어를 읽으려함.	단어와 소리의 관계(파닉스)에 대해 배우고, 그 규칙을 사용하는 법에 대해서 훈련함. 배운 파닉스 요소가 들어 있는 단어와 높은 빈도 어휘가 사용된 간단한 스토리들을 읽음. 아이가 혼자 읽을 수 있는 단계보다 조금 더 높은 단계의 책들을 아이에게 읽어 줌으로써 좀 더 높은 단계의 언어 패턴, 어휘, 컨셉을 발전시킴
2단계 유창성 확보 Confirmation & Fluency (만 7~8세 2학년~3학년)	아이는 유창성을 상승시키면서 간단하고 익숙한 이야기들을 읽음. 이것은 익숙한 스토리 읽기 안에서 기본 문자 해독 요소들, 높은 빈도 수 어휘, 의미적 상황을 강화함으로써 형성됨	읽기 유창성을 도와주는 익숙하고 흥미로운 교재 읽기를 통한 상위 문자 해독 스킬 훈련, 다양한 읽기 지도. 스스로 읽을 수 있는 책 보다 높은 레벨의 책을 아이에게 읽어 줌으로써 언어, 어휘, 컨셉을 발전시켜 줌.

3단계	새로운 지식 배움을 위한 읽기 A 단계 B 단계 (만 9~13세 4학년~6학년 7학년~9학년(중학생))	읽기는 새로운 아이디어를 배우고, 새로운 지식을 얻고, 새로운 감정을 경험하고, 새로운 태도를 배우기 위해 사용됨	새로운 아이디어나 가치, 익숙하지 않은 어휘와 문법, 다른 의미로 쓰인 어휘가 들어 있는 교과서, 참고도서, 단행본, 신문, 잡지를 읽고, 토론, 질문에 대한 답변, 쓰기 등을 통하여 텍스트와 반응하기. 점차적으로 더욱 복잡한 텍스트를 읽기
4단계	다양한 관점 Multiple viewpoints (만 15세~17세 10학년~12학년 (고등학생))	설명과 묘사가 들어 있는 다양한 관점의 폭넓고 복잡한 교재를 다양하게 읽기	폭넓은 읽기, 물리, 생물, 사회학, 인문학, 양질의 유명한 문학, 신문, 잡지, 어휘의 체계적 연구
5단계	구성 및 재구성 단계 Construction & Reconstruction (만 18세 이상 대학생 이상)	읽기는 커리어나 개인의 필요와 목적을 위해 함. 본인의 지식과 다른 사람의 것을 통합하기 위해 읽기를 하기도 하고, 합성하거나 전혀 새로운 지식을 만들기 위해 함. 빠르고 효율적인 읽기	어려운 교재의 다양한 읽기, 본인의 당장의 니즈를 넘어서는 읽기, 논문, 실험, 에세이, 다양한 지식과 관점이 통합된 다양한 형태의 글 읽기

이 발달 단계를 좀 찬찬히 읽어 보셨으면 합니다. 각 연령 별로 적절한 발달 단계를 꼬옥 확인하시고 고려하시기 바랍니다. 너무 급하게 서두르지 마시고, 아이에게 맞춰주세요.

혹시나 이 표보다 느리다고 해서 조급해 하지 않으셔도 됩니다. 이 발달 단계에서 적정한 능력을 알고 있으니 그 부족분을 채우기 위한 방법을 찾아 실행하면 되니 오히려 안심하셨으면 좋겠습니다. 이 다음 챕터에서 더욱 자세히 설명해 드리겠습니다.

3 '더 많이'에 '더 깊게'를 더하자!

현 초등학교 교사이자, 독서교육을 현장에서 펼치시고 계신 "초등 1학년 공부, 책 읽기가 전부다"의 저자 송재환 선생님은 아이들이 어휘력 부족에 허덕이고, 상상력 부족에 허덕이며, 공감력 부족에 허덕이는 현상이 해를 거듭하면서 더욱 심해지고 있다고 걱정하십니다.

문제는 비단 그 선생님의 제자들만의 이야기가 아닌 것 같다는 것입니다. 중학교 교사인 제 친구도, 고등학생들에게 영어를 가르치는 선생님인 친한 언니도, 영어학원 원장님들이 모여 활발히 정보를 교환하고 있는 온라인 커뮤니티에서도 이러한 현상에 대해 걱정하는 이야기들이 꽤 많이 회자되고 있습니다.

유아기에 빨리 글을 떼고, 초등학교 때 속독·다독을 한들, 중고생이 된 지금은 책을 멀리하며, 책 한 권도 제대로 읽지 않아, 글 전체를 이해하는 능력 자체가 떨어져 수업이 힘들다는 이야기를 많이 합니다.

정말 아이러니 하게도 영어지문을 해석한 후에도 그 글의 중심 생각을 이해하지 못하는 일이 허다해서 글을 보는 법을 한국어로 설명하는 일이 비일비재하다 보니, 고등 국어 프로그램을 영어학원에서 하는 경우도 있고, 국어 시간인지 헷갈릴 정도라고 고백하는 영어 학원 선생님들이 많이 계십니다.

속독법을 배워, 책을 빠르게 많이 읽는 것이 몸에 밴 아이들은 느리게 생각하며, 곱씹는 독서법인 정독을 매우 힘들어합니다. 초독서증까지는 아니라도, 중요 내용을 요약하는 것을 잘 하지 못하는 경우가 많고, 감상을 말하거나 쓰기를 어려워합니다.

속독을 하면서 매우 많은 내용을 스킵skip하기 때문에, 최소한의 단어들을 연결하며, 추측하여 읽어 버립니다. 작가의 글이나 생각이 아닌 자기 마음대로 유추하는 비율이 많아지면서, 내용의 이해도가 떨어지게 되는 것이지요. 독서를 수

박 겉핥기 식으로만 많이 한 아이들에게 감상을 말하게 하거나 글을 쓰게 하면 한 권을 깊숙이 제대로 곱씹으면서 읽은 아이의 감상과 글의 풍성함을 결코 따라오지 못하고 있음을 금방 발견할 수 있습니다.

우리나라에 영어독서 전문학원들은 거의 대부분 영미권이나 국내에서 개발된 독후 퀴즈 프로그램을 쓰고 있습니다. 물론 내용 이해도 확인이 중요하긴 하지만, 그걸 중요시 여기는 만큼 독서 중During Reading 사고력 훈련Critical Thinking Skill에 대해서는 잘 모르거나 중요하게 다루지 않는 것 같아 안타깝습니다. 독서 중 사고력 훈련을 제대로 해주어야 사실 퀴즈도 더 잘 맞출 수 있고, 독후감도 더욱 풍성하게 쓸 수 있기 때문입니다. 이 부분에 대해서는 이해력을 높이는 메타 인지 훈련 파트에서 더욱 깊게 소개하겠습니다.

우리 아이들에게 속독도 다독도 필요합니다. 하지만, 느리게 읽고, 정독하면서 깊게 생각하는 훈련 역시 중요합니다. 한쪽으로만 치우친 성장은 어딘가 문제가 있기 마련입니다. 균형 잡힌 성장의 중요함을 떠올립시다. 영미권의 영어독서 지도는 균형 잡힌 리터러시 코칭Balanced Literacy Coaching을 추구하고 있다는 용어 속에 담긴 큰 눈, 큰 생각의 그릇을 차용하여, 독서에 대한 편협한 생각을 깨치고 나옵시다. 그리고 다양한 리딩 스킬이 우리 아이들 자신의 생각을 발전시키기 위해 훈련해야 함을 기억합시다. 그러면, 몇 권을 읽었든 간에 독서를 통한 아이들의 열매는 더욱 풍성하고 달게 될 것입니다.

3 CHAPTER

렉사일, AR 제대로 알고 활용하기

① 레벨은 책에 맞추지 않고, 아이에게 맞춰요!

리딩 레벨은 '모두가 제대로 교육받고 훈련한다면, 읽고 쓸 수 있다'라는 가정 하에 모든 아이들이 잘 읽고 쓸 수 있게 도움을 주도록 개발되었다는 사실을 잊지 않았으면 좋겠습니다. At Grade Level학년 적정 레벨이 되지 못한 아이가 있다면, 그렇게 될 수 있도록, 아이가 읽을 수 있는 책을 매칭하여 주기 위해 개발된 것이 북 레벨Book Level입니다. At Grade Level학년 적정 레벨보다 빠른 아이가 있다면, 아이가 너무 쉬운 책만 읽어서 흥미를 잃어버리지 않도록, 적정한 레벨의 책을 매칭해 주는 식이지요.

이처럼, 무조건 베스트셀러라서 그 책을 사서 읽힌다는 생각보다, 우리 아이에게 맞춰 책을 읽힌다는 기준을 세웠으면 합니다. 아이의 리딩 레벨을 제대로 알지 못한 채 아이의 레벨과 맞지도 않는 책을 잔뜩 구매해 놓기만 한다면, 십중팔구는 아이가 책을 펼쳐 보지도 않는 일이 발생할 수 있어요.

그렇다면 아이의 레벨에 맞는 책을 어떻게 고를까요?

아이의 레벨에 맞는 책을 고르는 법

① 북 레벨과 리딩 레벨의 차이부터 이해해요!
② 아이의 리딩 레벨을 측정해 봅니다. (유료 vs 무료)
③ 목적별로 믹스 매칭한 도서 목록을 시간 배분하여 아이와 함께 읽어요!

자, 그럼 북 레벨과 리딩 레벨의 차이부터 이해해 보기에 앞서 리딩 레벨에 대해 얼마나 알고 계시는지 퀴즈를 통해 한 번 점검해 볼까요?

리딩 레벨에 대한 나의 이해도 점검 OX 퀴즈

Q1. 우리 아이는 이제 막 영어독서를 시작하는 아이니까, 영어 동화책이라면, 우리 아이 리딩 레벨에 맞게 사는 것이다?

Q2. 레벨이 높은 책을 읽는 것이 좋은 것이다?

Q3. 리딩 레벨이 높은 아이는 낮은 레벨의 책은 절대 읽히면 안된다?

Q4. 리딩 레벨을 높이기 위해서는 일정량의 해당 레벨을 다 읽은 다음 날 바로 그 다음 높은 레벨의 책을 아이에게 주면 된다?

Q5. 리딩 레벨 진단 결과 수치에 딱 맞춰서 책을 고르면 된다?

Q6. 리딩 레벨은 전문 진단 시험으로만 가능하다?

Q7. 리딩 레벨 진단은 자주 할수록 좋다?

Q 우리 아이는 이제 막 영어독서를 시작하는 아이니까, 영어 동화책이라면, 우리 아이 리딩 레벨에 맞게 사는 것이다?

글보다 그림이 많이 들어있는 동화책은 아이의 발달 단계에 맞는 책입니다. 하지만, 아이의 리딩 능력에 맞는지는 책마다 다를 수 있습니다. 무조건 동화책이라고 해서 아이들이 읽거나 이해할 수 있는 것은 아닙니다. 영어 동화책을 살펴보면 글밥이 엄청 많은 책들이 많습니다. 아이들이 직접 읽는 것이 아니라, 부모님이 읽어주는 책이라는 가정을 기반하고 있기 때문입니다. 그 책 속의 글의 난이도를 측정해 보면, 굉장히 높은 책들이 있습니다. 예를 들어, 우리가 가장 잘 알고 있는 영어 동화책이라고 하더라도, 출판사의 편집에 따라 막상 책을 펴보면 문장이 매우 어려운 경우가 있습니다. 그런 책들은 아이와 레벨이 안 맞아서 아이가 누가 읽어주는 것을 듣는 것조차 힘들어 하는 경우가 있습니다.

책 속 글의 난이도를 북 레벨Book Level, 아이의 읽기 능력을 수치화한 것을 독서 역량 지수Reading Skill Level이라고 합니다. 지금까지 이 두 가지를 혼용해서 북 레벨이라고 또는 독서지수라고 통칭하셨다면, 지금부터는 그 차이를 잘 구분해야 합니다. 우리 아이에게 맞는 책을 찾기 위해서 말이죠.

● 북 레벨 vs 독서 역량 지수 ●

북 레벨 (Book Level)	독서 역량 지수 (Reading Skill Level)
책 속의 글 난이도를 기준으로 수치화한 것	아이의 리딩 스킬을 수치화한 것

책 속 글에 대한 난이도를 수치화하는 계산법은 Flesch-Kincaid, Gunning-Fog, SMOG Index 등과 같이 연구를 기반으로 한 다양한 공식이 있습니다. 글에 대한 난이도Text Difficulty를 계산할 때 고려하는 요소들은 공통적으로 단어의 개수, 문장의 개수, 단어의 난이도, 문장의 길이와 복잡성 등 입니다. 우리가 알고 있는 유명한 리딩 지수들도 이러한 리서치 기반의 계산식을 활용하고 있습니다.

한편, 학생이 어느 정도 난이도의 글을 해독하고 이해하는 능력을 갖추고 있는지 평가하여 수치화한 것은 학생의 독서 역량 지수Reading Skill Level 또는 리딩레벨Reading Level 입니다. 학생의 리딩 스킬Reading Skill을 먼저 진단한 후, 그 나이 연령에 맞춘 발달단계를 기반으로 어떤 불균형이 있는지 확인하고, 그 갭을 줄이기 위해 서서히 실력을 향상시켜줄 수 있도록 알맞는 도서를 추천하고 지도하는 것이 리딩 레벨이 고안된 이유입니다.

● 문장 난이도 비교표 ●

예시 문장	텍스트 난이도(Text Difficulty)
I see a hat.	미국 기준 유치원~1학년 ATOS: 1.0 Gunning Fog Scale Level: 1.6(Easy) Flesh-Kincaid Grade Level: 0
I saw an old lady in a hat.	미국 기준 2학년 ATOS: 2.0 Gunning Fog Scale Level: 3.2(Easy) Flesh-Kincaid Grade Level: 0.81
I saw an old lady in a hat sitting on the bench.	미국 기준 3학년 ATOS: 3.0 Gunning Fog Scale Level: 4.8(Readable) Flesh-Kincaid Grade Level: 2.86
I saw an old lady in a hat sitting on the bench when I heard someone's voice.	미국 기준 4학년 ATOS: 4.0 Gunning Fog Scale Level: 9.15(hard) Flesh-Kincaid Grade Level: 5.62

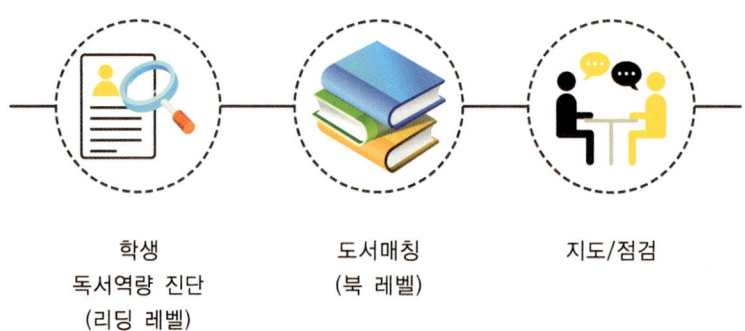

● 영어 독서 지도 전 레벨 진단과 매칭 ●

학생
독서역량 진단
(리딩 레벨)

도서매칭
(북 레벨)

지도/점검

	Kimberly	Steven	Peter
학년	4학년	4학년	4학년
리딩 레벨	4학년 초반	3학년 중반	4학년 후반
문제점 진단	책을 정기적으로 읽는 편. 전반적으로 스토리에 대한 이해도가 좋음. 그러나 논픽션 장르의 어려운 어휘나 내용이 나오면 읽는 것을 포기함	책을 잘 읽지 않음 텍스트가 적은 만화책을 주로 봄 어휘력이 약함	다독함 주로 두꺼운 판타지 소설을 읽음
도서 매칭	3학년 초반 도서부터 4학년 중반 도서까지 추천 및 지도	2학년 후반 도서부터 3학년 후반 도서까지 추천 및 지도	3학년 초반 도서부터 5학년 초반 도서까지 추천 및 지도

무조건 높은 레벨의 어려운 책을 읽혀야 한다는 집착이 아니라 아이의 발달단계와 개개인의 학습능력치를 배려하여 그에 맞는 지도를 제공한다는 관점은 영어 도서관을 운영하는 모습 자체를 다르게 만듭니다. 예전에 어떤 사립학교 영어 도서관 프로그램을 설계하고 운영했던 적이 있었는데, 그곳은 각 학년 아이들의 레벨은 두 개로 나누되, 높고 낮음을 수치로 표시하지 않고, 아이들이 눈치채지 못하도록 동물의 이름으로 표시하여 운영되었습니다. 그리고, 아이들의 레벨

에 맞추어 지도를 했습니다.

미국의 한 학교 도서관에서는 겉 표지는 똑같은 헨젤과 그레텔인데, 커버 색깔이 3종류입니다. 같은 스토리를 담고 있지만, 글의 난이도와 글밥이 달랐습니다. 같은 학년이지만, 리딩 스킬의 레벨이 다른 아이들을 배려한 것이지요. 글의 난이도가 다르지만, 모두 함께 읽은 필독서의 이야기를 중심으로 의견을 나눌 수 있었던 것입니다. 이것은 담당자가 리딩 레벨이 왜 고안되었는지를 잘 이해하고 활용하고 있다는 것을 보여줍니다.

② 리딩 지수 읽는 법

리딩 레벨을 진단하는 시험이 있고 그 결과치를 리딩 지수라고 표현하는데, 그것이 학생의 독서역량 레벨입니다. 리딩 레벨이 나온 후, 그 리딩 레벨에 맞는 난이도의 책을 찾아 읽히면 됩니다.

한국에서는 영미권의 북 레벨Book Level 중에 가장 많이 알려져 있는 것이 렉사일Lexile 지수와 아토스ATOS, 또는 AR이라고 많이 부름 레벨입니다. 사실 이 2가지는 전 세계적으로 신뢰받고 가장 잘 알려져 있는 리딩 지수입니다. 이외에도 사실 굉장히 다양한 리딩 지수가 있습니다.

렉사일 지수는 백 단위로 표시되는데 학년 기준을 알기 위해선 아래 표를 참조하면 됩니다. AR 북 레벨ATOS, AR Book Level은 일 단위와 소수점으로 표시되는데, 앞부분은 미국 학년이고, 소수점 뒷자리는 개월 수로 이해하면 됩니다. 예를 들어 3.5이면 미국 학년을 기준으로 3학년 중반인 것입니다. 직관적으로 레벨을 알아볼 수 있는 것이 가장 큰 장점입니다.

● 렉사일과 AR 보는 법과 특징 ●

렉사일 지수	AR 지수
299L (1학년 말)	**1.9** (1학년 말)
백 단위 표시 숫자 의미를 알려면 학년별 변환 표 참고	소수점 앞은 학년, 소수점 뒤는 개월 소수점 앞을 보면 레벨을 직관적으로 알 수 있는 장점

● 리딩 레벨 학년별 변환 표 ●

학년 (미국 기준)	Lexile	ATOS	Guided Reading Level (Fontas & Pinnell)
1	100~299L	1.0~1.9	C~I
2	300~499L	2.0~2.9	J~M
3	500~599L	3.0~3.9	N~P
4	600~699L	4.0~4.9	Q~S
5	700~799L	5.0~5.9	T~V
6	800~849L	6.0~6.9	W~Y
7	850~899L	7.0~7.9	Z

　리딩 레벨은 잘하는 아이와 못하는 아이를 구분 지어, 잘 하는 아이들에게 등수를 매기려고 개발된 것이 아닙니다. 리딩 레벨은 그 학년에 맞는 리딩 레벨을 갖추지 못한 아이들을 도와주기 위해, 아이가 읽을 수 있는 책부터 순차적으로 매칭하여 자기 학년에 맞는 리딩 레벨At Grade Level에 해당하는 실력으로 향상시킬 수 있도록 개발된 것입니다.

　자기 학년보다 더 뛰어난 리딩 레벨을 갖춘 아이들은 거기에 맞춰 무리하지 않는 정도에서, 지속적으로 조금 더 높은 레벨로 발전시켜줍니다. 이렇듯 각자의 속도pace에 맞추어 잘 지도해 주기 위해 이용하는 것이 바로 리딩 레벨입니다. 학습자마다 능력치가 다르므로 그 수준을 이해하고 각자에게 맞는 디딤돌을 제공하는 것은 성공적인 독서 지도를 위해 매우 중요합니다. 생각보다 많은 분들이 북 레벨의 높은 수치에 혹하여, 이러한 지도의 기본을 무시해 버리곤 합니다.

아직 몸에 균형감각을 체득하지 못해 두 발 자전거를 타지 못하는 아이를 위해 우리는 자전거에 보조 바퀴Training wheels를 달아줍니다. 어떤 아이들은 보조 바퀴를 달고 다니다 떼기만 했는데도 균형감각이 잡혀 바로 두 발 자전거를 탈 수 있는가 하면 어떤 아이들은 보조 바퀴를 뗀 후 뒤에서 누가 잡아주면서 오른쪽 왼쪽 꺾을 때마다 균형 잡는 법을 함께 지도해준 후에야 체득하기도 합니다.

그런 것처럼, 아이들은 연령별로 발달 단계가 있고 또 개개인별로 학습 능력이 다릅니다. 책 역시 마찬가지입니다. 각 학년별로 평균적인 리딩 레벨이 있어요. 그러나 모두다 같은 능력을 가지고 있지는 않습니다. 따라서 우리는 아이가 혼자서 습득할 수 있는 레벨Independent Level, 그리고 올바른 지도를 통해 끌어서 올려줄 수 있는 레벨Instructional Level, 그 나이 대에는 닿기 힘든 레벨Frustration Level에 대해 이해하고, 책을 아이의 학습능력에 맞게 추천해 주어야 합니다.

③ 레벨에 맞는 북 매칭 방법과 레벨 업 Tip

처음에 했던 리딩 레벨에 대한 이해도 사전점검 OX 퀴즈 기억나시죠? Q1번만 답해드리고 나머지 답변을 안했는데요. Q2번 질문부터 Q6번 질문을 묶어보면, 바로 레벨에 '맞게' 북 매칭하는 법과 레벨을 '올리는' 북 매칭 팁을 통해 답을 드릴 수 있을 것 같습니다.

Q2 레벨이 높은 책을 읽는 것이 좋은 것이다?

Q3 리딩 레벨이 높은 아이는 낮은 레벨의 책은 절대 읽히면 안된다?

Q4 리딩 레벨을 높이기 위해서는 일정량의 해당 레벨을 다 읽은 다음 날 바로 그 다음 높은 레벨의 책을 아이에게 주면 된다?!

Q6 리딩 레벨 진단 결과 수치에 딱 맞춰서 책을 고르면 된다?

전문기관에서 시행하는 리딩 레벨 진단을 받으면 리딩 지수 수치가 나오는데요. 딱 그 수치에 맞춘 책만 읽히는 것이 아닙니다. 아이가 흥미를 잃지 않도록 텍스트 난이도가 조금 더 낮은 도서와 자신의 레벨보다 약간 높은 책을 섞어서 매칭하는 것이 좋습니다. 이것은 '성공적인 레벨 업을 염두에 둔 추천 북 레벨 범위'라고나 할까요?

그렇다면, 어느 정도 낮거나 높아야 하는 걸까요? 감사하게도, 리서치에 기반한 추천 범위가 있습니다. 그것은 바로 러시아의 레프 비고츠키Lev Vygotsky의 아동 인지발달 이론인, 근접발달영역Zone of Proximal Development에 근거한 것으로 르네상스 러닝사AR도 이 이론에 근거하여 각 레벨별로 도서를 추천합니다.

● 레브 비고츠키(Lev Vygotsky) 근접발달영역(ZPD) 이론 ●

● 리딩 레벨별 ZPD 추천 도서 레벨 범위 ●

(Goal-Setting Chart Suggested ZPD Ranges)

미국 학년 기준 리딩레벨	ZPD 추천 도서 레벨 범위
1.0	1.0~2.0
1.5	1.5~2.5
2.0	2.0~3.0
2.5	2.3~3.3
3.0	2.6~3.6
3.5	2.8~4.0
4.0	3.0~4.5
4.5	3.2~5.0
5.0	3.4~5.4
5.5	3.7~5.7
6.0	4.0~6.1
6.5	4.2~6.5
7.0	4.3~7.5

출처: 르네상스러닝 AR Goal Setting Practices

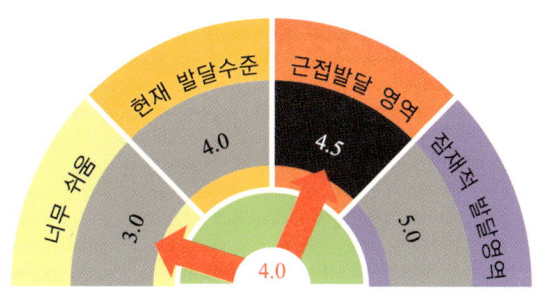

예를 들어, 3.5 즉, 미국 학년 기준으로 3학년 중반 정도의 리딩 실력을 갖춘 아이에게 2학년 후반부터 4학년 책을 섞어서 매칭해줌으로써 학생이 책 읽기에

대한 흥미도 잃지 않고, 높은 레벨에 너무 허덕이지 않게 리딩 지도를 해주며 리딩 레벨을 올려줄 수 있는 거죠.

혹시 소프트랜딩soft landing이라는 말을 들어본 적이 있으시지요? 소프트랜딩은 부드럽게 착륙하는 것을 뜻합니다. 예전에 저가 항공사의 비행기를 타고 필리핀으로 여행을 가는데, 착륙시 롤러코스터처럼 어찌나 확확 내려가는지 놀란 적이 있습니다.

그것과 비슷한 원리로, 아이들은 갑자기 글밥이 많아 지고, 글의 내용이 복잡해지고 어려워지면, 책을 읽기가 싫어집니다. 아이들에게 책 읽기를 지도해 봤다면, 그림책에서, 리더스나 챕터북으로 올라가는 전환의 시기를 아이들이 얼마나 버거워하는지 잘 아실 겁니다. 아이들이 부드럽게 다음 레벨로 안착할 수 있도록 도와주는 이러한 과학적인 근거에 도움을 받을 수 있어서 정말 감사한 일입니다. 그래서 많은 학부모님들에게도 이 개념을 자세히 설명 드리는데요. 잘 활용하시기 바랍니다.

거부감 없이 아이들에게 그 다음 레벨의 책을 소개하는 팁을 알려드리겠습니다.

1) 북 브라우징 박스(Book Browsing Box)

혹시 서점을 자주 가시는지요? 보통, 섹션 별로 가득 차 있는 서가의 책들보다는 북 큐레이터 Book Curator, 책을 선별하여 추천, 전시하는 전문가들이 선별해 놓은 매대나 영역별 베스트 셀러 섹션의 책을 둘러보면서, 책 제목과 커버들을 자세히 보게 되고, 그 책에 대해 흥미를 가진 적이 있으실 겁니다.

아이들도, 그냥 곱게 꽂아 놓은 책꽂이의 책들은 배경이나 벽처럼 여기고 지나치게 되는 경우가 많아요. 따라서, 아이들의 눈을 사로 잡고 읽고 싶도록 흥미를 자극하려면 따로 볼 수 있는 접근성이 좋은 책꽂이나 북 베스킷Book Basket, 책

바구니을 만들어 주는 것이 좋습니다. 이런 것을 바로 북 브라우징 박스라고 합니다. 영미권 도서관에서는 이렇게 관심을 더욱 줄 수 있는 북브라우징 박스를 따로 두기도 합니다. 또 각 아이들의 이름을 적어놓은 박스에다가 아이들 마다 읽어보았으면 좋겠는 추천 도서를 놓아주는 식으로 운영을 하기도 합니다.

책 전면이 보이도록 꽂을 수 있는 키 작은 책꽂이나 아무렇게나 펼쳐놓을 수 있는 커다랗고 예쁜 책꽂이를 활용하면 좋겠지요.

아이가 직접 참여하여 책을 선별하게 하는 것도 아이가 흥미를 갖게 하는 방법입니다. 아이가 엄마나 아빠, 동생 등 다른 가족 구성원을 위해 자신이 북 큐레이터가 되어 추천하는 책을 고르고 꽂아 놓는 것이지요.

또한 부모님 역시 아이의 흥미와 읽기 레벨, 그리고 균형 잡힌 독서를 고려하여 책을 선별하여 꽂아 놓으면, 아이들이 오며 가며, 장난감을 스캔하듯이 책을 스캔하게 되고 읽게 되겠지요.

2) 챌린지 북베스킷(Challenge Book Basket)

아이가 다음 레벨로 소프트랜딩하게 도움을 줄 수 있는 방법으로 챌린지 북 베스킷을 소개합니다. 미국의 학교와 말레이시아 국제학교에서도 목격한 바가 있는데요. 아이가 현재 읽고 있는 책보다 높은 레벨의 추천도서를 따로 모아 놓은 책 바구니입니다.

아이가 조금 높은 레벨에 해당하는 책에 대해 거부감을 느끼지 않고, 도전을 흥미롭고 재미있게 느끼도록 도와줄 수 있어요.

아이에게, 평상시에 읽는 레벨보다 더 높은 책을 모아 둔 바구니나 책꽂이를 보여주고 이렇게 설명합니다.

"○○아, 여기 북 브라우징 박스 옆에 다른 색의 바구니 보이지? 여기는 우리 ○○이가 읽고 있는 책보다 한 단계 좀 더 높은 책이야. 언제든 도전해 보고 싶을 때, 도전해도 돼. 다 읽지 않아도 되고 살펴만 봐도 돼. 그러다가 읽으면 더 좋고."

여기서 아이가 그 책을 집어 들어 시도해 봤다는 것만으로도 칭찬해주어 거부감보다는 성취감을 느끼게 해주는 것이 핵심입니다.

그리고, 여기서 제일 중요한 팁은, 그 챌린지 북 베스킷의 북 레벨들은 ZPD 범위를 고려하되, 지금의 아이 리딩 레벨보다 오히려 낮은 책들을 더 많이 넣어 놓는 것입니다. 그래서 아이가 도전을 위해 책을 집어 들었을 때, 바로 내려 놓지 않고, 읽는 시도를 쉽게 해낼 수 있도록 말이죠. 성취감이 아이들의 자존감과 도전에 동기부여가 된다는 간단한 이치이지요.

별거 아닌 아이디어라고 생각하실지 모르겠지만, 실제로 도전에 대한 동기부여, 해냈다는 성취감을 일으키는 일은 이렇게 디테일한 배려와 지혜에서 시작됩니다!

레벨에 맞는 책 쉽게 찾는 법

1) 북 파인더 활용하기

같은 시리즈의 책이라고 해도, 각 권 별로 레벨 차이가 많이 난다는 사실을 알고 계셨나요? 이처럼 아이의 리딩 지수를 알고 나서 아이에게 맞는 책을 어떻게 찾을 수 있을까요?

가장 쉬운 방법으로는 북 파인더Book Finder를 활용하는 것입니다. 북 파인더는 리딩 전문 기관에서 제공하는 도서 지수에 해당하는 책을 쉽게 찾을 수 있게 만들어 놓은 검색기입니다. 대표적인 것은 렉사일 북 파인더Lexile Book Finder와 AR 북 파인더AR Book Finder가 있습니다.

이러한 북파인더로 우리 아이들에게 맞는 책을 쉽게 온라인으로 찾을 수 있어요. 인터넷으로 해당 북파인더 싸이트에 들어가면 됩니다. Lexile Book Finder 주소는 https://lexile.com이고 AR Book Finder 주소는 http://www.arbookfind.com입니다.

북 파인더를 활용하여 책을 검색하는 방법은 유튜브 채널 bookfairylucy에서도 상세히 설명하고 있으니, 꼭 참조하세요. 사용은 굉장히 직관적입니다. 아이의 리딩 레벨을 클릭하면, 그에 해당하는 책 리스트를 보여주는 식입니다. 갖고 있는 책의 레벨도 검색하여 알 수 있습니다. 책 제목이나 작가의 이름을 쳐서 해당 책의 레벨 검색 결과를 보는 것이죠.

● Lexile 북파인더 활용 예시 ●

이미지 출처: Lexile Book Finder(https://lexile.com)

● AR 북파인더 활용 예시 ●

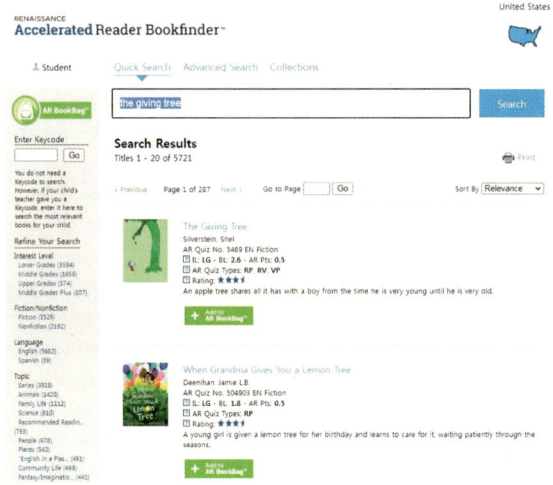

이미지 출처: AR Book Finder(http://www.arbookfind.com)

● AR 북 파인더 레벨 검색 결과 표시 방식 ●

ATOS Book Level(BL)	4.4
Interest Level(IL)	Middle Grades(MG 4-8)

　AR북 파인더의 경우, 도서 지수Book Level말고, 흥미 레벨Interest Level 정보도 제시하는 것이 가장 큰 차이점입니다. 흥미 레벨은 이야기의 소재 등이 초등 저학년 또는 초등 고학년에게 맞는지를 보여주는 지수입니다.

　3가지 이니셜로 표기 되는데 LGLow Grade는 유치원생부터 초등 3학년 정도까지이고 MGMiddle Grade는 4학년에서 중 2정도까지 UGUpper Grade는 그 이상에게 적합한 흥미 레벨입니다.

　영유아 아이들 레벨의 그림책 중에 부모님이 읽어주는 책들은 텍스트의 난이도가 높게 나오는데 흥미 레벨은 LG로 표기되는 경우가 대부분입니다. 예를 들어, 영유아 베스트 셀러의 대표격이라 할 수 있는 The Very Hungry Caterpillar

● 흥미 레벨 Interest Level ●

LG	MG	UG
Low Grade 저학년 K~3학년	Middle Grade 중간 학년 4~8학년(중2학년)	Upper Grade 고학년 그 이상
(예시) **The Very Hungry Caterpillar** (배고픈 애벌레)	(예시) **Charlotte's Web** (샬롯의 거미줄)	(예시) **To Kill a Mockingbird** (앵무새 죽이기)
BL(북레벨): 2.9　IL(흥미레벨): LG	BL(북레벨): 4.4　IL(흥미레벨): MG	BL(북레벨): 5.6　IL(흥미레벨): UG

배고픈 애벌레, by Eric Carle의 경우, 흥미 레벨은 LG이지만, 텍스트의 난이도는 초등학교 2학년 9개월 즉, 거의 3학년에 해당합니다. 아이 혼자서는 못 읽고, 부모님이 읽어주시는 책이지요.

사실 이 흥미 레벨은 아이의 리딩 레벨과 흥미에 맞는 책을 찾는데 매우 도움이 되는 정보입니다. 초등 3~4학년만 되도, 영유아용 영어그림책을 주면, 자기는 형님이며, 이런 책은 아가들이나 보는 시시한 책이라고 하는 경우가 있습니다. EFL 학생들의 경우, 인지 레벨과 언어로서 영어 레벨 사이의 갭이 있다 보니, 실제로 흥미 레벨 정보는 매우 유용합니다. 예를 들어 혼자 읽기를 시도하는 초등 고학년의 경우, 너무 LG인 이야기는 피할 수 있지요.

2) 커뮤니티 추천 도서 목록 참조와 주의점

북 파인더도 완벽한 것은 아닙니다. 원어민 기준에 맞춰 있는데다가 논픽션 도서인 경우, 주제 자체가 어렵기 때문에, 이야기가 들어 있는 픽션 책보다 어려움에도 불구하고, 생각보다 텍스트 난이도가 낮게 책정되어 있는 것을 볼 수 있습니다. 북파인더의 정보만 믿고, EFL 학생들에게 추천한다면, 십중팔구는 매우 어렵다고 느낄 수밖에 없습니다.

온라인 육아 커뮤니티나 온라인 원서 전문 쇼핑몰에 베스트 셀러나 스테디 셀러 목록 또는 각 레벨 별 추천 도서 목록을 참조하시면 도움이 될 수 있습니다.

그런데, 그곳의 정보들은 판매가 목적이기 때문에, 과장된 광고가 있기 마련이지요. 가장 좋은 것은 북 파인더를 활용해 정확한 북 레벨과 정보를 한번 더 확인하는 것이 좋습니다. 그리고, 홍보를 위한 상세 설명 페이지나, 미리 보기 서비스를 통해 제공되는 책 내용 페이지를 아이에게 한 번 읽혀보면서 구매를 결정하는 것이 안전합니다.

한국의 육아 교육 커뮤니티 뿐만 아니라, 인터넷을 통해 영어로 추천도서를 검색해보는 것도 방법입니다. 다만, 원어민 학생에게 초점 맞춰져 있다 보니 1~2학년 정도를 빼서 매칭을 하거나, 마찬가지로 북 파인더로 북 레벨을 한번 더 확인하고, 미리 보기로 아이에게 맞는지 살펴본 후 구매하는 것이 좋습니다.

Q7 리딩 레벨은 전문 진단 시험으로만 가능하다?
Q8 리딩 레벨 진단은 자주 할수록 좋다?

리딩 레벨에 대한 이해를 사전 점검하는 OX 퀴즈의 Q7, 8번의 답은 모두 X 입니다.

아이에게 맞는 도서를 매칭하기 위해서는 일단 아이의 리딩 레벨을 알아야 하죠. 보통은 전문기관에서 만든 진단평가를 받는 방법이 가장 쉽습니다. 영어독서 전문 학원에 가면 아마 STAR 테스트 – 르네상스 러닝 사의 AR지수 진단 – 나 Lexile 테스트를 갖고 있을 것이기에 가셔서 신청하여 보면 됩니다. 이 두 테스트는 전 세계적으로 사용되고 있기 때문에 비교 데이터가 많다는 장점이 있는 반면 유료이고, 집 근처에 없을 수도 있습니다.

그렇다면 가장 쉽게 아이의 리딩 레벨을 파악하는 방법을 추가로 소개해 드리겠습니다.

● **아이의 리딩 레벨 진단하는 방법**
1. 전문 리딩 평가 보러 가기(전문기관+비용)
2. 온라인 다독 프로그램 또는 학원 무료 TEST 활용
3. 아이의(한국)학년에서 영어 노출 환경을 고려하여 빼기(EFL -2, ESL -1, 원어민 동일)
4. 레벨 별로 대표적인 책들 읽혀 보기
5. Oral Reading Fluency Test(*낭독 훈련법 참조)

바로, 온라인 다독 프로그램 또는 학원 무료 TEST를 활용하는 방법입니다. 한국 교육기관에서 개발한 온라인 다독 프로그램들이 많습니다. 거의 대부분 해외 출판사들과 계약한 책과 퀴즈 데이터 등 자료를 제공하고 있고, 오랫동안 한국 학생들의 데이터가 쌓여서 신뢰도가 많이 높아졌습니다. 홍보 차원에서 또는 학생을 유입시키기 위해 무료 TEST를 진행하는 경우가 많습니다. 추후 광고성 메시지가 올 수도 있겠지만, 무료로 전문 상담을 받을 수 있는 장점이 있습니다.

세 번째 방법은, 아이의 한국 학년에서 영어 노출 환경을 고려하여 1~2년만 간단히 빼서, 대략적인 리딩 레벨을 유추하는 것입니다.

그 동안 지도 경험을 말하자면, 영미권의 리딩 전문 진단 평가 결과 한국 학년

과 미국 원어민 학년이 일치하여 나오는 경우는 10프로 미만입니다. 강남이나 목동 지역 등, 해외에서 조기 유학 경험이 있거나 영어유치원을 다니는 등, 원어민과 영어 노출 환경에 있는 아이들이 미국 학년과 일치한 리딩 레벨이 나왔습니다.

거의 대부분은 EFL^{English as a Foreign Language} 환경 즉 생활 속에서 영어를 말로 글로 쓰는^{English as a Second Language} 시간이 현저히 적습니다. 영어를 외국어로서 일주일에 몇 회, 고작 몇 시간 노출되고 배우기 때문에 EFL 환경의 학생인 경우 본인 학년에서 2학년 정도를 빼면, 적절한 북 레벨인 경우가 많습니다. 만약 영어 노출 시간이 높고, 생활 속에서 발화도 하고 리딩을 잘하는 ESL 환경의 아이라면 본인 학년에서 1학년을 빼면 적절한 북 레벨입니다.

● 영어 노출 환경에 따른 리딩 레벨 예측 예시 ●

영어 환경	Native(원어민)	ESL	EFL
한국 기준 4학년	- 0	- 1학년	- 2학년
대략적 매칭	미국 기준 4학년 도서	미국 기준 3학년 도서	미국 기준 2학년 도서

네번째는 집에서 손쉽게 할 수 있는 방법입니다. 해당 레벨에서 가장 유명한 책을 펼쳐서 아이에게 읽혀보는 방법입니다. 집에 그 책이 없다면, 이 책들을 온라인 도서 쇼핑몰에 들어가서 검색한 후 미리보기 페이지를 펼쳐 놓고, 아이에게 읽혀보는 것입니다. 아이가 자연스럽게 읽고 이해한다면, 적절한 레벨이라고 판단하는 거죠.

여기서 주의할 점은 영어라는 점을 감안하셔서 자연스럽게 읽고 이해하는 수준에 대한 기대치를 좀 낮춰야 합니다. 리딩 전문가들은 아이가 지문 속 아는 어휘가 90% 이상 넘어야 한다고 조언하고 있습니다. 혼자서 읽어 내는 훈련을 하

● 레벨별 대표 도서 엿보기 ●

학년	책 커버	제목/레벨
미국 초1		Biscuit's New Trick (1.0)
미국 초2		Nate the Great (2.0)
미국 초3		Magic Tree House (Lions at Lunch time) (3.0)
미국 초 4		Charlotte's Web (4.4)
미국 초5		Frindle (5.4)

* 위 제목의 책을 온라인 서점에서 검색한 후 미리보기 서비스를 활용하면 내용을 엿볼 수 있어요.

는 아이들은 지문 속 아는 어휘가 95% 이상이어야 하며, 모르는 어휘가 5% 이상이면, 지도나 도움으로 읽을 수 있는 레벨이라고 합니다.

그러나 이것은 EFL 학생들에게는 굉장히 높은 기대치입니다. 영어 독서 전문 학원에서는 아이들의 리딩 레벨에 맞추어 책을 고르고 수업을 진행하고 있지만, 모든 아이들이 수업을 하는 도서의 어휘들의 90% 이상까지는 알지 못합니다. 다들 선생님의 도움으로 단어를 따로 학습하거나 설명을 해주는 도움이 있어서 정독 훈련이 가능한 경우가 대부분입니다. 따라서 아이가 너무 버거워 하지 않는 정도라는 기준과 북 파인더로 찾은 레벨을 참고하여 유추하는 것이 안전할 수 있습니다. 이 방법은 간편한 대신 신뢰도의 문제가 있다는 단점이 있지요.

다섯 번째는 초시계와 학년별 적정 레벨의 지문만 있으면 가능한 Oral Reading Fluency Test입니다. 어느 정도의 신뢰성이 있는 수치를 도출하면서도 집에서 쉽게 리딩 레벨을 진단하는 간편 홈 진단 방법입니다.

바로 읽기 유창성 테스트인데, 1분당 읽기 속도와 이해도를 측정하는 방법으로 5분 정도의 테스트 시간으로 간편하게 측정할 수 있고 영미권 학생들의 학년별 기준 데이터를 비교하여 수치를 해석할 수 있습니다. 단점은 이 방법을 시도하기 위해서는 리딩 유창성에 대한 약간의 전문적인 지식을 알아야 합니다. "낭독"Read Aloud편에서 상세히 설명하도록 하겠습니다.

5 엄마가 보지 못하는 레벨 테스트의 허점?!

"아니, 우리 애가 해리포터 읽는 앤데, 리딩 레벨이 왜 이렇게 낮게 나와요?"

"우리 애 리딩 레벨이 높게 나와서, 그 학원 그냥 안 가려고."

영어독서전문 학원에서 일하면서 각 브랜치의 원장님들과 이야기 나누면서 한 농담이 있습니다. 리딩 레벨Reading Level이라는 말이 나오면, 학생, 엄마, 선생님 중 가장 긴장하는 사람은 사실 선생님이라는 겁니다. 그도 그럴 것이, 아이의 리딩 레벨이 높게 나오면 높게 나오는 대로, 낮게 나오면 낮게 나오는 대로, 학부모님의 반응이 안좋을 수 있기 때문이죠. 높게 나오면, 아이가 더이상 학습할 것이 없다고 오해하는 경우가 있습니다.

또 반대로 낮게 나오면, 우리 아이가 현재 읽는 책이 어떤 책인데, 테스트 결과 레벨이 어찌 더 낮게 나올 수 있냐며 따지시거나 화를 내시는 분들도 있기 때문입니다. 굉장히 많은 분들이 높은 리딩 레벨을 빠르게 달성하는 것이 최고라고 믿고 있는 것 같아 매우 안타깝습니다.

앞서 설명한 빨리 많이 읽는 것과 한 권이라도 깊이 생각하며 읽기 즉, 다독과 정독의 균형의 중요성을 이해하지 못한 것은 물론이거니와, 리딩 레벨이란 무엇이며, 왜 생겼고, 어떻게 활용해야 하는 것인가를 제대로 이해하지 못해서 생긴 오해라고 생각합니다.

북 레벨과 리딩 레벨 테스트에 대한 이야기가 나오면, 그 결과 점수에 대해 참으로 예민하게 되죠. 낮게 나오면 낮게 나오는 대로 높게 나오면 높게 나오는 대로, 실망을 하기도 하고, 좋아하기도 합니다. 시중에는 전 세계적으로 공신력 있는 영어 리딩 지수 평가 테스트도 있지만, 리딩 전문 학원이 많아지고, 데이터가 쌓이면서, 한국 교육 기업들이 자체 개발한 테스트들도 많아졌으며, 그 신뢰도도 어느 정도 올라가 있습니다. 리딩 레벨 테스트는 회사, 연구소 마다 설계하는 방법이 다르긴 하지만, 공통적으로 리딩 스킬의 요소들을 파악할 수 있도록 설계되어 있습니다.

아이들에게 모국어인 한국어로도 책을 읽고 이해하고 생각하고, 글을 써보고 토론을 하는 독서활동은 쉽지 않은 일인데, 외국어인 영어라는 진입장벽이 있기 때문에, 영어 독서가 아무리 좋다고 해도 처음 시작할 때는 누구나 힘듭니다.

그래서 아이에게 가장 알맞는 수준의 책과 특별히 보완 지도할 점을 파악하는 것은 참으로 중요한 일입니다. 그래서 이것을 위해, 선생님과 리딩 전문가들은 리딩 레벨 테스트의 결과를 참고하게 됩니다. 또한 아이들이 영어독서를 통해, 어느 정도 성장해 가고 있는지 어떤 점을 잘 하고 있고, 어떤 것들을 어려워하고 있는지 또한 파악할 수 있어요.

그래서 더욱 점수만 보고 일희일비할 필요가 없습니다. 다만 그 수치 안에 있는 것들을 분석해 내서 아이에게 성장의 디딤돌을 제시해줄 수 있는지 여부가 훨씬 더 중요한 것이지요.

시험 점수에 일희일비하지 말라고 당부드렸지만, 실상 그게 잘 되지 않습니다. 저 역시 엄마로서, 아이가 학교에서 받아온 수학 시험지에 틀린 게 많아 시험지 위에 소나기가 내려와 있을 때, 마음이 마냥 평화 속에 있지 않았음을 고백합니다.

저와 같은 엄마들에게 마음 속의 평화 Inner Peace를 가질 수 있도록, 리딩 레벨 테스트의 몇 가지 허점을 공유하고자 합니다. 리딩 레벨 테스트 자체가 신뢰도가 없다는 그런 말이 결코 아니니 오해하지 마세요. 우리가 점수 이외의 것들을 볼 수 있는 폭넓은 눈을 갖는데 도움이 되는 정보입니다.

첫째, 한 번의 시험 결과치 보다는 여러 번의 평균 결과치를 사용하는 것이 더 정확합니다.

시험에 익숙하지 않은 대부분의 학생들은 레벨 테스트라는 말에 매우 긴장할 수 있습니다. 따라서, 점수가 생각보다 낮게 나올 수도 있습니다. 어떤 아이는 평상시 실력과의 갭 차이가 너무 커서, 일주일 만에 레벨을 재조정한 경우도 있었습니다. 보통 학원마다 처음 온 학생들은 담당 선생님께서 잘 관찰하고 있다가 이런 특이한 케이스들은 조정이 됩니다.

또한 레벨 테스트용 계정을 학원이나 기관마다, 비용으로 인해 한 두 개의 계정만으로 사용하는 경우가 있습니다. 컴퓨터 어답티브 시스템Computer Adaptive

System으로 문제 풀pool에서 난이도를 조정하여 문제를 내기 때문에 특정 난이도의 정답을 여러 번 맞추면, 더 어려운 문제가 제공됨 기존에 테스트를 진행했던 결과 기반으로 문제를 제공합니다. 따라서 같은 계정으로 이전에 높은 리딩 레벨의 학생이 시험을 봤다면, 그 뒤에 시험 보는 학생에게 주어지는 문제들은 앞의 레벨에 영향을 받을 수도 있지요.

따라서 한 번의 시험 결과치 보다는 여러 번의 시험 결과의 평균을 내서 보는 것이 아이의 리딩 레벨로서 더 신뢰도 있는 데이터를 얻을 수 있습니다.

둘째, 영어원서 읽기가 낯설다면, 레벨 테스트 결과보다 낮은 레벨에서 시작하는 것이 좋겠습니다.

영어 독서에 익숙하지 않은 아이들은 조금 낮게 시작해도 나쁘지 않습니다. 보통 낮은 레벨의 아이들은 읽는 책을 100프로 마스터한다는 게 참 어렵습니다. 낮은 레벨에서 시작한다고 해서 손해라고 생각하실 필요는 없습니다. 책은 레벨이 전부는 아닙니다. 앞서 설명했던 이해력과 사고, 언어적 감각 등 여러가지를 생각해 본다면, 아이가 좀 쉬운 책을 읽을 때는, 문자를 읽어내는 부분이 덜 힘든 대신에 이야기를 즐기고, 사건을 좀 더 깊숙이 이해하고, 주인공의 감정에 공감하는 등 더 많은 것들을 소화해 낼 수 있습니다. 따라서 좀 더 쉬운 레벨부터 시작을 즐겁게 하고, 멀리 오래 달리기를 도와줄 수 있는 것이죠.

셋째, 리딩 레벨 테스트의 의미 있는 결과치는 미국 초 1학년 이상 레벨입니다.

리딩 레벨 테스트는 실제로 미국 원어민 기준으로 1학년 후반부터 2학년 수준 이후에나 유의미합니다. 너무 아래 레벨은 읽는 훈련 자체가 안되어 있어서 진단할 수 있는 것이 크게 없습니다. 물론 미국 학년 기준으로 1학년 아래 레벨을 진단하는 테스트가 있으나, 특별히 큰 문제가 없다면 비용을 들여가며, 진단하는 투자를 할 필요는 없다고 생각합니다. 어차피 나오는 결과는 파닉스와 디코딩 스킬부터 다져나가야 한다는 공통된 분석이 나오기 때문입니다.

넷째, 오로지 수치로만 측정 가능한 영역의 리딩 실력만 알려주는 테스트의

허점을 고려해야 합니다!

학원에 등록한 후에 자기 계정으로 지속적으로 읽고 퀴즈를 푸는 경우는 데이터를 신뢰할 수 있습니다. 그런데, 어떤 아이들은 독후 퀴즈에 오랫동안 익숙해진 경우, 그 패턴을 파악하여, 문제를 제대로 읽지도 않고 풀어 답을 맞추는 경우가 꽤 있습니다. 멀티플초이스사지선다형 테스트가 만능이 아닐 수 있습니다. 그래서 보통 전문가들은 리딩레벨 테스트 이외에 스피킹 테스트Speaking Test 또는 버벌 인터뷰Verbal Interview, 구술면접나 라이팅 테스트Writing Test 등을 추가로 보고 학생의 실력을 파악하고 피드백을 종합적으로 줍니다.

실제로 굉장히 신뢰성 있는 리딩 시험도 눈으로만 보는 시험이기 때문에 학생의 Oral Reading Fluency낭독 유창성에 대해서는 추측으로만 수치를 나타내고 있는 측면도 보입니다. 특히 한국 학생들의 경우, 리딩 점수가 높게 나와도 실제 스피킹과 라이팅 테스트를 해보면, 그 불균형이 심한 경우가 많습니다. 영어 실력은 리딩영역만으로 측정하고 있는 것이고, 좀 더 궁극적으로 우리가 확장하고자 하는 실력은 리딩을 소화한 후 스피킹과 라이팅 실력에 있지요. 리딩 레벨 테스트를 하다 보면, 드물긴 하지만, 말을 더 잘 하는 아이들이 가끔 있습니다. 대부분 그런 아이들은 리딩을 배우기 시작하면, 매우 빠르게 성장하는 것을 목격할 수 있습니다.

다섯 째, 점수보다 리딩 스킬 분석에 더욱 많은 정보가 있습니다.

점수에 일희일비하는 것보다 더 중요한 것은 점수가 그렇게 나온 이유를 파악하는 것입니다. 리딩 시험 문제들은 그냥 만들어지는 것이 아니라 어떠한 리딩 스킬을 가지고 있는지 파악하고자 하는 의도를 가지고 설계됩니다. 특정 리딩 스킬 카테고리의 문제를 많이 틀렸다면, 그 카테고리의 스킬이 부족하다는 분석을 결론적으로 얻을 수가 있습니다.

● 리딩 스킬 평가 카테고리의 예시 ●

표면적 이해도 Initial Understanding	문학적 분석력 Literary Analysis	유추적 이해력 Inferential Comprehension
이야기 속 사건 묘사	플롯(이야기 구조) 파악	비교와 대조
이유 파악	배경 파악	결론 도출
디테일 파악	문학적 특징 이해	의미의 확장
감정 파악	캐릭터 이해	의미 유추
대화 이해력	역사적 문화적 요소 이해	추측
이야기 순서 이해	작가의 문학적 장치 이해	원인과 결과 파악

　세계적인 신뢰도를 가지고 있는 리딩 레벨 테스트들도 분석 리포트를 자세히 들여다 보면, 이런 것들을 파악하는 그래프들을 볼 수 있습니다. 물론 레벨과 학년별로 커버되는 리딩 스킬의 난이도의 종류가 다르다는 것은 고려해야 합니다.

　리딩 전문가들은 점수를 보고 그냥 끝나는 것이 아니라, 이 데이터들을 보면서 학생이 이러한 리딩 스킬 중 어떠한 부분을 더 보완해야 하는지를 파악하는 것이니, 엄마들은 점수가 높고 낮음에 기뻐하고 슬퍼하기보다는 레벨 테스트라면, '이런 부분을 알아냈으니 좋은 것이다.'라는 긍정적인 생각을 하셨으면 하는 바람입니다. 그리고 아이에게도 수고했다고 말해 주시는 것이 좋겠습니다.

PART
3

그림책 읽어주기와 파닉스 디코딩스킬 훈련은 다른 트랙

누구도 말해주지 않은 읽기 독립 훈련 첫 걸음 떼기

"책 읽기를 배운 날부터, 당신은 영원히 자유로워질 것입니다."
-프레드릭 더글라스-

CHAPTER 4

성공적인 영어원서 읽기를 위한 도서 선택 Tip

① 영어원서 구매 전 꼭 알아야하는 디테일한 4가지 정보가 있다?!

결혼해서 아이를 낳아본 사람이라면, 누구나 격하게 공감할 만한 이야기가 있습니다. 아이를 낳을 때, 당하게 되는 수많은 굴욕(?)을 지나, 아이를 낳고 나서 남모르게 아픈 구석구석, 게다가 막상 아기를 키우려고 보니, 기저귀 종류, 가는 법, 분유 타는 법, 먹이는 법, 시기별로 달라지는 이유식… 아… 먼저 결혼한 친구들을 향해 두 가지 마음이 들었습니다.

첫 번째는…

'친구야, 그때 네가 이렇게 힘들었구나… 몰라줘서 미안해.'

그리고… 또 한 가지 마음은..

'근데, 왜 말 안 해줬어? 이런 디테일한 주요 정보를…'

하는 원망 섞인 마음이었습니다.

영어원서 읽기에 대해서도 비슷한 상황인 것 같습니다. 주변에서 영어원서 읽기가 좋다고 하니까, 나도 내 아이에게 좋은 거 해 줘야겠다고 결심하신 분들이 가장 먼저 하는 일은 유명하다는 영어 동화를 무작정 구매하는 일입니다.

매년 열리는 유아교육전에 가보면, 영유아 초등 타겟의 영어독서기반 영어교육 프로그램들이 어마어마합니다. 콘텐츠 측면에서 보면, 해외 작곡가에게 의뢰하여 노래를 작곡하고, 원어민, 배우, 성우, 세이펜, 동영상, 인터넷 인터렉티브 게임Interactive Game까지 곁들여져서 정말 재미있고 효과적이며 질적인 측면에서 눈부시게 성장한 것이 확실히 보입니다. 다만, 소비자 입장에서 보면, 몇 백 만원의 가격대에 깜짝 놀랄 때가 있습니다.

물론 영어 원서는 낱권으로도 좋은 원서들을 구매할 수 있고, 할인하거나, 재고가 많이 남아 덤핑 처리하여 싸게 구매할 수 있는 기회들도 많지요. 그렇지만, 리딩 교육에 대한 전문적인 지식이나 교육 경험이 부족한 부모님으로서 낱권보다 시리즈로 사서, 함께 오는 자료들을 활용할 수 있을 것 같다는 생각이 드는 경우가 많습니다. 어디서부터 뭘 어떻게 해야 하는지를 모르시니까 비싼 돈 주고 세트를 덜컥 사놓고, 아이는 한 두 권을 재미 삼아 펼쳐보곤 거들떠 보지도 않게 되는 슬픈 일이 발생하는 것을 막기 위해서 꼭 필요한 디테일한 주요 정보가 있습니다.

정말 중요한 4가지 디테일한 정보만 알아도, 비싼 영어교육 브랜드 전집시리즈를 못 샀다는 불안감을 느낄 필요없이 여러 시리즈를 효과적으로 섞어서 레벨에 맞게 구매할 수 있습니다. 또 여유가 있어서 값이 나가는 영어교육 브랜드 전집시리즈를 구매했어도 그냥 모셔만 두고 사용하지 않는 그런 일이 없도록, 대체적인 활용에 대한 감을 가질 수 있을 것입니다.

이것만 알아도 마치 패션에 대한 깊은 이해와 감이 있는 사람이 브랜드와 보세를 섞어 자신감 있게 믹스 매치를 하는 것처럼, 책의 종류와 레벨에 대한 이해와 궁극적인 목표를 명확히 알면, 책도 무조건 비싼 시리즈물만 덥석 통째로 사지 않고, 여러 도서를 믹스 매치하면서, 다양한 도서를 흥미롭게 읽으면서 영어 실력을 쌓을 수 있습니다. 바로! 누구도 이야기해 주지 않았던, 읽기 독립 훈련을 위한 도서 선택 Tip을 소개하겠습니다.

첫째, 그림책 읽어 주기와 읽기 독립 훈련은 다른 트랙이다!
둘째, 읽기 독립 훈련의 4단계에 따른 영어원서를 믹스매치 하라!
셋째, 읽기 독립 훈련 첫 걸음 떼기는 디코딩 스킬 훈련 리더스를 써야한다!
넷째, 레벨 전환기에는 아이의 약한 점을 보완할 디딤돌 도서를 선택하라!

'이게 다 무슨 소리람?!'하시는 분들, 걱정하지 마세요. 하나하나 쉽게 설명을 들으면 잘 이해하실 수 있습니다.

2 그림 책 읽어 주기와 읽기 독립 훈련은 다른 트랙이다!

1) 읽기 독립은 무엇인가요?

읽기 독립Independent Reading, 인디펜던트 리딩이란 용어가 어느새 한국 교육계에서 사용된 지 꽤 오래됐습니다. 읽기 독립이라는 단어의 조합이 조금 어색하게 들리는 이유는 영어로 된 용어를 한국어로 그대로 번역했기 때문입니다. 문자를 읽지 못하는 동안에는 부모가 책을 읽어주지만, 아이가 스스로 읽도록 순차적으로 훈련하는 것을 바로 읽기 독립 훈련이라고 합니다.

혼자서 책을 읽고 즐길 수 있는 Independent Reader인디펜던트 리더, 스스로 읽는 사람로 성장시키는 것이 읽기 지도의 궁극적인 목표입니다. 인디펜던트 리더는 스스로 자신이 얻고자 하는 목적에 맞는 책을 고르고, 스스로 시간을 정해, 정규적으로 책을 읽고, 사고의 경지를 넓히는 독자입니다. 물론 말로는 참 이상적이지만, 다시 풀어서 말하자면, 독서 교육은 문자 교육은 물론이거니와 독서 습관과 책 내용에 대해 사고하고 활용하는 과정 역시 독서 지도로서 훈련해야 한다는 것입니다.

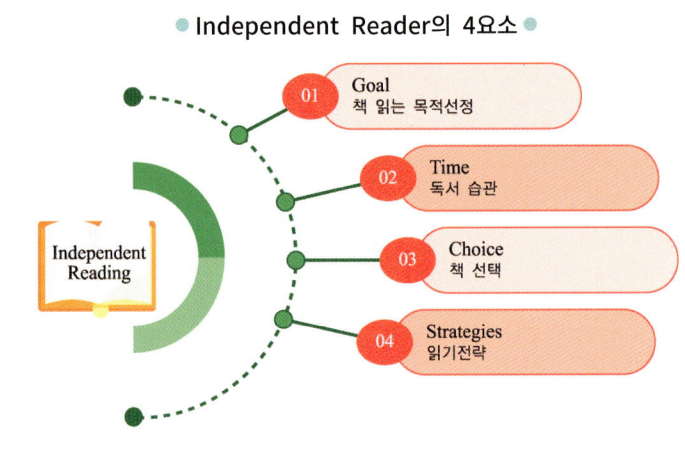

읽기 독립한 아이는…

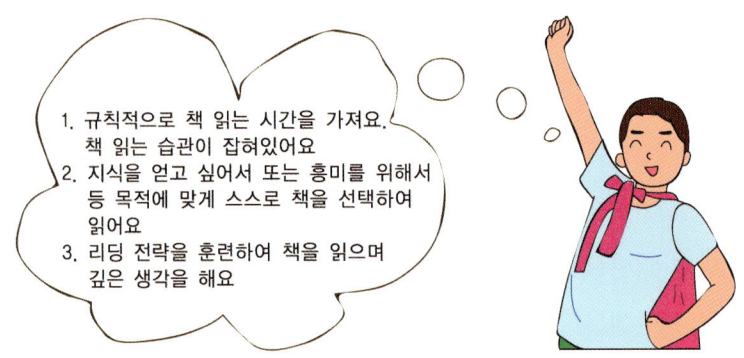

2) 흥미 노출용 그림책 vs 단계별 읽기 독립 리딩 이유식, 레벨드 리더스

유명한 그림책을 사서, 오디오 파일도 자주 들려주고, 노래로도 읽어주고 했음에도 불구하고 아이가 영어를 읽지 못한다고 실망할 필요가 없습니다. 아주 당연한 것입니다. 원어민 아이들에게도 부모님 도움 없이 혼자서 읽기 어려운 것이 동화책입니다.

수입되어 온 영어 동화는 아이들의 생활과 밀접한 재미있는 테마들로 이루어져 있지만, 원어민을 기준으로도 글의 난이도와 글밥이 혼자서 읽지 못하는 레벨입니다. 그림책들은 대부분 부모님이 읽어주면서 소리를 자극하고, 어휘력을 늘리고, 상상력을 자극하기 위한 언어 노출용이기 때문입니다. 그래서 보통 AR 북 레벨이나 렉사일Lexile 도서 레벨을 찾아보면, 텍스트text, 글의 난이도 레벨이 모두 높은 편입니다.

앞에서 여러 번 언급했듯이, 문자를 해독하기 위해서는 인위적이고 반복적인 훈련이 필요합니다. 원어민들도 아이들의 읽기 독립을 훈련하기 위해서 특별히 교육적으로 단계별로 설계한 교재를 가지고 가르칩니다.

아기였을 때, 이유식을 단계별로 준비할 때, 죽같이 들이킬 수 있는 것에서부터 점점 씹을 수 있을 정도로 건더기의 크기를 조절해서 만들어줬던 것과 같은 이치로 개발된 리딩 훈련 도서가 있는데, 이것이 레벨드 리더스Leveled Readers입니다. 우리나라에서는 책 읽는 훈련을 도와주기 위해서 기획된 "받침 없는 동화" 같은 것이 있다면, 영어에는 아이들이 읽을 수 있는 쉽고 단순한 어휘와 문장을 시작으로 레벨화하여 체계적으로 기획된 읽기 훈련용 책인 리더스 도서Leveled Readers가 있습니다.

● 읽기 훈련용 도서 특징 비교 ●

책종류	픽쳐북	레벨드 리더스	디코더블 리더스
책 제목	The Three Little Pigs. By Patricia Seibert	Big Egg By Molly Coxe	Pat, the Cat
문장 엿보기	The first little pig was excited. I want to build my house as fast as I can, he thought	"This is not my egg!" says the hen "Is it pig egg?" "No" says the pig	Pat, the Cat! The cat is fat. The fat cat sat. The fat cat sat on a mat
총 단어 수	821 Words	99 Words	18 Words
북 레벨	3.6	0.4	0.3
특징	픽쳐북은 이야기 중심이고, 부모님이 읽어주는 책이기 때문에 단어나 문장 난이도가 아이가 혼자 읽기 어렵다	아이가 직접 읽는 연습을 할 수 있도록 단어나 문장의 난이도가 레벨별로 조정되며 문장 패턴이 자주 반복된다	저레벨 읽기 훈련용 도서인 디코더블 리더스는 배운 파닉스 규칙을 적용할 수 있는 단어들을 중심으로 설계된 매우 얇은 도서이다.

리더스는 여러 브랜드가 있고 대부분 시리즈로 만들어져 세트로 구성됩니다. 그러나 단일 권도 구매가 가능합니다. 개발된 목적이 아이의 읽기 독립 훈련용이기 때문에, 레벨이 있고, 각 레벨 별로 비슷한 단어와 문장 난이도 범위를 보여주고 있습니다.

이러한 레벨의 특징은 리더스 앞 표지 안쪽이나, 뒤 커버에 상세히 안내가 됩니다. 특히 뒤 커버 안쪽에 리더스 안에서 볼 수 있는 주요 어휘나, 아이와 함께 읽는 훈련을 할 때 도움이 되는 질문들을 리스트화 해놓기도 하니, 참고하기 좋습니다.

● 레벨드 리더스의 단계별 특징 예시 ●

레벨	타겟 학년 (미국 학년 기준)	특징	문장 예시
Pre Level	Preschool- Kindergarten 유치원	큰 글씨, 쉬운 단어 라임(Rhyme)과 리듬이 느껴지는 운율 그림 단서가 들어 있는 단어 알파벳을 알고, 리딩을 시작하려는 아이들을 위한 단계	a kite. a red kite. a blue kite. a flying red kite.
Level 1	Preschool- Grade1 유치원-초1	기본 수준의 단어 짧은 문장 간단한 스토리 익숙한 단어를 알아보고 새로운 단어를 도움을 받아 읽어 내려는 아이들을 위한 단계	Hurry up! Hurry up! Out of bed!
Level 2	Grade 1-3 초1-3	캐릭터와 이해하기 쉬운 이야기 플롯(Plot) 흥미로운 주제 읽기 독립이 준비된 아이들을 위한 리딩 유창성 훈련 단계	But he never sleeps at night. He'd rather play instead.
Level 3	Grade 2-3 초2-3	도전적인 단어 짧은 문단으로의 확장 흥미진진한 이야기 문장들을 자신감 있게 혼자서 읽을 수 있는 아이들을 위한 점점 긴 글 읽기 훈련 단계	"Let's pick up a name for our class pet guinea pig." said Ms. Sweetspoon. The guinea pig was sleeping in the cage.
Level 4	Grade 2-4	챕터 긴 문단 챕터북으로 입문하려는 단계의 아이들을 위한 리더스	"Yeah, you and who else know the secret that I told you to keep?"

영어원서를 구매할 때, 소비자들의 절반 이상이 모르는 정보가 바로 이것입니다. 바로 그림책을 읽어주는 것은 언어 노출을 목표로 하는 것으로 부모가 읽어주는 책이고, 아이가 스스로 읽도록 순차적으로 훈련하는 읽기 독립 훈련용 교재가 리더스라는 것입니다. 이 두 가지 도서를 섞어 주어야 합니다. 두 가지 도서의 장단점이 서로 다르기 때문입니다.

그림책은 아름다운 일러스트가 주를 이룹니다. 재미있는 이야기가 이끌어 가는 책입니다. 부모가 읽어주다 보니, 아이는 문자를 읽어내지 않는 대신, 듣는 소리 언어를 머리 속에서 이미지로 바꿔가며 Visualization, 상상의 나래를 펼치게 됩니다. 듣는 소리 언어로 다양한 단어들을 익히게 되고 이해력 훈련을 하게 됩니다. 그렇기 때문에 글을 스스로 읽지 못하는 아이들에게 책을 읽어주는 것이 뇌 발달에 엄청난 도움이 되는 것입니다.

반면 리더스는 아이가 직접 읽을 수 있는 읽기 독립에 초점이 맞춰져 있다 보니, 단어와 문장의 양과 난이도에 제약이 생겨버립니다. 그래서 스토리 중심이 아니고 반복되는 단어와 문장이 많아서, 아이가 그림책 보다는 흥미를 덜 느낄 수 있습니다.

그렇기 때문에 읽기 독립을 훈련하는 시기에는 리더스만 읽혀서는 안됩니다. 그림책과 섞어서 읽어 주어야 합니다.

③ 읽기 독립 훈련 4단계에 따른 영어원서 믹스 매치하는 법!

영어 원서는 동화책이 다 인줄 알았다가, 레벨에 따라 믹스 매치를 하라는 말을 듣고 깜짝 놀란 분들이 있으리라 생각됩니다. 글자를 깨쳐버린 어른으로서는 '읽기에 이렇게 복잡한 과정이 필요했던가?'하며 새삼 놀라시는 분들도 있으리라 봅니다.

당장 유치원 7세나, 초등학교 1학년에게 한글 책을 들이밀며, 읽어보라고 하시면, '아~ 그렇네.'하실 걸요. 아이들이 문자를 더듬더듬 읽어나가는 모습을 보며, 리딩에 인위적이고 반복적인 훈련이 꼭 필요하다는 생각이 들 것입니다.

영어 원서 읽기도 다르지 않습니다. 리딩 스킬이 발달하는데 단계가 있고, 그 단계와 학습 목표에 맞는 다양한 도서들이 있습니다. 요리를 잘하기 위해서 요리의 재료들의 맛과 특성을 알고 각 조리 과정을 잘 알아야 하듯, 성공적인 읽기 독립 훈련을 위해 4단계의 레벨과 책의 종류에 대해 알아야 합니다.

책에는 다양한 종류가 있지만, 읽기 독립 훈련이라는 큰 틀에서 보자면, 크게, 픽쳐북Picture Book, 리더스Readers, 챕터북Chapter Book으로 나눌 수가 있습니다. 또한 장르에 따라서 꾸며낸 이야기인 픽션Fiction과 아닌 사회 과학 등의 지식을 전달하기 위한 논픽션Nonfiction 도서들을 추가할 수 있습니다.

픽쳐북은 그림과 이야기가 중심이 되는 책이고, 리더스는 그림책처럼 책과 텍스트가 있지만, 아이가 읽는 훈련을 할 수 있도록 단어와 문장의 난이도가 고도로 설계된 얇은 도서입니다. 챕터북은 픽쳐북과 리더스와는 달리 일러스트보다는 현저히 텍스트 중심이고, 캐릭터와 스토리 플롯이 훨씬 복잡하여 챕터Chapter, 즉, 장으로 이어지는 도서입니다.

영어도서 종류와 레벨별 지도 로드맵
(Types of Books for Literacy Coaching)

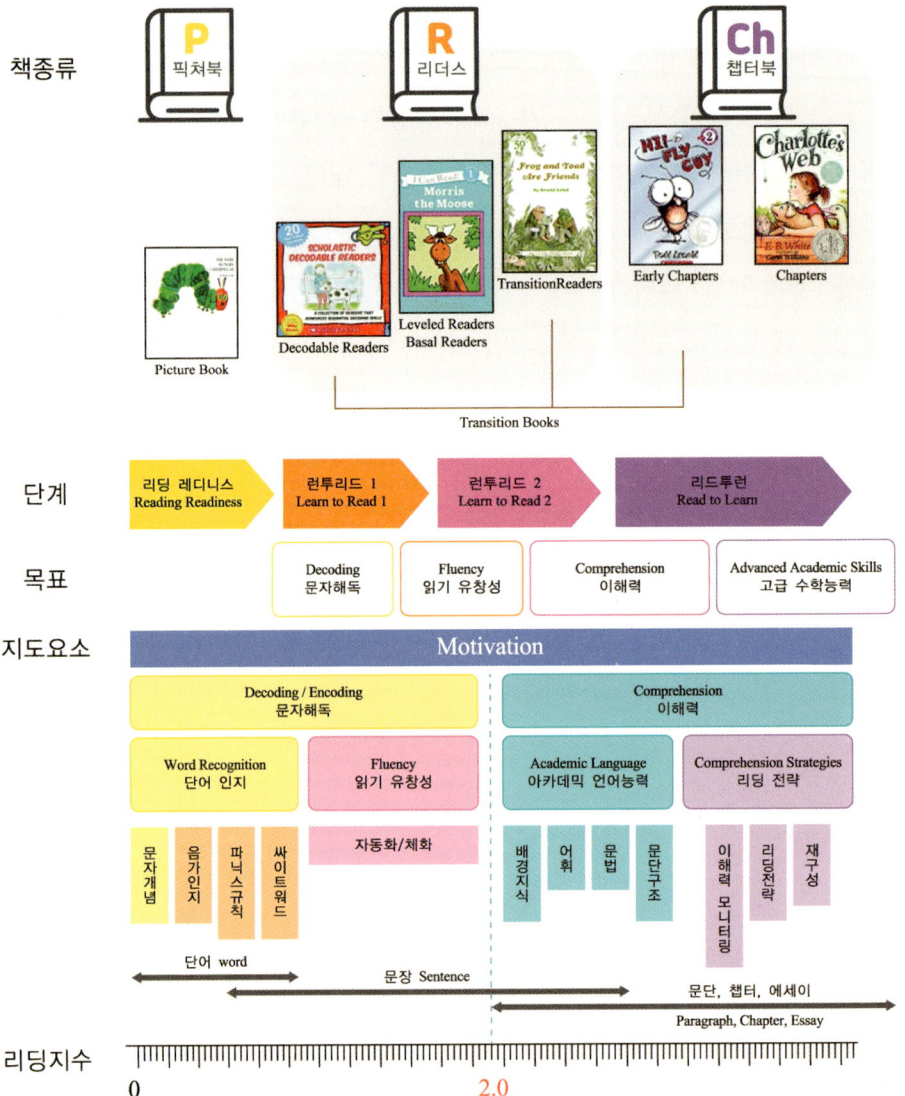

책 종류	특징
그림책 Picture Book	• 동화책 • 이야기 중심의 그림책 • 부모님이 읽어주시는 용이므로, 글의 난이도는 아이에 맞지 않을 수 있으며, 일러스트레이션이 아이의 흥미를 끌기 위해 흐름의 주를 이룬다. [하위 분류] 보드북(Board Book) 하드커버북(Hard Cover Book) 팝업북(Pop-up, lift & flap Book) 촉감책(Sensory Books)
리더스	• 읽기 독립 훈련 위해 설계된 얇은 다독용 도서 • 단계별로 어휘와 문장의 난이도가 철저히 컨트롤 되어 있음 • 스토리 중심보다는 언어와 학습에 포커스 되어 있음
챕터북	• 이야기의 구조가 복잡해지고 길어져서 챕터별로 사건이 서술됨 [하위분류] - 얼리챕터북: 리더스에 비해 페이지도 텍스트의 양도 많아지는 챕터북으로 바로 올라가기가 힘들기 때문에 챕터북보다는 여러모로 쉽지만, 챕터북의 특징을 가지고 있는 쉬운 브릿지(bridge) 단계의 챕터북을 얼리챕터북이라고 한다. - 뉴베리 도서(Newbery Medal Books): 어린이 문학도서 중 훌륭한 작품들을 선별하여 매년 상을 주는 시상식이 있는데, 그 중에 유명한 것이 뉴베리, 칼데콧 등이 있다. 이러한 시상식에서 상을 받은 책들을 수상작 또는 Award Winning Book이라고 하고 그중에서 뉴베리상을 탄 도서들을 뉴베리 도서라고 부른다. 그 시상식에 노미네이트(후보)였다는 사실 만으로도 뉴베리 아너로 불리며 베스트셀러 반열에 오르기도 한다.
논픽션 도서	• 지어낸 스토리가 아닌, 지식 기반의 도서. • 어려운 용어(Jargon)가 많이 나오고, 설명에 도움이 되는 실제 사진이나 도표가 이용됨

단계	학습 포커스	도서 종류
1. 리딩레디니스 Reading Readiness : 읽기를 위한 준비 단계	알파벳(문자인식, 음가인지 Print Concept, Phonemic Awareness) & 언어 경험 (소리놀이, 문자와 생활 어휘 Focus)	픽쳐북, 보드북, 오감북, 사운드북, 마더구스
2. 런투리드 1 Learn to Read 1 : 읽기 훈련 시작 단계	디코딩(Decoding) 훈련 (파닉스 규칙 위주 문자 해독 체화 훈련)	픽쳐북, 마더구스, 디코더블 리더스, 싸이트워드
3. 런투리드 2 Learn to Read 2 : 읽기 유창성 훈련 단계	어휘, 문장, 리딩 유창성 집중 훈련	픽쳐북, 리더스, 레벨드 리더스
4. 리드 투 런 Read to Learn : 배움을 위한 읽기 단계	리딩유창성 (Reading Fluency) 완성 이해도 및 리딩전략 쓰기 Non-fiction	픽쳐북, 리더스, 얼리챕터스, 챕터북

읽기 독립 훈련을 크게 4개로 나눈다면,

1단계는 읽기로 들어가기 전 문자와 친해지는 시기인, 리딩 레디니스 Reading Readiness 단계

2단계는 문자를 소리로 해독하는 훈련에 돌입하는 런 투 리드 Learn to Read 의 초기 단계인 디코딩 스킬 Decoding Skill 훈련 단계

3단계는 본격적으로 리딩 유창성을 기르는 런 투 리드 Learn to Read 의 집중 훈련 단계

4단계는 이해력과 배경지식 확장 등 지식을 배우기 위한 읽기, 책의 내용을 진정 자유자재로 즐길 수 있는 좀 더 고차원적인 독서 단계인 리드 투 런 Read to

Learn의 단계로 나눌 수 있습니다.

각 단계별로 어떤 도서를 섞어서 쓰는 것이 좋은지는 표를 참고하세요.

아마도 표를 보시고, '어? 픽쳐북은 레벨이 올라가도 계속 읽어주는 건가요?' 라고 궁금해 하시는 분들이 있으실 겁니다. 혹시 이제 막 한글을 배우는 초등 1학년 아이를 두신 분들은 아이들 보고 읽어 보라고 하면, 자꾸 엄마 아빠 보고 읽어 달라고 하는 것을 경험하셨을 거예요.

띄엄띄엄 문자를 해독해 내느라 머리 속에 장면이 그려지는 것에 방해를 받기 때문이죠. 책 속의 문장들이 읽으면서 머리 속에 그려지는 것은 이해도 측면으로 훈련되고 발달하고 있는 거죠. 스스로 글을 읽는 훈련도 해야 되지만, 궁극적으로는 이해도가 높아져야 합니다. 문자를 아직 스스로 읽지 못한다고, 이해도 훈련을 무작정 뒤로만 연기할 필요는 없어요. 픽쳐북으로 함께 해도 좋습니다.

아이가 스스로 술술 읽기 시작하면, 슬슬 챕터북으로 넘어가야 하는데요. 나중에 또 언급을 하겠습니다만, 챕터북이 참 어려워요. 그림은 대폭 빠지고 글밥이나 글의 난이도도 높아지고, 이야기 사건의 구성이 매우 복잡해집니다. 그렇다 보니, 아이들이 챕터북으로 바로 넘어가면 참으로 힘듭니다.

그런데, 이 때 픽쳐북 중에 높은 북 레벨이나 생각거리가 많이 들어가 있는 작품들이 있습니다. 예전에 부모님이 읽어주었다면, 이제 아이가 읽는 거죠. 그리고 예전에는 문자를 읽어내는데 시간을 썼다면, 이번에는 스토리를 심층적으로 분석하면서 챕터북을 읽을 수 있도록 훈련하는 겁니다. 이런 식으로 각 발달 단계별 목표에 따라서 책의 특성을 살려 믹스 매치를 하는 것이 아이에게 도움이 됩니다.

④ 읽기 독립 훈련 첫 걸음 떼기는 디코딩 스킬 훈련 전문 리더스를 써야한다!

한국 사람들은 세종대왕 덕분에 한글이라는 수월한 문자를 만나, 문자 교육에 대해 쉽게 접근하는 경향이 있어서, 영어 읽기 훈련에 대해 쉽사리 생각하는 것 같습니다. 하지만, 한글과 달리 영어는 한 문자가 여러가지 음가를 가지고 있습니다. 특히 모음들이 그렇습니다. 알파벳 a에이만 해도, 때에 따라서 '아', '애', '에이', '어'라고 소리가 납니다.

그 뿐인가요? 영어로 책을 읽기 위해서는 한국어와 전혀 다른 어순, 문장의 구조와 표현 방식 또한 학습해야 합니다. 영어원서를 읽기 위해서는 이렇게 복잡한 것들을 인위적으로 학습해야만 가능한 것이기에 아이들의 발달단계를 고려한 도서들을 선택하여 리딩 교육을 설계해야 합니다.

생각보다 많은 분들이 엄마표 영어독서를 야심 찬 각오로 시작했다가, 가장 먼저 좌절을 맛보는 단계가 바로 리더스Readers 단계와 챕터북Chapter Book으로 넘어가는 단계입니다. 두 고비의 단계이죠. 사실 그만큼이나 중요한 읽기 독립 훈련의 관문이라는 반증이며, 여기만 잘 지나가면, 영어독서지도가 3분의 2는 성공했다고 봅니다.

많은 온라인 커뮤니티와 엄마표 영어 인플루언서들에게 런투리드Learn to Read 읽기를 배움를 위해 리더스Readers를 이용하라는 추천을 들으실 겁니다. 그 말만 듣고, 수입 원서 중 리더스를 세트로 구매를 하고, 바로 아이에게 들이밀면, 분명 알파벳(Alphabets)과 파닉스(Phonics)를 깨우쳤음에도 불구하고, 십중팔구는 유창하게 읽어내지 못해서 어찌해야 할지 당황하게 되실 겁니다.

리더스가 아무리 읽기 훈련을 위해 설계가 된 책이라고 해도 원어민 아이들을 위해 설계된 책입니다. 영어가 모국어가 아니라 평상시에 들어보지 못한 외국어이기 때문에 우리 아이들에게는 어려울 수 밖에 없습니다. 사실 원어민 아이들도 바로 리더스를 읽으라고 하면 못 읽는 아이들이 태반입니다. 본 책의 앞 파트에서 읽는다는 것에 어떠한 인위적인 훈련이 필요한지, 문자가 곧 언어가 아니며, 언어와 문자를 익히는데 얼마나 복잡한 훈련과정이 들어갔는지를 상세히 설명드렸었죠?

EFL 환경의 아이들에게는 – 물론 원어민 및 ESL 아이들 역시 – 바로 그런 리더스 1단계 책 시리즈보다는 디코더블 리더스(Decodable Readers)부터 시작하는 것이 좋습니다. 디코더블 리더스란 배운 파닉스 규칙의 단어 위주로 설계된 얇은 읽기 훈련용 도서입니다.

디코더블 리더스라는 이름에서 알 수 있듯이 리더스의 한 종류입니다. 도서의 종류를 잘 모르시고, 읽기 훈련을 직접 해보지 않으신 분들은 이 도서가 읽기 훈련 첫 걸음 떼기에 얼마나 중요한 것인지 피부로 느껴지지 않으실 것 같아서, 일반 리더스 Pre 단계나 1단계와 파닉스 디코더블 리더스를 펼쳐 문장만 비교해 보겠습니다.

● 레벨드 리더스 vs 파닉스 디코더블 리더스 문장 예시 ●

레벨드 리더스	파닉스 디코더블 리더스
"This is not my egg!" says the hen.	The cat sat on the mat.
리더스 레벨1 ATOS Level: 1.5 평균 어휘 레벨: 1.0	디코더블 리더스 'at' 편 ATOS Level: 1.5 평균 어휘 레벨: 0.7

● 대표적인 디코더블 리더스 시리즈 ●

디코더블 리더스의 특징은 다음과 같습니다.

1) 첫 읽기 독립 훈련을 하는 아이들에게 최적화된 사이즈와 분량

디코더블 리더스는 각 책 마다 명확한 파닉스 학습 목표로 설계되어 있습니다. 파닉스 규칙 어휘로만 문장이 되어 있습니다. 그렇다 보니, 스토리가 풍성하지 못한 단점이 있지만, 읽기 독립 훈련 시작에 최적화되어 있죠.

일단 페이지 수가 많지 않고, 손 바닥만 한 크기라서, 처음 보신 분들은 '이게 책이야?'하실 수 있지만, 아이의 입장에서 생각한 배려가 그 이유입니다. 아직 문자를 읽어 내지 못하는 아이들에게 직접 한 문장을 읽도록 하는 데는 참 오랜 시간이 걸립니다. 얇은 책이긴 하지만, 책 한 권을 읽어내는 것은 그 맘 때쯤의 아이들에게 큰 성취감이 됩니다. 또 아이들의 손에 쏙 들어오게 작게 만든 것입니다.

특히나 디코더블 리더스는 흑백인 경우가 있습니다. 아동 도서 치고, 흑백 도서는 찾기가 어렵죠? 한국은 갱지로 프린트되어 있거나 흑백으로만 되어 있는 도서를 구매하는 것을 꺼려하는 소비자가 많은데도 불구하고, 왜 그런 걸까요? 그 이유는 아이를 배려했기 때문입니다.

연구에 의하면, 흑백으로 해야 아이가 그림보다 글에 더 잘 집중할 수 있다고 합니다. 아이가 읽는데 집중할 수 있도록 그림을 일부러 흑백으로 한 거죠. 국내 기획 제작된 것은 풀 컬러가 많은데, 해외 수입 디코더블 리더스에 교육적인 목적으로 풀 컬러가 아닌 경우가 꽤 많습니다. 학습적으로 내용적으로 잘 설계되어 있다면, 아깝다 생각하지 마세요.

2) 명확한 파닉스 규칙을 타겟으로 설계

디코더블 리더스는 파닉스 규칙을 순차적으로 마스터하고 누적 반복 학습을 할 수 있도록 되어 있기 때문에 대부분 시리즈 세트로 구매하도록 되어 있습니다. 시리즈로 구매해서 좋은 이유는 차례차례 배운 것이 다음 책에서도 순차적으로 반복 복습할 수 있도록 계단식으로 겹쳐서 체계적으로 설계되어 있어서 선생님뿐 아니라 학습자에게 매우 좋지요.

● 디코더블 리더스 시리즈의 책 제목과 파닉스 규칙 목표 예시 ●

디코더블 리더스 책 제목	목표 파닉스 규칙
The Fat Cat	단모음 a, -at 단어
Kate Bakes a Cake	장모음a, a-e 단어
I like Sharks	이중자음 sh, sh-, -sh단어
Rain Again	이중모음 ai, ai 단어

텍스트는 90% 이상이 파닉스 규칙 단어와 문장을 이루는데 자주 나올 수 밖에 없는 우선순위 영단어인, 싸이트 워드Sight Words로 이뤄져 있으며, 3단어 정도의 간단한 문장과 그림으로 되어 있습니다.

이것이 바로 디코더블 리더스가 읽기 독립 훈련의 시작에 최적화되어 있는 핵심입니다. 리딩 전문가들이 처음 읽기 독립 훈련을 시작할 때 가장 주의를 요하는 부분이 아이가 모르는 단어가 너무 많은 책을 쓰지 말라는 것입니다. 디코더블 리더스는 딱 배운 규칙을 적용하여 읽을 수 있는 단어들이 80~90% 정도가 나오도록 문장과 이야기가 나오다 보니 다른 책에 비해 읽는 어려움이 현저히 적을 수밖에 없고 아이들이 스스로 읽는 훈련을 하기에 최적이지요.

● 디코더블 리더스의 텍스트 예시 ●

디코더블 리더스 텍스트 예시	학습 목표
Pat is a cat. The cat is fat. The fat cat sat. The fat cat sat on a mat. Oh! A bat! The bat sat on the fat cat.	**파닉스 규칙(Phonics)** 단모음 a(애)와 -at으로 끝나는 워드 패밀리(Word Family, 끝소리가 같은 모음, 자음으로 되어 있음) Pat, cat, fat, sat, mat, bat **싸이트워드(Sight Words)**: is, a, on, the

⑤ 레벨 전환기는 아이의 약한 점을 보완할 디딤돌 도서를 선택하라!

아이가 한글을 띄엄띄엄 읽을 때, 얇은 동화책도 힘겨워 하더니, 아이들이 이제 읽기가 수월해지기 시작하면, 도서관에서 자기가 읽고 싶은 책들을 자유롭게 집어 들고 읽기 시작합니다. 흐뭇하시죠? 그런 아이들을 보면서 '이제 할 일을 다 했구나!'하고 안심할 찰나, 아이들은 슬슬 학습 만화나 동화책에만 머무르거나, 또는 책 읽기를 멀리하기까지 하는 것을 목격한 적이 있으실 겁니다.

왜 그럴까요? 여러 이유가 있을 수 있겠지만, 아마도 대부분의 경우에는 아이에게 레벨 전환기Transition Stage가 왔고, 그 레벨 전환기를 슬기롭게 헤쳐나가고 있지 못하기 때문입니다.

레벨 전환기가 뭐냐구요? 앞서서 각 발달 단계별 고비 이야기를 해드렸습니다. 픽쳐북에서 리더스 그리고 리더스에서 챕터북으로 올라갈 때 고비가 옵니다. 아마 우유를 먹다가, 이유식으로 그리고 씹어야 하는 고형 음식을 비교하여 생각하시면 쉬울 것 같습니다.

아이의 리딩레벨이 성장하기 위해서 꼭 필요한 훈련 요소들이 있고, 그에 맞춰 책에 변화가 찾아올 수 밖에 없지만, 아이 입장에서는 그런 변화들이 굉장히 어렵고 낯섭니다. 특히 픽쳐북에서는 그림도 많고 스토리가 재미있었는데, 리더스에 접어들어서는 아이 스스로 힘들게 문자를 읽어 내야 하는데다가 이야기가 그림책에 비해 풍성하지 못합니다. 리더스에서 챕터북으로 올라갈 때도, 그림은 완전 없어지고, 페이지가 몇 배로 많아서 두꺼워지고, 등장인물들은 왜 이렇게 많은지요.

이런 레벨 전환기를 슬기롭게 헤쳐나가는 방법은 일단 충격을 완화할 수 있는 도서를 선택하는 겁니다. 레벨 전환기를 도와주는 도서를 트랜지션 북스 Transition Books라고도 합니다. 픽쳐북에서 리더스로 넘어갈 때는 디코더블 리더스가 좋은 레벨 전환 도서입니다.

리더스에서 챕터북으로 갈 때는 리더스 중에 유명한 캐릭터 위주로 만든 리더스가 있습니다. 그런 리더스 중에 레벨이나 난이도를 조절하지 못한 책들이 있습니다. 오히려, 아이의 흥미를 끌고 아이가 익숙한 포멧이면서 챕터북에서 나올 만한 문장을 만나는 연습을 할 수 있지요.

두 번째로 얼리 챕터스Early Chapters를 쓰는 것이 좋습니다. 얼리 챕터스는 챕터의 형태를 갖추고 있지만, 레벨이 낮고, 주인공과 사건 묘사 그림 등 흥미요소가 충분히 있는 책들입니다. 대표적인 책들이 [Franny K. Stein], [Captain Underpants] 등이 있습니다. 또한 아이들이 챕터북을 이해하면서 나아갈 수 있도록 이해력 훈련을 위해 주인공이나 사건이 조금 복잡한, 레벨이 높은 픽쳐북을 믹스매치 하는 것도 아이에게 매우 좋습니다.

● 챕터북 전환기를 맞은 아이들을 위한 디딤돌 도서 Early Chapters 예시 ●

	책제목	작가명	레벨	이미지
1	Hi Fly Guy	Tedd Arnold	1.5	
2	Nate the Great	Marjorie Weinman Sharmat	2.0	
3	Arthur Series	Marc Brown	2.2	
4	Fluffy Goes To School	Kate McMullan	2.2	
5	Amelia Bedelia	Herman Parish	2.5	

6	Magic Tree House	Mary Pope Osborne	2.6	
7	Mercy Watson	Kate DiCamilo	2.7	
8	Henry and Mudge	Cynthia Rylant	2.7	
9	Junie B. Jones	Barbara Park	2.9	
10	Ricky Ricotta Mighty Robot	Dav Pilkey	2.9	

이 세상에 나쁜 책은 없다고 생각합니다. 다만, 나의 목적에 적합하냐 그렇지 않느냐에 달렸다고 생각합니다. 각 리딩 발달 단계의 특징을 잘 이해하고 책의 종류에 대해서 잘 이해하고 있다면, 이제 서점에 가서 책을 고를 때, 우리 아이에게 어떤 점이 어떻게 좋을 책인지 보일 겁니다. 무작정 사서 쟁여(?)만 놓지 마시고, 믹스 매치하는 책 멋쟁이에 도전해 보시기 바랍니다.

CHAPTER 5

그림책 200% 활용법

① 리딩 레디니스 단계에 대한 이해
(Reading Readiness, 읽기를 위한 준비단계)

리딩 레디니스Reading Readiness란, 말 그대로 읽기를 위한 준비 단계입니다. 수학의 경우, 아이들에게 수 개념을 알려주는 것부터가 시작이죠?. 영어 독서는 먼저 책과 친해지고, 책의 그림과 글, 그리고 캐릭터를 기반으로 한 이야기들과 친숙해지는 것이 시작입니다.

어떤 분들은 '글을 읽지도 못하는 아이에게 무슨 책을 사주나?'라고 부정적으로 생각하십니다. 하지만, 생후 6개월이 된 아이들에게 책을 읽어주었더니, 4년 후 그렇지 않은 아이들과 비교해서 어휘력이 훨씬 강하고 읽기 쓰기 능력이 훨씬 높았다는 연구 결과가 있습니다Pediatric Academic Societies Meeting. 아이들이 말을 하지 못한다고 해서, 배우지 못하는 것이 아니죠. 오히려, 어릴수록 언어 습득 장치가 굉장히 예민해 있습니다.

어떤 연구소에서 생후 6개월 아기들과 리딩의 효과에 관련된 재미있는 실험을 했습니다. 부모가 3개월간 전혀 책을 읽어주지 않은 아기 그룹 그리고 캐릭터가 있는 다양한 동화책을 부모님이 읽어 준 그룹의 뇌 활동을 3개월 후에 비교해 보았다고 합니다. 책을 읽어 준 그룹이 집중력이 훨씬 좋아졌다고 합니다 University of Florida, 2017.

많은 부모님들이 경험으로 아시겠지만, 책에 흥미를 갖게 하는 것이 참으로 중요합니다. 책을 어렸을 때부터 흥미로운 것으로 접하게 해주는 것이 첫 단추입니다. 이때 아이에게 책을 처음 만나게 해주는 부모의 역할은 그래서 매우 중요하다고 합니다.

유아기였을 때, 아이들은 책에 쉽게 호기심을 갖습니다. 펼치면, 이미지가 있기 때문이죠. 책에 검은색의 기호 이미지들이 문자이고, 그것들이 어떤 의미를 지니고 있다는 사실을 깨닫는 것을 "Print Concept Awareness프린트 컨셉 어웨어니스, 문자 개념 인식"이라고 합니다.

우리나라로 치면, 한글 자음, 모음이 어떠한 소리를 담고 있는지를 조금씩 깨우쳐가는 것을 알파벳 인지Letter Knowledge 및 음가 인식Phonemic Awareness이라고 합니다.

엄마표 영어독서를 계획하고 있다면, 입체 팝업, 촉감 책 등으로 오감을 자극 하는 책, 흥미로운 그림책, 노래나 챈트가 섞여 있거나, 알파벳을 흥미롭게 소개하는 도서들을 리딩 레디니스 단계의 책으로 선택하면 됩니다. 책뿐만 아니라, 알파벳 자석이나, 썼다 지웠다가 가능한 알파벳 따라 쓰기 책 등도 섞어서 쓸 수 있습니다.

그런데 주의할 점은 아이가 알파벳 이름을 조금씩 알아보고 말을 하는데, 쓰지는 못한다고 해서, 실망할 필요는 없다는 것입니다. 나이가 어린 아이일수록 문자를 눈으로 보고 익히는 것과 손으로 직접 써 볼 수 있는 것 사이에는 또한 엄청난 간극이 존재합니다.

● 리딩 레디니스 5스킬 ●

5 skills	개념	도움을 줄 수 있는 일들
문자 개념 인식 Print Awareness	말로 하는 구어, 즉 소리 언어와 연결이 되어 있고, 문자들이 의미가 있다는 사실을 깨닫고, 문자를 구분하고 알아본다.	• 책 잡는 법을 도와준다(글자의 위 아래 조차 구분 못하는 경우도 있다). • 앞에서 뒤로 읽고, 왼쪽에서 오른쪽 순서로 문자 이미지를 읽는 것을 보여주고, 부모가 읽을 때, 아이의 손가락을 함께 잡고 읽어주는 것도 도움이 된다. • 다 읽은 후 페이지를 넘길 때 신호를 주어 아이가 넘기게 하는 방법도 있다. • 글을 읽으면서 실물이나 책 속의 이미지와 연계하여 손가락으로 가리킨다.
글자 지식 Letter Knowledge	알파벳의 이름과 각 소리를 안다	• 알파벳 노래를 함께 부른다. • 대소문자를 보여준다. • 글자의 이름과 소리 내는 방법을 조금씩 가르쳐 준다. • 자석 글자나, 플레이도우로 글자를 만들어 보는 등 글자를 만지고 놀게 한다.
음가 인지 Phonemic Awareness	언어의 소리를 구분하고 파악할 수 있는 능력	• 너서리 라임, 마더구스 같은 라임 책을 함께 읽으면서 음가를 익히게 한다. 첫 소리를 바꿔가며 같은 노래를 부르며 논다. 단어의 첫소리를 느리게 반복하여 들려준다.
듣기 이해력 Listening Comprehension	단어나 문장을 듣고 이해하는 능력	• 잠자리 들기 전이나 수시로 책을 큰소리로 읽어준다. • 책의 스토리와 반응하는 모습을 보여준다.
Motivation to Read 리딩 동기부여	책을 읽고 싶게 동기부여해주는 것.	• 픽션 논픽션을 균형 잡히게 읽어준다. • 이야기 중간 중간에 느낌이나 질문을 던진다. • 책에서 배운 단어를 생활에서도 연계를 시켜준다. • 상상을 자극하는 스토리를 이야기 해준다.

아직 뇌가 준비되어 있지 않고, 손의 근육이 준비되어 있지 않기 때문에, 문자를 인식하고 아는 데에 너무 큰 목표를 두지 않는 것이 현명합니다.

문자를 빨리 배우는 것이 좋지만은 않습니다. 아직 뇌와 손 근육이 발달되지 않아, 문자의 소리를 매칭시키지 못하거나, 오른쪽 왼쪽이 바뀐 거울 글씨를 쓰는 일은 초등 1학년 – 길게는 2학년, 또는 영어 학습을 본격적으로 시작한지 1~2년 이상 – 까지 계속되는 경우가 많습니다.

특히 이 시기에는 문자를 모두 마스터하는 것에 중점을 두기보다는 소리 노출과 언어 경험을 풍성하게 해준다고 편하게 마음을 먹는 것이 좋습니다. 연령별 리딩 발달단계에서 전문적으로 설명을 했듯이, 미국 기준 6~7세까지는 듣고 이해할 수 있는 단어가 4000여 개지만, 읽을 수 있는 단어는 600개 정도 뿐이라고 합니다. 아직 문자보다는 귀로 듣는 언어능력치가 훨씬 발달하는 시기라는 것을 기억하시고, 아이에게 소리 언어 경험 중심의 영어 습득을 돕는 것이 훨씬 좋습니다.

외국어로서의 문자부터 배우는 것보다 귀와 입으로 따라하는 소리 언어로 충분히 노출되는 것이 훨씬 효과적입니다. 영어를 많이 들어보고 노출되어 있는 아이와 그렇지 않은 아이들은 사실 큰 갭이 존재합니다.

초등 고학년이나 중학생을 가르칠 때, 아이들의 영어 노출 정도가 어느 정도 가늠이 될 정도입니다. 문법 시간이었는데 의문사를 가르치는 시간이었습니다. 언제, 누가, 어디서, 무엇을, 왜, 어떻게 즉 6하원칙, 영어로는 5W1H에 대해 배우고 있었습니다. 동화책을 통해 여러 차례 노출이 된 아이는 who, when에 대해서 설명을 시작하자마자, 1분 안에 이해하고 기억을 한 반면, 영어에 대한 노출이 전혀 없었던 아이는 처음부터 생소한 소리와 문자로 이뤄진 6개 단어 모두를 외워야 했습니다. 한꺼번에 외우다 보니, 2개를 계속 헷갈려 하는 것을 보면서 안타까웠습니다.

● 리딩레디니스를 위한 Best 추천 도서 ●

적정 연령: 원어민 기준 4~6세, EFL 학생의 경우 파닉스 시작 전, 유치 초등 저

　리딩 레디니스 기간을 무시하지 않고, 분명 영어동화책과 다양한 영어 노래 활동 등으로 아이에게 언어적 경험을 주었다면, 필시 그 노력이 사라지지 않고 아이의 뇌 속에 고스란히 남아 그 혜택을 볼 것이니, 여유를 가지고 행복한 책 읽기 시간을 아이와 누리시기 바랍니다.

Tip 리딩데디니스 지도

- 책 읽는 시간을 꼭 정해 놓기
- 책 읽는 것이 즐겁다는 분위기와 인식을 연출하기
- 부모님이 큰소리로 재미있게 읽어주기
- 아이에게도 책을 고르는 선택권을 주기
- 반복읽기
- 문자 익히기의 스트레스보다는 언어적 경험을 준다는 목표의식 갖기
- 음율이나 챈트, 노래, 또는 리드미컬한 반복 문장이 있는 동화 주로 고르기
- 나이가 어릴수록 팝업북, 사운드 북같은 오감자극 도서 고르기
- CD, DVD, 세이펜 등 멀티미디어 함께 활용
- 대소문자 구분 놀이 등 교구를 섞어 글자에 대한 흥미와 인지를 자극하기

2 그림책을 읽은 아이와 1백만 단어 차이?!

한 때, SNS에서 금수저, 흙수저 논란이 있었습니다. 경제적 우위를 가진 부모가 있는 아이들은 금수저를 물고 태어난 거나 다름 없을 정도로 삶이 쉽고 누리는 혜택이 많은 반면, 그렇지 않은 사람들은 흙수저를 물고 태어나 힘들다는 자조 어린 비유의 용어들입니다.

"아이가 아직 어려 책을 읽지도 못하는데, 무슨 책이냐, 게다가 한국말도 제대로 안되는 아이에게 무슨 영어 책이냐?"라고 반대하는 분들이 계십니다. 그런데, 그림책을 읽어주는 것과 읽어주지 않은 것은 마치 배경지식과 어휘력을 비롯한 이해도 등의 언어 스킬 부분에서 금수저, 흙수저의 갭이 생기는 것과 같습니다.

연구 결과Ohio State University, 2019에 따르면, 무려 1백만 단어 차이A Million Word Gap가 난다고 합니다. 유치원에 들어가기 전까지 하루 5권의 책을 부모님이 매일 읽어 준 아이는 그렇지 않은 아이들에 비해 140만 단어를 더 많이 들었다고 합니다. 어휘력과 리딩 발달 능력의 차이를 설명해 주는 명백한 수치인 거죠. 하루 5권이 많다구요? 5살까지 하루 1권만 읽은 아이만 비교해도 거의 30만 단어에 노출된다고 합니다.

꾸준히 쌓이면 뭐든 무섭게 쌓여 따라 잡을 수 없게 되는 건 어떤 영역이나 똑같나 봅니다. 만 단위의 단어 갭은 하루 아침에 따라 잡을 수 없는 엄청난 차이인 거죠.

그러나 아기 때부터 책을 읽어 주지 않아서 이번 생은 이미 버린(?) 몸이라고 자책하지 마세요. 아직 늦지 않았습니다. 리딩에 있어서 본격적인 게임은 유치원 때보다 초등학생 때부터 이지요. 앞에서도 언급했던 썸머 슬라이드Summer Slide 생각나시지요? 여름방학 딱 3개월간의 독서 여부에 따라 학업 성취도가 30~40% 차이가 나게 하고, 초등 6년동안 3년의 갭을 내게 한다는 연구 결과를 상기해주세요.

우리나라 기초학력 미달에 해당 하는 아이들, 즉 교과서 이해도가 20%~50% 미만의 아이들은 사실상 책을 읽지 않아 배경지식과 어휘력, 이해도, 언어 스킬이 부족한 '리딩 흙수저'입니다.

이런 리딩 흙수저 아이들은 학업의 모든 순간 진입장벽이 느껴지는 어려움을 겪게 되고, 학업에 흥미를 느끼지 못하고 좌절감을 느끼는 악순환의 고리에 빠져들게 됩니다.

초등학교 때, 책을 많이 읽지 않았다고 해도 또 역전의 기회가 없는 것은 아닙니다. 우리나라 학생들은 중고등학생 이후로 1년에 책 한 권 이상 읽는 비율이 확 떨어지기 때문에, 본인이 노력만 한다면, '리딩 흙수저'에서 벗어날 수는 있습니다. 영어원서를 읽기 늦은 때는 없습니다. 다만 이 연구 자료를 통해 말씀드리고 싶은 건, 영어 원서 읽기를 언제든 시작만 한다면, 엄청난 효과를 누릴 수 있다는 거죠.

특히 영어 그림책을 읽어주면, 가장 좋은 것이 아이가 영어 어순에 노출되고, 이미지와 상황 속에서 영어 어휘에 노출되며 더 잘 기억할 수 있게 되는 것입니다. 일단 사회적 약속인 문자 시스템에 익숙하지 못한 아이들을 위해서, 그림과 상징의 언어가 가득한 그림책을 잘 활용해야 합니다. 영어 동화책을 읽으면 영어적 표현과 어휘를 더 쉽게 더 많이 습득하기에 유리합니다.

예를 들어, 'Greedy'욕심 많은라는 단어는 우리나라 영어교과서에서 접하려면 몇 학년 정도 되어야 할까요? 아마 최소 중학교 1학년 이상은 되어야 할 겁니다. 초1, 유치원생 우리 아이들이 좋아하는 책 중에는 미스터 맨Mr. Men이라는 캐릭터 시리즈가 있습니다. 굉장히 단순한 그림들로 저마다 각자의 특색이 있는 캐릭터인데, 미스터 그리디Mr. Greedy는 배가 아주 뚱뚱합니다. 이 친구는 욕심꾸러기라서 먹는 것을 특히나 너무 좋아합니다. 그 중에서도 생일 케이크를 먹는 것을 좋아해서, 매주 생일 파티를 엽니다. 아이들은 이 이야기를 통해서 'Greedy'라는 단어가 '욕심 많은'이라는 뜻이라는 것을 이해하고 습득합니다. 놀랍게도 아이들은 로봇만화 캐릭터 이름 외우듯이 정말 쉽게도 이 단어를 배우고 기억했고, 결코 까먹지도 않았습니다.

어휘 뿐만이 아니라, 영어 동화책을 읽어주면, 진짜 영어다운 영어표현을 배울 수 있습니다. 예전에 영어 학원에서 선생님으로 일할 때, 영어 독후감 숙제를 검사하면, 학생 노트 앞 부분의 이름을 굳이 보지 않더라도, 책을 많이 읽은 아이와 이제 막 입문한 아이를 바로 구분해 낼 수 있었습니다. '옛날 옛날에'라는 표현은 영어로 'once upon a time'입니다 그런데, 한국에서 만든 교과서로만 공부하고, 문법위주로만 공부해서 온 아이가, 'Tiger smoking time'이라고 쓴 것입니다. "호랑이 담배 피던 시절"이라는 한국적 표현을 그대로 아는 영어 단어로 치환한 셈이죠.

영어원서에는 이미지와 이야기 속 상황까지 함께 나옵니다. 문법 중심으로만 영어를 배운 경우, 가장 최대의 약점이 그 표현을 언제 어떻게 말해야 하는지를 모르고, 열심히 한국어 중심으로 영어단어로만 변환하여 작문을 하느라, 느리고도 이상한 뉘앙스가 되어 버리기 십상입니다.

영유아기나 유치원생 초등 저학년까지 처음 영어책을 접하는 아이들에게는 리드미컬한 라임Rhyme이 들어간 그림책이 좋습니다. 책을 읽어 줄 때도 생생하게 표현하며 스토리텔링Storytelling 해주면, 아이들은 그 어휘에 담긴 의미를 더욱 잘 파악하고, 습득할 수 있습니다.

마이클 로젠 작가의 곰사냥을 떠나자. [We're going on a bear hunt]는 유명한 동화책입니다. 먼저 직접 아이에게 읽어 주고 나서 유튜브에서 영국 출신 작가가 직접 스토리텔링을 한 비디오를 아이와 함께 찾아보길 적극 권장합니다. 비디오를 보면서 작가와 나의 스토리텔링 스킬이 어떤 점이 다르며, 어떤 효과가 있는지 비교해 보세요. 영어실력은 빼고요

아래는 스토리 속 반복되는 문장 중 일부입니다. 작가는 "추춤춤춤춤" 소리를 내며, 모두 다 즐겁게 겅중겅중 뛰면서 걷는 것처럼 움직이다가 아래의 문장을 리드미컬하게 이야기합니다. 그 문장에 맞는 표정과 몸짓까지 연기하며 생생하게 읽어줍니다.

> We're going on a bear hunt.
> We're going to catch a big one.
> What a beautiful day!
> We're not scared.

장담컨대 아이는 작가의 리드미컬한 문장 읽기에 반하여 집중을 하고, 어느새 챈트나 노래로 받아들이면서 반복되는 문장을 따라하고 있을 것입니다. 문자를 처리하지 못하거나 느려도 아이들은 언어를 배울 때 소리에 매우 민감합니다. 특

히 음의 높낮이와 리듬의 강약이 있으면 더 잘 따라하고 기억을 할 수밖에 없지요. 이것을 잘 기억하셔서 영어 동화책 읽는 것을 어렵게만 생각하지 않으셨으면 합니다.

③ 그림책 읽어주기 Dos & Don'ts

 그림책 읽어주기 Dos & Don'ts

- 아이가 읽고 싶은 책을 고르도록 해주세요.
- 같은 책을 여러 번 읽어달라고 하면 기쁘게 읽어주세요.
- 부모님의 발음이 안좋다고 CD만 틀어주지 마세요.
- 글밥이 너무 많은 책은 줄여서 중요한 부분만 읽어줘도 돼요.
- 영어 노출에만 목표를 두지 마시고, 아이가 한국어로 이야기 해달라고 하면 영어와 한국어를 섞어서 읽어주세요. 이해력과 상상력 발달에 도움이 돼요.
- 챈트와 노래가 들어간 CD와 함께 노출해 주면 좋아요.
- 흘려듣기 한다고, 그 노래를 전부 다 알지는 못해요. 아이가 따라할 수 있는 특정 부분의 가사를 설명하고 가르쳐주면서 즐겁게 함께 따라 부르면 좋아요.
- 혼자 읽을 줄 안다고, 책 읽어주기를 멈추지 마세요!
- 레벨 전환기에 거부반응을 줄이기 위해 비슷한 레벨의 픽쳐북을 활용하세요.

1) 아이가 읽고 싶은 책을 주도적으로 고르도록 하기

독서 지도의 궁극적인 목표는 읽기 독립입니다. 성인이 되어서도 서점에 들러서 필요한 정보를 얻기 위해서 또는 읽는 기쁨을 위해서 책을 고르는 사람이 되게 하는 것입니다. 아이가 읽기 독립을 위해서 문자 읽기 훈련에 돌입했다면 커리큘럼에 맞춰서 레벨 순서로 읽는 책을 제외하고, 흥미를 위해 읽는 책은 아이에게 맡기는 것이 좋습니다. 아이의 성향을 누구보다도 잘 이해하고 있고, 좋은 책들을 사서 아이의 손에 닿도록 책꽂이에 꽂는 건 부모님이지만, 그 책 중에 오늘 내가 읽을 책을 선택하는 건 아이에게 맡기는 것이 지속적으로 아이가 독서활동의 중심인 것을 알게 하는 것입니다.

2) 부모님의 발음이 안좋다고 원어민 오디오 파일만 틀어주기?

방송 중에, 또는 개인적으로도 가장 많이 물어보시는 질문이 "제가 발음이 안좋은데, 제 발음으로 읽어줘야 할까요?"입니다. 원어민 전문 성우들이 녹음한 오디오 파일을 듣고 따라하는 것은 매우 중요합니다. 한국어와는 소리 내는 방식이 다르기 때문에 영어를 영어답게 배우게 도와줍니다. 하지만, 부모님의 발음이 좋지 않음에도 불구하고, 부모님이 책을 읽어 주는 것은 매우 중요합니다. 생생함의 차이와 감정 전달의 차이 때문입니다. 또한 부모님이 영어를 읽어 줄 때, 아이는 영어에 대해 좀 더 모국어같은 친근함을 느낄 수 있습니다.

3) 자꾸만 같은 책을 여러 번 읽어달라고 하는데…

같은 책을 여러 번 읽어 달라고 하는 것은 아이들의 특징입니다. 좋아하는 것을 반복적으로 보고 싶어하죠. 이미 아는 이야기임에도 불구하고 말이죠. 리딩전문가들은 반복 읽기 Repeated Reading의 힘에 대해서 강조합니다. 반복하여 읽으면서 어휘, 표현, 문장의 이해가 횟수를 거듭할수록 깊어지고 더 잘 익힐 수 있습니다. 보통 반복해서 읽어줄 때 마다, 목표를 달리 해서 읽어주면 좋습니다. 처음에는 이야기의 전체를 이해하는데 목표를 두다가, 주요 어휘만 강조했다면, 두 번째는 좋은 표현이나 문장을 목표로 하여 가르치는 식으로 읽어주면, 반복읽기가 더욱 효과적일 것입니다.

4) 아이가 영어 말고 한국어로 이야기 해 달라고 하면?

영어 그림책을 읽어줄 때, 누구나 다 경험하는 어려운 점입니다. 아이가 영어 말고, 한국어로 이야기 해달라고 하는 거죠. 아이의 입장에서 생각하면 매우 당연합니다. 아이는 머리 속으로 이야기를 열심히 그려가며 상상의 나래를 펼쳐야 하는데, 영어로 이야기를 듣다 보면, 자꾸 이야기의 진행이 끊기게 되기 때문이죠. 아이가 영어를 다 알아듣지 못한다면, 영어로 한 문장 읽고 통역을 하여 읽어주는 것이 좋습니다. 어차피 아이들은 좋아하는 이야기를 다시 읽어달라고 합니다. 그 때 점점 한국어를 줄이고 영어를 늘리는 것이 좋습니다. 그리고 글밥이 많은 그림책의 경우, 이야기 흐름이 연결되는 정도에 한하여, 일부 생략하여 읽는 것도 방법입니다. 어차피 비슷한 레벨의 책을 읽는다면, 이 책에서 만났던 어휘를 다른 책에서 또 다시 만날 가능성이 높기 때문입니다. 억지로 영어로만 읽어주려고 하다가 아이가 영영 영어책을 싫어하게 되는 것보다 훨씬 낫습니다.

5) 아이가 혼자서 영어로 읽을 줄 알기 때문에 더이상 읽어주지 않는다?

영미권은 자기 전에 아이에게 책을 읽어주는 Bedtime Stories 베드타임 스토리 문화가 활성화되어 있습니다. 우리나라 역시 아이들에게 자기 전에 책을 읽어주는 문화가 퍼져 있는데, 아이가 스스로 글을 술술 읽을 줄 아는 8~9세가 되면, 더 이상 책을 읽어 주지 않는 경우가 대부분이죠. 스콜라스틱 영국에서 진행된 조사에 따르면, 영국에서도 5명 중 1명이 9세가 되면 그만 읽어준다고 합니다.

그러나 전문가들은 아이가 11살까지는 부모가 지속적으로 책을 읽어주는 것이 좋다고 합니다. 아이들이 부모와 특별한 유대관계를 갖게 되는 것 뿐만 아니라, 어휘가 풍성해지고, 상상력도 더 많이 발전한다고 합니다. 하루에 아이와 얼마나 대화를 하고, 대화를 할 때 사용하게 되는 어휘가 얼마나 제한적인지 돌아보면, 책을 읽어주는 것이 어휘의 질적 양적인 관점에서 훨씬 더 좋다는 사실을 알 수 있습니다.

6) 레벨 전환기에 어려움을 덜 느낄 수 있도록 비슷한 레벨의 픽쳐북을 활용!

아이들은 나이가 조금만 더 들어도 픽쳐북을 유치하다고 생각하기 때문에 픽쳐북은 그만 읽고, 리더스나 챕터북을 읽어야 한다고 오해하시는 분들이 있습니다. 픽쳐북이 아이들을 위한 책이라고 치부해 버리기엔 너무도 철학적인 문제들을 생각해 보게 해주는 책이 정말 많이 있습니다. 어렸을 때 읽어주었는데, 아이가 나이가 좀 더 들어서 그 책을 직접 읽게 되었을 때, 느끼거나 깨닫는 것이 질적으로 양적으로 달라지는 것을 쉽게 목격하실 수 있을 겁니다.

픽쳐북이 가치에 대한 생각을 건드려 주기에도 정말 좋지만, 리딩 스킬의 핵심 중 하나인 문자 읽어내는 것 바로 다음에 본격적으로 갈고 닦아야 하는 스킬인 Comprehension컴프리핸션, 즉 이해력 훈련을 위해 정말 좋은 도구입니다. 그렇기 때문에 각 레벨 별로 다음 단계로 올라가야 하는 전환기에서 아이들에게 그 다음 레벨과 비슷한 레벨이지만, 픽쳐북이라는 익숙하고 흥미로운 포맷의 책을 주어, 레벨 전환기의 어려움을 보완하면서 필요 스킬을 훈련할 수 있도록 도움을 줄 수 있습니다.

리더스에서 읽기 유창성 훈련을 어느 정도 완성한 아이들이 챕터북 적응 훈련을 하기 위해서도 픽쳐북을 활용하곤 합니다. 책이 쉽게 읽히는 대신 컴프리핸션 요소에 더 집중하는 거죠.

리더스처럼 딱 레벨별로 목표가 나뉘어 있지 않아서, 전문가가 아닌 분들은 픽쳐북을 어느 만큼을 아이가 소화할 수 있도록 해야 하는지 감을 잡기가 어려울 수 있지만 오히려, 정해지지 않아서 쓰는 사람이 자유롭게 활용할 수 있는 장점이 될 수 있습니다.

아이에게 책에 관심을 갖도록 하는 것이 목표라면, 최선을 다해 재미있게 읽어주면 되고, 혹시 파닉스, 싸이트워드 등을 학습하기 시작했다면, 아이가 아는 지식과 연계된 요소들을 책을 읽으면서 짚어주어도 됩니다. 배운 단어나 문장 부분만이라도 아이가 직접 읽기를 목표한다면, 파트를 나눠서 아이와 함께 읽는 등 레벨 전환기에 맞게 활용할 수 있습니다.

또 사고력이나 이해력에 대한 스킬을 조금 다루어 주고 싶다면, 먼저 책에서 가장 인상 깊었던 것들을 하나 둘 말해보기를 하거나, 플롯의 순서를 기억하는 Sequence시퀀스, 이야기의 순서에 대해서 말해 보기를 가볍게 시작할 수 있습니다. 그리고 각 캐릭터 하나씩을 잡고 이야기의 두드러지는 갈등 요소에 대해서 이야기해 볼 수 있습니다. 롸이팅Writing을 할 수 있는 레벨이라면, 북 리포트로 이야기 요소들을 조금씩 분석해서 깊게 써볼 수도 있어요. 이렇게 픽쳐북을 다양한 용도로 활용할 수 있고, 여러 가지 활동과 연결시킬 수 있습니다.

④ 대화를 더하면 금상첨화!
-북토크(Book Talk) 팁-

영어독서지도 전체 로드맵에 추천도서로 거의 모든 레벨에 픽쳐북이 있는 것을 눈치채신 분이 있을 것입니다. 픽쳐북을 영어 노출용으로만 듣고 읽어주고 끝내기에는 너무나 보물같은 책입니다. 픽쳐북은 이제 막 영어에 노출되는 영유아뿐 아니라, 읽기 독립 훈련 중에도 또한 유창하게 읽을 수 있는 아이들의 사고 발달과 이해력 증진 훈련 그리고 인성, 가치관, 정서적 위로 등 그 목표에 따라서 그 대상에 따라서 다양하게 활용될 수 있습니다.

전문적인 지식 없이 집에서 간단하게 영어독서를 하시는 분들은 집에서 5분에서 30분을 규칙적으로 아이와 함께 듣고 읽어보세요. 그것만으로도 큰 의미가 있습니다. 조금 더 전문적인 지도 노하우나 경험을 가진 분들은 사실 픽쳐북 하나로 한 달 내내 학습 목표를 달리하며 지도할 수 있습니다. 레슨 플랜을 짜고 지도하는 방법을 알려 드리기에는 너무 전문적인 내용이라 지면으로 어려운 점이 있을 것 같습니다. 다만, 단순히 듣고 읽어주지만, 그래도 영어독서지도의 중요한 큰 요소들을 어느 정도 이해하고 조금 적용해 보는데 도움이 되실 만한 정보를 공유하고자 합니다.

1) 좀 더 영어학습 포커스에 맞춰 동화책을 읽고 싶다면?

어휘나 표현, 문법Grammar, 그래머이 두드러지는 영어 동화책들이 있습니다. 이 도서들은 학습 포커스 잡기가 쉽습니다. 이 때 주의할 점은 학부모님들이 배울 때의 방식처럼 어려운 문법 용어부터 설명하려는 것입니다. 그 어려운 문법 용어는 오히려 듣기 천재, 따라 말하기 천재인 우리 아이들의 귀와 입을 닫게 만들어 버릴 수 있습니다. 그보다는 책과 원어민 오디오 파일를 통해 자연스럽게 그 문법이 들어간 문장을 여러 번 듣고 따라하게 하시고 난 다음, 한국말로 이런 뜻이라는 것을 설명해 주세요. 그리고, 일상 생활 속에서 그 표현을 쓸 수 있는 상황 속에서 다시 꺼내서 쓰면서 알려주세요.

예를 들어, 아이와 함께, Pete the Cat and His Four Groovy Buttons를 통해, "My buttons, My buttons"를 리드미컬하게 반복하여 듣고 따라하며 배웠다면, 아이의 등원 준비를 하면서 옷을 입을 때, "우리도 Pete처럼 말해 볼까?"하면서 아이와 함께, "My buttons, My buttons!"를 영어로 외치는 겁니다. 그리고 다른 물건들도 "My"를 붙여서 자연스럽게 말해 보는 거죠.

● 학습 포커스 추천 동화책 ●

추천 도서	추천 학습 포커스	예시 문장
Have you seen my cat?	현재완료	Have you seen my cat?
Big Bigger Biggest	형용사 비교급 최상급	Far, Farther, Farthest Big Bigger, Biggest
The Foggy Foggy Forest	전치사	What can this be in the foggy, foggy forest?
Pete the Cat and His Four Groovy Buttons	숫자 세기 단수 복수s 소유격 my	My buttons, my buttons, my four groovy buttons.
Rocking in my school shoes	현재 진행형	I'm reading in my school shoes. I'm eating in my school shoes.

2) 읽기 전-중간-후 Book Talk으로 생각 이끌어 주기

책을 함께 읽고, 이야기를 나누는 것만큼 귀중한 시간도 없습니다! 아이의 정서에도 좋지만, 아이의 생각을 끌어줄 수 있는 절호의 기회죠. 다만 주의할 사항은 아이의 나이와 발달 단계를 고려해서 질문하시기를 바랍니다. 어떤 부모님은 아이가 아직 어린데, "네 생각을 말해볼래?"라고 물었을 때, 아이가 조리있게 말하지 못한다고 걱정하시는 분이 계셨습니다. 어른들도 독서 토론은 매우 어려운 일입니다.

연구 결과에 따르면 최소 6세 이상은 되어야 상대방의 입장에 대해서 생각해 볼 수 있다고 합니다. 또한 논리적이고 구조적인 사고는 어린이들에게 아직 어려울 수 있다는 걸 기억해 주세요. 아이의 눈 높이에 맞춰서 질문을 던지되, 부모님이 먼저 답변을 하여 예시를 보여주면서 리드하는 것도 좋은 방법입니다.

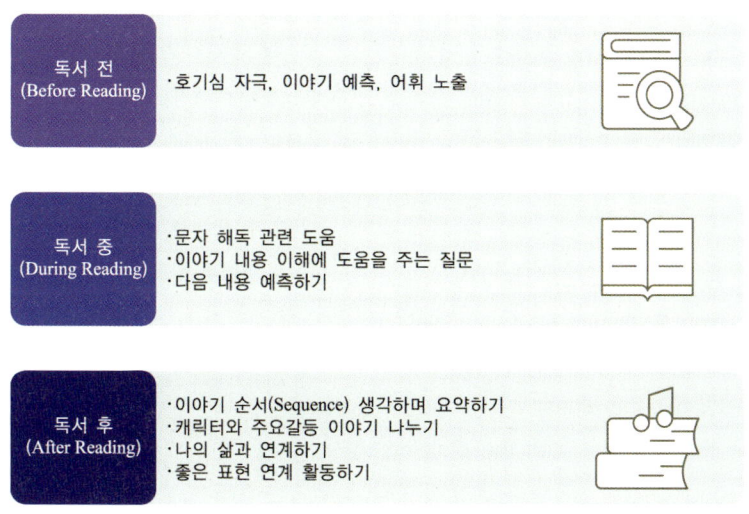

무엇을 어떻게 물어봐야 할지 감을 잡을 수 없다면, 책을 읽고 대화를 시도할 때, 책 읽는 프로세스 상에서 3단계, 읽기 전, 읽는 중간, 읽은 후의 단계에 맞춰

서 목적에 맞는 질문을 해보세요.

읽기 전Before Reading은 아이의 호기심을 자극하는 단계입니다. 부모님이 책을 미리 훑어보고, 아이가 흥미로워 할 만한 요소를 책 커버의 그림과 함께 연계하여 추측해 보게 하거나 궁금증을 일으키면 됩니다.

아이가 영어를 잘 몰라도, 부모님이 영어가 가능하다면, 영어로 한 번 그리고 한국어로 다시 한 번 질문해 보면 좋습니다. 계속 같은 질문을 매번 반복하다 보면 '타이틀title'이 '제목'이고, '북book'이 '책'이라는 걸 알게 됩니다.

특히 그림을 많이 활용하시면 좋습니다. 책 커버 활용, 책 뒷면 커버 활용, 때로는 책 속의 그림 중 일부만 훑어보면서 호기심 자극하면, 영어 책에 대한 거부 반응 또한 낮출 수 있습니다.

● 읽기 전 질문들 ●

Before Reading Questions	독서 전 질문들
What is the title of the book?	이 책 제목은 뭐지?
What can you see on the cover? I can see a(n)_____.	책 표지에 뭐가 보여? 나는 ~가 보여.
Shall we bet who can say the most things in the picture?	누가 그림 속에 보이는 거 더 많이 이야기할 수 있는지 내기해 볼까?
How do you say _____ in English?	~는 영어로 뭘까?
What do you think this book is about? What would happen in this story? Let's check out the clues: from the title, pictures and the blub on the back.	이 책은 무슨 이야기일 것 같아? 이 이야기에서 무슨 일이 벌어질 것 같아? 제목이나 그림, 뒤쪽 커버의 요약문에서 단서를 찾아볼까?
What do you know about the topic of this book? Have you ever…?	책의 주제에 대해 아는 거 말해 볼까? (책의 주제와 연관된) ~한 경험 있어?

특히, 책을 읽어 나가기 전에 어휘가 진입 장벽이 되지 않도록, 책을 읽을 때 자주 나오면서 책 내용을 전반적으로 이해할 때 중요한 어휘를 미리 노출해 주고 알려줄 수 있는 대화를 하는 것이 좋습니다.

예를 들어, Imogene's Antlers이모진의 뿔이라는 이야기는 책 제목에 어려운 단어인 "뿔"이라는 단어가 있네요. 이야기의 내용을 읽어보면, 뿔이라는 단어를 필히 알아야만 합니다. 그러면, 아이에게 제목을 읽어주면서, "어? 그런데, '앤틀러'가 뭘까? 그림에 힌트가 있을 것 같은데, 우리 ○○이는 그림 중에 뭐가 '앤틀러' 일 것 같아?"라고 퀴즈를 내면서 아이가 자연스럽게 주요 어휘를 배울 수 있게 도와주는 거죠.

3) 독서 중 질문(During Reading)

책을 읽는 중에는 책 읽어주는 것에만 집중해야지 무슨 질문이냐구요? '책을 읽는다는 건 생각을 하는 과정이다.'라는 말이 있습니다. 책을 읽으면서 단순히 문자만 따라 읽어 가다가 혹시 이해가 안돼서 읽었던 문장을 다시 또 읽고 또 읽어 본 경험이 있으신가요? 분명 책을 읽는다는 건 문자만 따라 읽어 내려가는 것이 아니라, 문자 속에 들어 있는 의미를 이해하고 내 생각과 반응을 일으키는 그 과정이라는 증거이기도 합니다.

부모님이 읽어 주실 때, 또는 아이와 함께 돌아가면서 읽을 때, 서로 정해진 분량까지 읽고 중간 지점에 필요한 독서 중 질문은 이해 과정을 도와줄 수 있는 질문들입니다.

아이가 만약 읽기 독립 훈련을 하는 중이라면 아이가 배웠던 파닉스 규칙 등을 상기해서 읽을 수 있도록 유도하는 질문을 해주세요.

"어! 이 단어 속에 글자 봐봐. 우리가 배운 규칙이다! 'e'가 2개 붙어 있으면 긴 '이' 발음이 난다고 배웠잖아. 그럼 이 'beep'는 어떻게 읽는 걸까?"

그리고 다음 내용이 어떻게 펼쳐질지 궁금해하도록 흥미를 자극하는 질문이나 예측하며 읽을 수 있도록 이끄는 질문을 해주시면 됩니다.

"주인공이 실수로 열쇠를 잃어버렸네. 어떡하지? 그 다음은 어떻게 될 것 같아? 우리 민규라면, 어떻게 할 거야?"

예측하면서 읽는 것은 뇌가 끊임없이 글과 반응하도록 이끌어 주는 것입니다. 예상과 맞아 떨어지든, 다르게 전개되든 흥미진진하게 글 속에 빠져 읽도록 돕습니다. 글의 상황 속에 더욱 몰입하면서 이해도가 더 높아질 수 있습니다. 주인공의 입장에서 생각해 보고, 나라면 어떤 기분일 것 같은지 대입하는 것이 도움이 됩니다.

● **During Reading Questions** ●

Questions	독서 중 질문
While reading, what pictures do you have in your mind?	책을 읽는 동안 어떤 그림이 머리 속에 그려지니?
Why do you think the character did _____?	주인공은 왜 ~라고 행동했을까?
What do you think will happen next? Why?	이 다음은 어떤 일이 일어날 것 같아? 왜 그럴 것 같아?
How do you think the character will handle this situation?	이 상황을 주인공은 어떻게 처리할까?
What would you have done if you were the character?	만약 네가 주인공이라면, 어떻게 했을까?
How would you have felt if that happened to you?	이런 일이 너에게 일어났다면, 너는 어떤 기분이 들었을까?
While reading, what are you wondering? What questions do you have?	읽는 동안, 어떤 의문이 들어? 어떤 질문이 생겨?

4) 독후 질문(After Reading Questions)

읽기 단계별로 하는 질문 중에서 그 중요도를 따지자면, 독후 질문이 가장 중요하다고 생각합니다. 우리가 책을 읽고 나서, 책 속에 담긴 어마어마한 보물들 중에 몇 개라도 건져서 내 것으로 가져갈 수 있느냐가 달려있기 때문입니다.

책을 읽고 나서 하는 질문의 거의 대부분은 이야기의 주요 내용을 얼마나 이해하느냐에 대부분 포커스가 맞춰져 있어서 조금 안타깝습니다. 물론 독후 질문의 기본은 전체 내용을 요약 정리할 수 있도록 돕는 것입니다. 하지만, 여기서 끝난다면, 책을 일차원적으로만 읽는 것입니다.

주인공의 주요 갈등을 중심으로 작가의 의도에 대해 생각해 보고, 자신의 경험Make Connections과 연결해 보는 질문을 해주는 것이 주요 핵심입니다. 마이크로소프트 전 회장 빌게이츠를 비롯한 전 세계를 이끄는 유명한 리더들은 정기적으로 책을 읽고 생각을 정리하는 시간을 갖습니다. 그들이 책을 일차원적으로 요약 정리만 할까요? 그들은 지식을 자본화할 줄 아는 사람들입니다. 즉, 책을 통해 배우게 된 내용들을 자신들의 상황에 적용하여 풀어내는 과정을 거친다는 것입니다.

우리가 아이들과 책을 읽을 때, 아이들은 아직 전체를 헤아리고 적용하는 눈이 없지요. 하지만, 우리가 아이들이 보지 못하는 것들을 질문으로 끌어내 줄 수 있습니다.

"현진아, '크리센터멈'의 반 친구들이 이름이 이상하다고 놀려서 슬퍼하고 있어. 우리 현진이는 이런 비슷한 경험을 했거나 본 적이 있어? 이 글을 쓴 작가는 왜 이런 이야기를 썼을까? 우리에게 어떤 말을 전하고 싶어서였을까?"

아이와 이런 대화를 나눈다면, 어느새 아이는 생각하는 법을 배우게 됩니다. 책을 읽고 나서 나의 삶과 적용해 보는 것이 자기도 모르게 습득이 되는 거죠. 같은 반 친구들과 똑같은 시간을 들여 똑같은 책을 읽어도, 분명 생각이 더 깊고 넓게 자랄 수 있는 비밀입니다.

● 독후 질문 After Reading Questions ●

Questions	독서 후 질문
Can you retell the story?	이야기를 다시 재정리해서 말해줄 수 있겠니?
What was the problem? What happened because of the problem?	어떤 갈등 요소가 있었어? 그 문제 때문에 어떤 일이 벌어 졌어?
After reading this book, do you think the tile is good for this story? If not, what title would be better?	이 책을 다 읽고 나서, 제목이 이 이야기와 잘 맞다고 생각하니? 아니라면, 어떤 제목이 더 나을까?
Was your prediction correct? What was different?	너의 예상이 맞았니? 어떤 것이 달랐어?
Who changed through the story and how did she or he change?	이야기가 전개되면서 누가 바뀌었니? 어떻게 변했니?
What was your favorite part? Why?	네가 가장 좋아하는 부분이 어떤 부분이고, 왜 좋아하니?
Why do you think the writer wrote this story?	작가가 왜 이 이야기를 썼을까?
Does this story remind you any other book you've read?	이 이야기로 인해 떠오르는 다른 이야기가 있니?
Does it remind you any experience you had?	이 이야기로 인해 떠오르는 너의 경험이 있니?

5) 요약 정리를 돕는 스토리 5요소는?

생각을 넓혀주는 질문 이전에, 이야기의 주요 내용을 갈무리하는 훈련이 먼저입니다. 부모님은 어른이기 때문에, 이야기를 읽고 나서 주요 내용을 잘 이해하는 반면, 아이들은 그렇지 못합니다. 아이들이 주요 내용을 잘 간추릴 수 있도록 도움을 주는 질문을 하는 팁을 알려드리겠습니다.

바로 이야기를 구성하는 5가지 요소를 중심으로 질문을 만드는 것입니다.

주인공에 대해 더욱 잘 이해하도록 이끌기 위해서는 주인공의 행동이나 생각 특징 등을 통해 어떤 성격을 가지고 있고, 어떤 욕망이나 문제점을 가지고 있는지를 볼 수 있도록 하는 것입니다.

이야기의 주요 사건의 흐름은 주로 갈등요소를 기반으로 전개됩니다. 갈등이 시작되고 무르익어 문제가 발생하다가 해결되는 거죠.

갈등과 해결, 주요 사건의 흐름은 시작-중간-끝으로 전개되므로, 연결해 보아야 합니다. 아무리 두꺼운 이야기 책도 이렇게 요약해 볼 수 있지요.

"누가- 무엇을 원했다-그런데 ~한 문제가 있었다-이후 ~로 해결되었다"

● 이야기 5요소 ●

5 Story Elements

☐ Characters
_____ and _____ are main characters in the story.

☐ Setting
The story took place _____

☐ Events(B-M-E)
In the beginning, _____
In the middle, _____
In the end, _____

☐ Problem
(Conflicts)
Somebody wanted _____
But,_____

☐ Resolution
Finally,_____

이야기를 요약하는 리텔링Retelling 지도에 대해서는 "스피킹 롸이팅 연계 지도 방법"에 다양하게 제시되어 있으니, 참고하시기 바랍니다.

질문을 할 때는 아이의 발달 단계를 고려하여 해주세요. 아직 깊은 사고를 하기 힘든 아이들에게 너무 어려운 토론 주제의 질문은 삼가 주세요. 차근차근 나아가요.

CHAPTER 6
읽기 독립 훈련의 첫걸음 디코딩 훈련 Tip

① 파닉스 학습서와 디코더블 리더스의 조합이 가장 효과적!

"저희 초1아이 파닉스Phonics 교재랑 디코더블 리더스Decodable Readers를 같이 하고 있는데, 정말로 도움이 많이 되는 것 같아요.

파닉스 교재만 할 때는 어렵다고 하기 싫어하더니 한동안 매일 같이 디코더블 리더스랑, 싸이트워드 리더스 5권 낭독했더니 지금은 파닉스 교재가 너무 쉽다고 그러네요.

제가 엄마표 영어 책 4~5권정도 읽었는데 그 어디서도 디코더블 추천은 없었거든요.

이 책의 존재 자체도 몰랐어요.

선생님께서 저렴하고 좋은 교재 추천해주신 덕분에 저희 아이 파닉스 재미있게 하고 있어요.

정말 감사드려요."

- 네이버 카페 영어독서코칭SOS에 올라온 글

인스타그램 라이브 방송을 할 때, 최대한 상업적이지 않고, 균형 잡힌 정보를 드리려고 애를 썼었습니다. 엄마표 영어 가이드 도서들이 많은 정보를 담고 있었지만, 그 중에 영미권에서 오랫동안 발전해 온 독서 지도법의 30% 정도만 소개되어 있고, 어떤 것은 너무 개인적인 경험에만 치우쳐 있는 정보들이 꽤 있는 걸 보았기 때문입니다. 엄마표 영어를 하시는 분들에게 꼭 소개해 드리고 싶었던 읽기 독립 지도 팁 중 하나가 바로 디코더블 리더스와 파닉스 교재를 함께 쓰라는 조언이었습니다.

'영어 원서 읽기'라는 어려운 진입장벽을 정말로 쉽게 넘을 수 있게 도와줄 수 있도록 설계되어 있고 아이들의 입장에서 소화할 수 있게 도와주고 훈련할 수 있기 때문입니다. 소개해 드린 후, 잊고 있었는데, 개인적으로 운영하고 있는 네이버카페에 글이 올라오더군요. 확실히 다르다고.

그럴 수 밖에 없는 것이 디코더블 리더스가 설계되는 원리 때문입니다. 아이들이 배운 파닉스 규칙의 단어 비중이 80~90%로 이뤄진 이야기이기 때문에 아이들이 읽을 수 있고, 빠르게 문자를 해독하는 체화 훈련을 거듭 집중해서 할 수 있어서 효과적일 수 밖에 없습니다.

학원에서는 디코더블 리더스를 함께 파닉스 과정에서 쓰는 경우를 거의 본 적이 없는 것 같습니다. 시간이 오래 걸리기 때문에, 학습서-문제집처럼 생긴 학습용 교재로서 주로 연습문제가 많음-위주로 사용하기 때문이지요. 요즘은 워낙 국내에서도 파닉스 교재를 수입 교재 만큼이나 잘 만들기 때문에, 디코더블 리더스도 함께 설계하여 학습서에 넣는 경우도 있습니다.

읽기 전문가의 연구 결과와 지도 현장 경험을 종합하여 볼 때, <u>파닉스를 깨우치는 가장 이상적인 방법은 학습서와 디코더블 리더스를 함께 이용하여 지도하는 것입니다.</u> 학원에서 학습서로만 파닉스 규칙을 배운 학생의 경우, 파닉스 규칙과 어휘만 학습하느라 대부분 문장에 노출되지 못합니다. 그래서 다른 책에서 문장을 만났을때, 단어와 문장 모두 읽지 못하는 경우가 대부분입니다.

또한 학습서의 단점은, 같은 포맷format의 반복으로, 그 규칙을 완전히 마스터하지 못한 채, 학습서의 문제를 금세 풀고 나서 그 규칙을 잊어버리는 학생들의 경우가 허다하다는 것입니다. 또한 파닉스 규칙의 어휘들이 파닉스 규칙을 설명해주는 단어들만 조합하다 보니 연계가 되지 않는 어휘들이 많습니다. 하지만, 디코더블 리더스는 나름의 이야기와 함께, 문장 속에서 전달되다 보니, 자연스레 영어적 어순에 꾸준히 노출되고, 책 속의 그림과 사건들이 그 단어의 뜻을 연상하도록 도와주는 Trigger트리거, 계기가 되어 어휘 학습도 쉬워집니다.

영어를 시작하는 아이들을 지도해 보신 분들은 아주 격하게 공감하실 텐데, 파닉스가 되어 있지 않은 아이들이 어휘 하나를 암기한다는 것은 정말 상당한 노력이 필요합니다. 학습서의 한 유닛Unit, 과마다 한 개의 파닉스 규칙이 소개되고, 그 규칙에 따라 읽을 수 있는 어휘들이 6개~8개 정도 주어지는데, 아이들이 그림과 매칭해보기, 단어 듣고 찾아보기 등등의 연습 문제를 풀 때는 분명히 알았는데, 다음에 그 단어를 플래쉬카드Flash Card, 단어가 적혀있는 카드로 보여주고 읽으라고 하면, 전혀 감을 못 잡는 경우를 경험하는 것은 참 흔하디 흔한 일이지요. - 선생님 중에서는 파닉스 수업을 일부러 피하시는 경우도 있고, 리딩 전문학원 중에서는 아예 파닉스는 다른 곳에서 떼고 오라는 곳도 있습니다. 그 정도로 파닉스 지도는 많은 인내와 전문성이 필요하다고 봅니다. -

반대로, 엄마표 영어를 하는 분들의 경우, 영어 비전문가들이 많아서, 파닉스 규칙의 전체 커리큘럼이라든지, 또 각 소리마다 정확한 입모양, 혀모양과 소리내는 법이라든지, 문자를 소리와 연계하여 기억하기 쉽게 가르쳐 주는 방법 등을 모르시는 경우가 많습니다. 그래서, 디코더블 리더스가 아무리 설계가 잘 되어 있더라도, 지도가 쉽지 않고 좌절스러울 수 있습니다. 그래서 학습서와 디코더블 리더스를 섞어서 각 학습서 유닛을 먼저 배우고, 그 규칙과 연결된 디코더블 리더스를 읽으며 훈련하는 것이 지도가 용이할 것입니다.

② 파닉스 규칙 단어 먼저 마스터 후 디코더블 리더스 읽기로 넘어갈 것

또한 여기서 꼭 주의하고 기억해야 할 점이 있습니다. 바로 디코더블 리더스에 나오는 단어를 충분히 따로 마스터한 후에 아이가 직접 읽는 훈련을 할 수 있도록 순차적으로 지도자가 함께 코칭해야 한다는 것입니다.

사실 리딩 전문가Reading Specialist, 리딩스페셜리스트들은 읽기 독립 훈련을 할 때, 알맞은 레벨의 도서를 고르는 것이 매우 중요하다고 강조하면서, 학생을 기준으로 한 3가지 레벨을 제시합니다. 바로 Frustration Level프러스트레이션 레벨, 좌절 레벨, Instructional Level인스트럭셔널 레벨, 지도 레벨, Independent Level인디펜던트 레벨, 읽기 독립 레벨입니다.

책 속의 텍스트Text, 문장이나 글를 구성하는 어휘 중 학습자가 아는 단어가 98% 이상이기 때문에 아무런 도움 없이 학생 혼자서 읽을 수 있는 레벨이 바로 Independent Reading Level인디펜던트 리딩 레벨, 읽기 독립 레벨입니다. Instructional Level인스트럭셔널 레벨, 지도 레벨은 지도자의 도움으로 함께 읽을 수 있는 정도의 레벨로서 아는 단어가 90~95% 정도가 나오는 도서가 알맞은 도서라고 합니다.

반면, Frustration Level, 즉 좌절 레벨은 학습자가 아는 단어가 90% 미만이며, 이해 수준이 50% 이하인 책입니다. 리딩 전문가들은 이러한 레벨의 책은 절대 피해야 한다며 당부합니다.

제가 초등학교 1학년으로 올라갈 때, 아버지께서 동화책 한 권을 사 오셨습니다. 미운 아기 오리 이야기였습니다. 혼자서 이 책을 다 읽어 내면 전집을 사주시겠다 하셨지요. 그러고선, 함께 읽는 걸 도와주지 않으셨습니다. 한글은 쉬우니 그냥 주면 알아서 읽어 낼 줄 아셨나 봅니다. 아마도 이 책이 그 당시 저에겐 Frustration Level프러스트레이션 레벨, 좌절 레벨의 책이고, 읽어 내기 위해서는 도움이 있어야 한다는 것을 알지 못하셨겠죠.

하지만, 이제 막 읽기 훈련을 하는 아이에게는 문자를 해독해내는 일, 다른 어려운 말로 디코딩Decoding이라고 하는 데, 이것이 자동화되어 있지 않은 사람에게는 참으로 복잡하고 힘들고 스트레스 받는 일입니다. 자칫 잘못하면, 책을 영영 싫어하게 될 수도 있고, 성취감보다는 좌절감만 느낄 수 있게 됩니다. 영어라는 것, 독서라는 것은 마라톤이며, 지금의 단계가 시작 선인데, 여기서 그 레이스race, 경주를 포기한다고 생각해보세요. 지도하는 사람으로서, 학습자의 입장을 이해하도록 노력을 기울여야 합니다.

디코더블 리더스는 아무리 파닉스 규칙으로 되어 있어도, 따로 규칙을 충분히 배우고 그 어휘들을 읽는 연습을 한 후에 들어가는 것이 좋습니다. 오직 파닉스 규칙으로만 되어 있다 보니, 단어를 미리 학습했다면, 디코더블 리더스는 학습자에게 금세 Instructional Level인스트럭셔널 레벨 내지는 Independent Level인디펜던트 리딩레벨이 됩니다.

특히 싸이트 워드Sight words, 우선순위 영단어는 따로 발음과 의미를 학습해야 합니다. 싸이트 워드의 경우 파닉스 규칙이 적용되지 않는 단어들이 많은데, 기본 문장에 굉장히 자주 출현하기 때문입니다. 싸이트 워드에 대해서는 추후에 집중적으로 설명한 파트를 참고하시기 바랍니다.

사실 디코더블 리더스라는 개념을 어린이 영어교육에 관심을 가진 모든 분들이 알 수 있도록 널리 알리고 싶습니다. 그것은 한국의 따로따로 학습의 비효율성을 개선하고 싶다는 의지 때문입니다. 파닉스 학습자에게 파닉스 규칙만 복잡스레 알려주어 그 규칙만 적용되는 어휘만 읽어내는 것을 목표로 하고 성취해낸 학습자가 영어원서를 만나면 읽어내지를 못합니다. 문자만 따로 만나서 새롭고, 게다가 파닉스 규칙을 잘 따르지 않는 싸이트 워드에 문장식으로 되어 있으니 힘들죠.

아이들이 무언가를 배울 때 레벨 별로 쪼개서 가르치는 것이 효과적이긴 하지만, 실제 만나야 할 마지막 레벨에 대해 염두에 두고 노출해야 한다고 생각합니다. 마치 수영을 배운다면, 바다에서 수영하는 환경에 대해서도 어렴풋이 알고 노출되는 것이 훨씬 학생들에게 효과적입니다.

디코더블 리더스와 파닉스 교재를 함께 사용할 때 지도 순서를 꼭 기억하세요.

파닉스 규칙 학습 → 파닉스 교재 연습문제 풀기 → 디코더블 리더스에 나오는 파닉스 규칙 어휘 리스트 먼저 훈련, 문장에서 노출될 싸이트 워드 훈련 → 디코더블 리더스 듣고 큰소리 따라 읽기 → 혼자 반복 큰 소리 읽기 → 다음 시간에 복습하며 큰소리 읽기

3 발음하는 방법 지도 시 I do-We do-You do

디코딩Decoding이라는 어렵지만 정말 중요한 이 지도 용어를 꼭 기억했으면 좋겠습니다. 가장 첫번째 목표는 아이가 소리와 문자를 제대로 연결하여 익히는 것입니다. 파닉스는 영어의 소리 규칙입니다. 그래서 발음도 이때 제대로 가르칠 수 있는 절호의 기회이죠. 태권도를 배울 때도, 무용을 배울 때도, 바이올린을 배울 때도, 품새와 기본 동작, 기초 스케일링 등 기본이 되는 것들을 성실히 정확하게 배운 아이들은 기초가 튼튼해서 활용으로 넘어갈 때 무너지지 않습니다. 나쁜 습관이 한 번 길들여지면, 절대 고치기 힘든 것처럼 기본이 참 중요하죠.

영어를 배운 후부터 참 많은 사람들에게 발음에 대한 칭찬과 더불어, 어떻게 하면 좋은 발음을 가질 수 있는지에 대한 질문을 받아왔습니다. 제대로 된 입모양, 혀 모양, 소리 내는 법을 배우고 훈련하면 누구나 다 좋은 발음을 가질 수 있습니다. 때문에 파닉스 배울 때 문자와 함께 소리 내는 법을 정확히 가르쳐 주

어야 합니다.

세이펜이나 원어민 발음의 오디오 파일들은 많지만, 제대로 된 입모양 혀 모양 등을 한국인 학생들에게 맞게 설명해주는 곳은 많이 없어서 좀 안타깝습니다. 여기에 문자로 설명하는 것에 한계가 있으니, 유튜브 채널 bookfairylucy에 동영상 자료를 참고하시기 바랍니다.

| 유튜브 채널 | QR 코드 |

발음을 지도할 때 순서는 선생님이 먼저 시범I do을 보이고, 학생과 선생님이 함께We do 소리 내어 여러 번 연습하고, 학생 혼자 해보는 순서You do로 단계적으로 해야 합니다. 이렇게 단계적으로 여러 번 연습하면서 자신감이 높아져 가고, 마지막에는 혼자 해내야한다는 걸 알아가고 적응해 갑니다. 읽기 독립을 위한 중요한 걸음마입니다.

④ 발음 지도 시 (음가) - (느린 깡총 조합) - (단어) 순서로

이미 문자를 읽어내는 것을 마스터한 사람에게는 단어를 읽는 것이 참 쉽습니다. 그래서 그걸 못해내는 단계의 학생을 가르칠 때 속이 터지는 심정을 느낄 수 있습니다. 하지만, 학생 입장에서는 디코딩 스킬의 자동화 또는 체화가 일어나기 위해서는 아직 뇌와 눈과 입이 엄청난 반복 연습이 필요하다는 걸 기억해야 합니다.

지도할 때, 그 눈과 뇌와 입이 따라할 수 있도록 쪼개서 가르쳐 주어야 합니다. 시범을 보일 때 3단계로 보여주는 것이 가장 효과적입니다.

예를 들어

● (음가)-(느린 깡총 조합)-(단어) 3단계 발음 지도 예시 ●

	c	a	t
1) 알파벳 한 자씩 음가를 되뇌며 발음한다.	ㅋ	애	ㅌ
2) 느리게 글자 간을 깡총거리며 이어준다는 느낌으로 자음과 모음이 조합되는 소리를 늘여서 보여준다	ㅋ	앹	
3) 단어를 한 번에 읽는다.		캩	

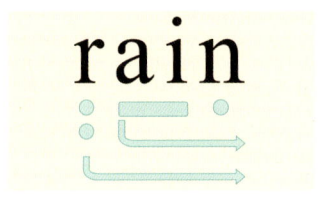

음가-느린 깡총 조합-단어
ㄹ 에이 ㄴ
ㄹ 에인
레인

위 카드는 이러한 3단계 발음 연습 시 용이하도록 설계된 플래쉬 카드입니다. 해외에서 파닉스 디코딩 스킬 전문가들이 개발한 파닉스 플래쉬 카드들이죠. 아마 한국에서는 이렇게 소리 버튼을 달아 둔 카드를 본 적이 별로 없으실 겁니다. 원어민 선생님들도 원어민 학생들을 가르칠 때 쓰시는 방법입니다. 이것은 읽기 독립 훈련을 처음 하는 아이들을 실제로 가르쳐봤기 때문에 아는 어마어마한 티칭 노하우이기에 그냥 지나치지 마시고 아이를 가르칠 때 꼭 적용해 보시기 바랍니다.

이렇게 발음 전략을 가르쳐 주는 지도법을 메타인지MetaCognitive 지도법이라고 합니다. 물고기를 매번 잡아주지 않고, 물고기 잡는 법을 가르쳐 주는 것이죠. 그래서 아이가 스스로 혼자 읽기를 시도할 때 모르는 단어가 나와도 당황하지 않고, 선생님이 했던 3단계를 떠올리면서 자기가 아는 규칙 데이터를 머리 속에서 꺼내어 소리 내어 봅니다.

실제로 제가 이 방법을 시도해 본 결과, 느리더라도 옳은 방법임을 금세 알 수 있었습니다. 초등학교 2학년 남학생이 어느 유명한 프랜차이즈 학원에 파닉스 프로그램 반에 들어갔다가 학원 수업을 따라 가지 못해서 2주만에 그만 두게 됐다며 상담을 왔습니다. 원어민 선생님이 가르치는 비싼 학원이었으나, 이렇게 되어 버린 이유는 아이가 머리가 나쁘기 때문이었을까요?

아니요. 아이는 한국어를 굉장히 잘하는 상태입니다. 언어 습득장치에는 문제가 없었습니다. 유치원에서 배웠던 영어 어휘들도 소리로 잘 기억하는 상태였지요. 그러나, 본 적이 없는 문자 시스템인 영어 파닉스를 보고 그 규칙을 잘 이해하지 못했기 때문입니다. 분명 선생님은 규칙을 설명했을 테지만, 원어민 선생님이 영어로 규칙을 설명했기 때문에 이해를 하지 못했겠지요. 그 상태로 2주를 버틴 것이 용합니다. 그리고 솔직히 못 따라가겠다고 부모님께 말한 것도 용기 있는 행동이라 봅니다.

원어민이 직접 수업을 가르치는 유명 영어전문 학원들은 원어민 선생님으로부터 살아있는 생생한 영어를 들을 수 있고 간단하게라도 상호작용할 수 있는 기회가 많다는 점에서 강점이 있는 것은 사실입니다. 그런데 아직 준비가 덜 된 아이를 무조건 원어민 수업에 넣는다고 해결되는 것은 아닙니다.

소심한 아이들은 수업을 따라가기 힘들고 숙제조차 제대로 못해 가는 상황이면서도 차마 부모님이 애써 보내주신 원어민 영어학원을 안 다니겠다고 말할 용기가 없어서 그냥 학원 가방만 들고 왔다 가는 아이들도 많습니다. 원어민 영어 학원에서 원어민의 수업을 대부분 이해하지 못한 채 시간만 보내다 오고, 숙제는 눈치껏 베끼고 듣기 테스트는 옆이나 앞에 앉은 친구들이 반응하는 타이밍을 보고 자기도 그 답을 고르는 식으로 순간순간을 넘기는 경우라면 원어민 영어학원이 그 아이에겐 전혀 맞지 않습니다. 아이에게 맞는 다른 방법을 찾아야 합니다.

저는 간단히 문제를 파악했고, 아이의 초등 2학년인 높은 학습 능력 또한 이용을 했습니다. 디코딩 규칙과 전략을 알려 주었지요. 아이는 알파벳 이름과 음가가 다르다는 것부터 배웠고, 모르는 단어를 만날 때마다, 음가를 떠올리며 하나씩 소리 내어 보고, 모음 소리를 붙여서 깡충 발음하면서 빠르게 단어를 읽어 내는 3단계로 디코딩 훈련을 했습니다.

처음 보는 어휘들은 입을 달싹 거리며 이 3단계를 차근차근 시도하기 때문에 느렸지요. 하지만, 매번 기쁘게 기다려주었습니다. 읽기 독립 훈련이니까요. 디코딩 속도가 점차 점차 빨라져 갔습니다.

물론 규칙이 여러 개이기 때문에 틀리는 경우도 있지만, 머릿속 데이터를 뒤져 들어본 단어의 소리를 찾아 스스로 고치는 경우가 많습니다.

즉, 파닉스를 배우기 전이나 배우는 단계에서의 소리 노출은 자신의 발음이 맞는지 셀프 모니터링을 하는데 매우 유리하지요. 영어 소리를 많이 들었다면, 소리 노출에 대한 유리한 혜택을 벌써 누리는 것입니다.

느리지만, 이 방법을 꼭 해보시라고 추천하고 싶습니다. 이렇게 쪼개서 연습시킨 아이는 모르는 단어를 만나도 차분히 본인이 알고 있는 파닉스 규칙을 생각해 내어 읽으려는 시도를 합니다.

예전에 방송으로 상담을 해 드린 학생은 유창성에만 포커스를 두어 훈련을 하느라 파닉스 규칙을 제대로 배우지 않고, 싸이트 워드만 많이 외워서 반복되는 싸이트 워드들은 빠르게 읽어 내면서, 모르는 단어가 나오면 전혀 읽어보려는 시도조차 하지 않는 모습을 보였습니다.

그대로 가다 보면, 아이는 어느 시점에서 영어 읽기 유창성에 심한 정체기가 와서 레벨 업 하기가 힘들어 집니다. 스스로 혼자 읽기의 핵심을 생각해 보면, 아이에게 디코딩 전략을 가르쳐 주어 스스로 적용하도록 훈련하는 것보다 효과적인 것이 없습니다.

5 반복만이 답!

신은 우리에게 인생에서 힘든 일 따위는 빨리 잊어버리라고 망각이라는 선물을 주셨다는데, 파닉스를 배울 때만큼은 망각이 선물이라 느껴지지가 않습니다. 워낙 파닉스 규칙이 많고 한 글자가 여러 소리가 나고, 예외도 많다 보니 사실 돌아서면 잊어버리는 학생들 덕분에 가르치는 입장에서도 배우는 입장 만큼이나 힘듭니다.

그렇습니다! 디코딩 훈련에서 두 가지가 가장 중요합니다. 바로 소리 내는 법과 체화! 이것을 학생이 소유하게 하기 위해서는 반복만이 살 길이지요.

● Literacy Framework for Reading ●

Motivation				
Decoding / Encoding				
Word Recognition			Fluency	
Concepts of Prints	Phonemic Awareness	Phonics	Sight Words	Automaticity

출처: John Shefelbine의 Literacy Framework 중 디코딩 파트 요소 중 일부

위의 표는 읽기를 위해 필요한 요소들을 표로 나타낸 것입니다. 디코딩 Decoding은 문자를 소리로 해독하면서 뜻을 이해하는 과정이고, 인코딩 Encoding

은 소리를 듣고 그 뜻을 이해하며, 문자 체계로 써 낼 수 있는 과정입니다. 읽고 쓰는 능력을 습득할 때 필요한 스킬들을 쪼개어 보면, 문자 개념을 인식하고, 각 음가를 인지하고, 파닉스 규칙을 배워야 하고, 자주 나오는 싸이트 워드를 알아야 하고, 문자를 보자마자 읽어낼 수 있도록 자동화Automaticity 자동화가 되어야 합니다. 이 과정을 크게, 어휘를 인식하는 프로세스Word Recognition를 유창한 수준Fluency이 되도록 훈련하는 과정으로 요약할 수 있겠지요.

전문가가 어려운 말들로 늘어뜨려 놓았지만, '단어를 읽을 수 있도록 규칙을 가르쳐 주고, 그 문자를 보자마자 읽어 낼 수 있는 유창성 훈련을 반복적으로 해서 자동화 될 때까지 해야 한다.'라는 의미로 해석할 수 있습니다.

큰 소리 읽기를 할 때, 꼭 3번이상 반복 읽기를 해야 합니다. 그리고, 디코더블 리더스와 파닉스 학습서를 지난 시간에 배웠다고 넘어가면 안됩니다. 인간은 망각이라는 한계를 가지고 있다는 것을 상기하면서 꼭 복습하는 시간을 가져야 합니다. 지난 시간 배운 것도 누적해 가며 계속적으로 반복해야 합니다.

반복할 때는 최대한 선생님이 바로 읽어 주지 말고, 배웠던 규칙을 상기하게 하거나 규칙을 익힐 때 함께 배웠던 대표 단어를 상기시켜서 아이가 그 규칙을 새 단어에 적용하도록 도와주세요.

<u>흔히들 하는 실수가 이때 뜻을 알려주는 그림과 문자가 함께 나온 플래쉬 카드만 쓴다는 겁니다. 그렇게만 훈련한 경우, 그림 없이 문자만 만났을 때, 아이가 못 읽게 되는 경우가 상당합니다. 그림이 연상작용을 도와줘서 기억을 도와주는 장점이 있는데, 어느 시점에서는 그림의 도움 없이 문자만 보아도 읽을 줄 알아야 하니까요.</u>

인스타그램에 올라온 자녀의 단어 학습을 하는 영상을 볼 때가 있는데요. 종종 아이가 문자를 보지도 않고 읽고 있다는 느낌이 강한 영상들이 있습니다. 체화가 되어서 그렇다고 하기엔, 문자를 보지도 않고 읽는 것에 문제가 있었습니다. 이건 마치 피아노 연습을 할 때, 악보를 보면서 치는 연습을 해야 하는데, 멜

로디를 이미 외워버려서 그냥 치는 것과 같다고나 할까요?

문제는 다음 책에서 그 단어를 만났을 때, 소리로는 아는데 문자로는 못 읽어내는 일이 발생할 수 있다는 겁니다. 아이가 빨리 읽어내는 것은 칭찬할 일이지만, 아이의 진짜 실력 향상을 위해서, 책에서 나온 단어들을 문자만 꺼내서 만든 카드를 다른 곳에서 읽는 기회를 줘보세요. 아이가 보여주기식이 아닌 진짜 문자를 깨우칠 수 있도록 돕는 길입니다.

항상 전체 복습을 해주는 것이 학생들이 아는 것을 다시금 정리할 수 있는 기회를 선물하는 것이기에 매우 중요합니다.

특히 이제 점점 파닉스 규칙들을 마스터하고 난 후에는 똑같은 스펠링이지만 다르게 읽는 규칙을 적용해야 하는 것을 한 데 묶어 총괄적 연습을 시키는 것이 도움이 됩니다.

헷갈리는 것은 모아서 한 눈 포스터로 아이들이 싸이트워드 월Sight Word Wall처럼 만들어서 여러 차례 한 목소리로 연습하게 하는 것도 좋은 반복학습 방법입니다.

● 한 눈 차트 포스터 예시 ●
이중 모음 한 눈 차트

	a_e/ai/ay	ee/ea/ey	i_e/ie/igh/y	o_e/oa/ow/oe	u_e/ew
이중모음 (Double Vowels)	name	keen	kite	home	tube
	lake	need	nine	zone	cube
	vase	keep	die	poke	cute
	nail	feet	lie	oak	mute
	rain	leaf	high	boat	tune
	mail	meat	fight	window	new
	hay	key	cry	pillow	chew
	day	money	shy	toe	stew

* 네이버카페 영어독서코칭SOS에서 다운로드 가능

제가 아는 원장님은 각 파트별로 한 눈 차트를 만들어서 아이들이 그 파트가 끝날 때마다 한 눈 차트의 단어들을 얼마나 빨리 읽는지 시간을 기록하게 하는 훈련을 하십니다. 아이들은 의도하지 않아도 반복을 거듭할수록 읽어내는 시간이 짧아집니다. 체화는 꾸준히 반복하는 아이들이라면, 누구나 다 달성할 수 있습니다.

또한 파닉스 학습서를 구매하시면, 요즘은 파닉스와 관련된 다양한 게임과 앱 노래, 동영상 등을 무료로 제공하고 있으니 활용하여, 반복 훈련에 재미를 더해 보시길 바랍니다. 반복은 똑같이 하지만 마시고, 어느 정도 변화를 주면 아이들이 지루해하지 않고 재미있게 할 수 있습니다.

아이들에게는 파닉스 규칙을 배우고 적용하는 것은 참으로 어려운 일입니다. 매번 엄마, 선생님의 도움이 필요하다해도, 실망하지 마세요. 어차피 파닉스 규칙이 자동화된 후에는 단어의 의미와 소리로 뇌에 각인됩니다. 파닉스 때 배운 걸 잊었다 해도, 다른 영어 책에서 다시 만나게 되기 때문에, 또 복습할 기회가 있습니다. 제 개인적인 지도 경험과 생각으로 말씀 드리자면, 파닉스 규칙의 마스터 정도는 70~80프로 정도만 되어도, 지속적인 리딩 교육이 뒷받침된다면, 시간이 지날수록 점점 강화되면서 더 채워지게 될 것입니다.

⑥ 디코딩 전략으로 스스로 읽도록 도와주세요!
[파닉스 학습 시간 단축 꿀팁?!]

여기 나온 모든 팁들이 그렇지만, 특히 파닉스 학습 시간 단축 꿀팁은 저의 비법을 모두 다 드리는 거나 다름없다고 말할 수 있는 정도의 노하우네요. 단 한 번도 실패할 일이 없을 정도로 효과적이라고 자신할 정도라고 할까요? 게다가 조금만 배우시면, 누구나 어렵지 않게 지도할 수 있습니다.

1) 알파벳 이름 – 음가 – 대표 단어 노래로 반복

요즘은 유치원에서부터 영어를 배웁니다. 다들 ABC 송도 알고, 영어 동요도 배워서 부르는 걸 쉽사리 보지요. 그런데, 이제 읽기 독립 지도를 하려고 하면, 처음부터 시작해야 한다는 사실을 직면하게 됩니다. 다들 의아해하지요. '알파벳 다 배웠는데… 왜지?'

사실 그 이유는 매우 간단합니다. 아이들에게 알파벳 이름과 음가가 다르다는 간단한 디코딩 전략 스킬을 지도하지 않았기 때문입니다. 또한 지도했다 하더라도, 아이는 이해하지 못 했거나 둘 중 하나입니다. 지도 현장에 나가보면 글자 이름과 글자의 소리를 구분하지 못한 채로 있는 학생이 많다는 사실에 놀라게 되실 겁니다.

한글과 마찬가지로 영어 알파벳도 표음문자 – 소리를 표시하는 문자, 반대로 한자는 표의문자 즉 뜻을 표시하는 문자임 – 이기에 글자 이름과 소리가 비슷하고 연계가 되어 있긴 합니다. 'ㄱ'의 글자 이름은 '기역'이고 문자를 만나면 '그'라는 소리를 내는 것처럼 알파벳 'b'는 이름이 '비'이고 소리가 'ㅂ' – 실제 영어에서는 '으' 사운드가 없다. 한글의 단어 조합이 초성 중성 종성으로 조합되다 보니, 습관적으로 '으'를 붙이면서 늘어뜨리는 경향이 있는데 나쁜 발음 습관 중 하나이다. – 라고 나는데, 처음에 알파벳을 가르칠 때 글자들의 순서와 이름만 가르쳐주기 때문에 아이들은 글자들이 조합되어 단어가 만들어질 때 어떻게 읽어야 하는지 어리둥절합니다.

처음 알파벳 음가를 배울 때, 알파벳 이름과 알파벳 소리를 따로 구분 지어 알려주는 것이 기본처럼 들리지만, 안되어 있는 경우가 태반입니다. 사실 이 부분만 잘 되어 있어도, 파닉스의 50%는 마스터한 효과가 있고 파닉스를 마스터하기 훨씬 수월합니다. 게다가 나중에 한달 정도의 분량이 되는 이중 자음 블렌딩 st, br 등으로 시작하거나 끝나는 단어들을 읽는 연습을 거의 뛰어넘다시피 해도 될 정도로 시간이 단축되고 쉬워집니다. 역시 태권도로 치면 기본 품새를 잘 닦아 놓았기 때문이라고나 할까요?

저는 아이들에게 먼저, 강아지 사진을 보여줍니다. "이 동물의 이름은? 강아지죠. 그런데 이 친구들은 어떤 소리를 낼까요? "강아지! 강아지!" 소리를 낼까요?"하고 묻습니다.

그럼 아이들은 키득키득 웃으면서 "아니요!" "멍멍이요."라고 대답합니다.

"맞아요. 우리 알파벳 친구들도 마찬가지예요. 다들 이름이 있지만, 그 알파벳마다 소리가 달라요. 한번 눌러 볼까요? 자 이 글자의 이름은 뭘까요?"

"비(B)요!"

"맞았어요. 그럼 이 '비(Bb)'라는 친구가 어떤 소리를 내는지 한 번 눌러 볼까요?"

하고 한 학생에게 눌러보라고 합니다. 물론 플래쉬 카드에는 버튼이 없지만, 아이들은 눌러봅니다. 그럼 제가 "ㅂ"하고 소리를 냅니다. 아이들이 흠칫 놀라다가 키득키득 거립니다.

그리고나선 입 모양을 설명해 줍니다. 두 입술이 붙었다가 떨어지면서 소리가 난다고 보여주죠. 대표적인 단어도 함께 보여주며 읽는 모습을 보여줍니다. "비 − ㅂ − 보올"ball 이렇게 설명해 준 다음, 노래를 가르쳐줍니다.

● 알파벳 이름-음가-대표 단어 리스트 예시 ●

알파벳 이름		소리 값(음가)	대표적 단어
A	a	애	apple
B	b	ㅂ	ball
C	c	ㅋ	cat
D	d	ㄷ	dog
E	e	에	elephant
F	f	ㅍ(f)	fish

알파벳 송 멜로디에 '에이-애-애플'하면서 알파벳 이름-음가-대표 단어 순서로 쭉 부르는 것을 매 수업 시작할 때 2~3회 부르면서, 아이들이 스트레스 없이 반복하게 합니다. 그리고 단어 읽기가 나올 때마다 아이들에게 물어봅니다.

예를 들어, dig라는 단어가 나왔다고 하면, "얘들아, 이 단어 함께 읽어 볼까? 먼저 d가 보이네, 이 친구는 어떤 소리 값(음가)을 가지고 있지? 그 다음 i는 어떤 소리가 나? 그 다음 g는?" 바로 'ㄷ-이-ㄱ'라는 답이 나오지 않는다면, 답을 말해 주는 대신에 알파벳 음가 송을 함께 부르면서 찾지요. 너무 기니까 그 부분만 찾아서. 그러면 아이들이 연결해서 블랜딩합니다.

음가 송 하나만으로 1~2개월 동안 굉장히 쉽고 여유롭게 진도를 나갈 수 있습니다. 특히, 늦게 영어를 시작하는 고학년들은 학습 능력이 뛰어나 음가송 하나로 2개월 걸릴 책을 2~3주 만에도 뗄 수 있습니다.

2) 단모음 장모음 허리 잡기

알파벳 음가를 알기 시작해서 이제 단어를 척척 읽어낼 줄 알았는데, 큰 산이 기다리고 있습니다. 한글은 각 글자마다 딱 한 소리만 갖고 있는데, 영어는 경우에 따라 여러 가지 소리를 가지고 있는 모음들이 기다리고 있는 거죠. 한국어가 모국어이고 한글을 먼저 접한 아이들은 참으로 당혹스러울 수 밖에 없습니다. 그래서 아이들에게 이 사실을 일러 주어야 합니다. 한글과는 다르게 영어의 글자들은 때에 따라서 소리가 다르다고. 또한 모음이라는 개념을 설명해 주어야 합니다.

모음이라는 어려운 개념을 굳이 설명해 줄 필요가 있냐고요? 완벽한 이해까지는 아니더라도 아이들의 눈높이에서 단어를 만드는 데 있어서 모음이 자음들을 연결해주는 글자들이라는 정도와 짧게 발음할 때와 길게 발음할 때 소리가 다르다는 정도의 이해도를 갖게 해주는 것이 좋습니다.

모음이 소리로 따지면 많지만, 아이들이 최소한의 중심을 잡고 적용할 수 있도록 저는 모음 5총사로 소개합니다. 아이들의 눈높이에 맞춰서 모음을 설명해주는 제 나름의 특급 비법을 소개하겠습니다.

"친구들, 선생님이 무슨 말 하는지 들어봐. 'ㅂ.ㄱ.ㅍ' '배고파!'하고 말하고 있었는데, 어떤 글자들이 빠졌지? '애, 오, 아' 이런 입이 부딪히지 않는 '아, 에, 이, 오, 우' 글자들을 모음이라고 해. 이 글자들은 끈적끈적해서 다른 글자들을 붙여 단어를 만들게 해주는 고마운 글자들이야." – 나중에 CVC 즉 Consonant-Vowel-Consonant 자음-모음-자음 순서의 단어들을 보여준다. 예 cat-

이때 도움이 되는 애니메이션은 Leap Frog립 프로그, 뛰는 개구리의 Letter Factory레터 팩토리, 글자 공장를 추천합니다. 여기서도 대표 모음 5개로 가르쳐 주고, CVC자음-모음-자음조합으로 단어를 만드는 장면을 보여줍니다.

그리고 얼굴 모양 – 눈 모양 a e 코 i 큰 얼굴 o 입 u – 을 그리면서 5개 알파벳 모음 글자를 기억하게 해주고, 소리 값을 노래로 알려줍니다. 제가 EFL 학생들을 위해 만든 노래를 추천합니다. 유튜브 영상으로도 만나볼 수 있으니 bookfairylucy의 모음 5총사 송을 검색해 보세요.

● 파닉스 모음 5총사 송 ●

모음 5총사	짧게 발음	길게 발음 (알파벳 이름으로)
a e i u	애	에이
	에	이이
	이	아이
	아	오우
	어	유우

- 모음 5총사 a, e, i, o, u
- 짧게 발음하면 애, 에, 이, 아, 어
- 길게 발음하면 알파벳 이름으로
- 에이, 이이, 아이, 오우, 유우 *2

아이들이 짧은 모음 발음을 기억할 수 있도록 가사를 소개할 때 설명을 덧붙이면 더욱 좋습니다.

- A는 애플할 때 '애' 발음 기억나죠?
- E는 엘리펀트할 때, '에'이고요.
- I는 손가락 모양이고 우리 한글 '이'랑 똑같이 생겼지요.
- O는 hop합, 한 발로 깡총뛰다처럼 '오'나 '아' 발음이 나고
- U는 엄브랠러할 때 '어' 발음이죠.

이렇게 원래 알파벳 이름과 음가를 함께 했던 것을 떠오르게 하는 겁니다. 그리고 길게 발음할 때는 꼭 알파벳 이름을 그대로 길게 발음하면 된다고 알려줍니다. 왜 제가 처음에 알파벳 이름-음가-대표 단어 송으로 배워두면 좋다고 했는지 아시겠죠? 이랬다저랬다 하는 모음 소리 잡아 줄 때, 다른 친구들은 10가지 이상의 경우의 수로 인지하여 외워야 하지만, 이 두 개의 노래를 배운 친구들에게 모음은 딱 2가지 경우로 기억해 버리는 것입니다. '알파벳 이름 그대로? 혹은 처음 배웠던 음가로?' 머리 속에 이렇게 정리되어 있는 친구가 더 빨리 터득할 수 밖에 없겠죠?

● 디코딩 전략송을 배웠을 때와 그렇지 않았을 때의 머리 속 프로세싱의 속도 차이 ●

디코딩 전략송을 배우지 않은 아이	디코딩 전략송을 배운 아이
모음을 만날 때	모음을 만날 때
a의 경우의 수: 애, 에이, 아 e의 경우의 수: 이, 에, 이이 i의 경우의 수: 이, 아이 o의 경우의 수: 아, 오우 u의 경우의 수: 어, 유우	a 애, e 에, i 이, o 아, u 어, 아니면 알파벳 이름으로 길게 그리고 기타

이게 별것 아닌 것 같지만, 아이들에게는 글을 읽을 때 자신이 소리를 내는 디코딩의 핵심 지식을 갖게 되고 그것을 꺼내어 적용해 보게 되므로 굉장히 중요합니다. 네이티브들도 이러한 디코딩 핵심 지식을 학생들에게 가르쳐주고 있습니다. 뇌가 보자마자 인식하는 자동화가 될 때까지 이런 과정을 거치며 서서히 훈련하게 되는 것이죠.

길게 발음할 때, 알파벳 이름으로 읽게 되는 장모음을 배울 때, 아이들에게 CVCe Consonant – Vowel – Consonant – silent e 자음 - 모음 - 자음 - 묵음e를 비교하여 보여줍니다. 제일 끝에 오는 e는 '싸일런트 e Silent e, 소리 없는 e -' 또는 '매직 e' - Magic e, 마술사 e라는 별명으로도 불리는데, 자신은 소리가 안나는 대신 앞에 앞에 모음을 알파벳 이름으로 긴 소리를 만들어 준다는 설명을 곁들여 주세요.

● 장모음 읽기 Tip, "마술사 e" ●

단(짧은) 모음		장(긴) 모음	
cap	캡	cape	케이 ㅍ
pet	펱	Pete	피이 ㅌ
Tim	팀	time	타임
hop	합	hope	호우 ㅍ
tub	텁	tube	튜우브

저는 마법사 e 순가락을 코팅해서 게임 보드와 함께 만들어서 아이들에게 나눠주고 끝에 'e'가 없을 때와 있을 때의 소리를 내보는 게임을 함께 합니다. 아이들은 이 간단하고도 재미있는 게임을 하면서 단어를 볼 때, 규칙을 살펴보는 습관을 갖게 되고, 그 규칙을 빠르게 소리내는 연습을 거듭할수록 좀 더 빠르게 훈련하게 됩니다.

이렇게 모음의 짧은 소리와 긴 소리만 잡아주어도, 파닉스 스킬이 매우 탄탄해지고, 이제 아이가 한글을 떼기 시작해서 길을 가다가 가게의 간판을 읽어보는데 재미 붙이는 것처럼, 보이는 단어들을 읽기 시작할 겁니다. 자신감이 생기기 시작하거든요. 단어를 만나도 이제 무서워지지 않을 기본기가 생기는 거죠. 모음은 꼭 이렇게 단단하게 허리를 잡아주는 것이 매우 중요합니다.

3) 이중모음 대장 소리 잡기

산 너머 산이라 하더니. 겨우 단모음과 장모음을 구분하는 복잡한 구조의 단어를 읽는 법을 익혔는데 또 하나의 커다란 산인 이중모음 단어들이 아이들을 기다리고 있습니다. 모음 두개가 만나 소리를 내는 거죠. 요즘 말로 아이들은 또 다른 모음 규칙에 동공 지진이 일어납니다. 이때 아이들의 머리 속에 간단히 적용할 디코딩 전략을 알려주면 시원하게 해결됩니다.

원어민들은 이중 모음 소리 전략을 더블 바울 팀Double Vowel Team이라는 별칭으로 가르치고 있습니다. 두 개의 모음 그룹이 오면 뒤에 오는 글자는 소리가 없고 앞에 오는 글자만 소리를 낸다는 디코딩 전략인 것이죠. 물론 예외가 있습니다. 예외의 단어는 규칙으로 묶기보다 그런 단어들은 따로 의미와 스펠링 중심으로 외워야 합니다. 그래도 이 규칙 하나만으로 60~70% 이중모음 단어를 읽어 낼 수 있으니, 우선하여 적용하는 규칙으로 배워두면, 자신감이 상승합니다.

이 전략에 기반하여 EFL 학생들을 위해 제가 만든 노래가 있습니다. 유튜브 동영상을 참조하시면 매우 도움이 될 것입니다.

● 이중모음 디코딩 전략송 ●

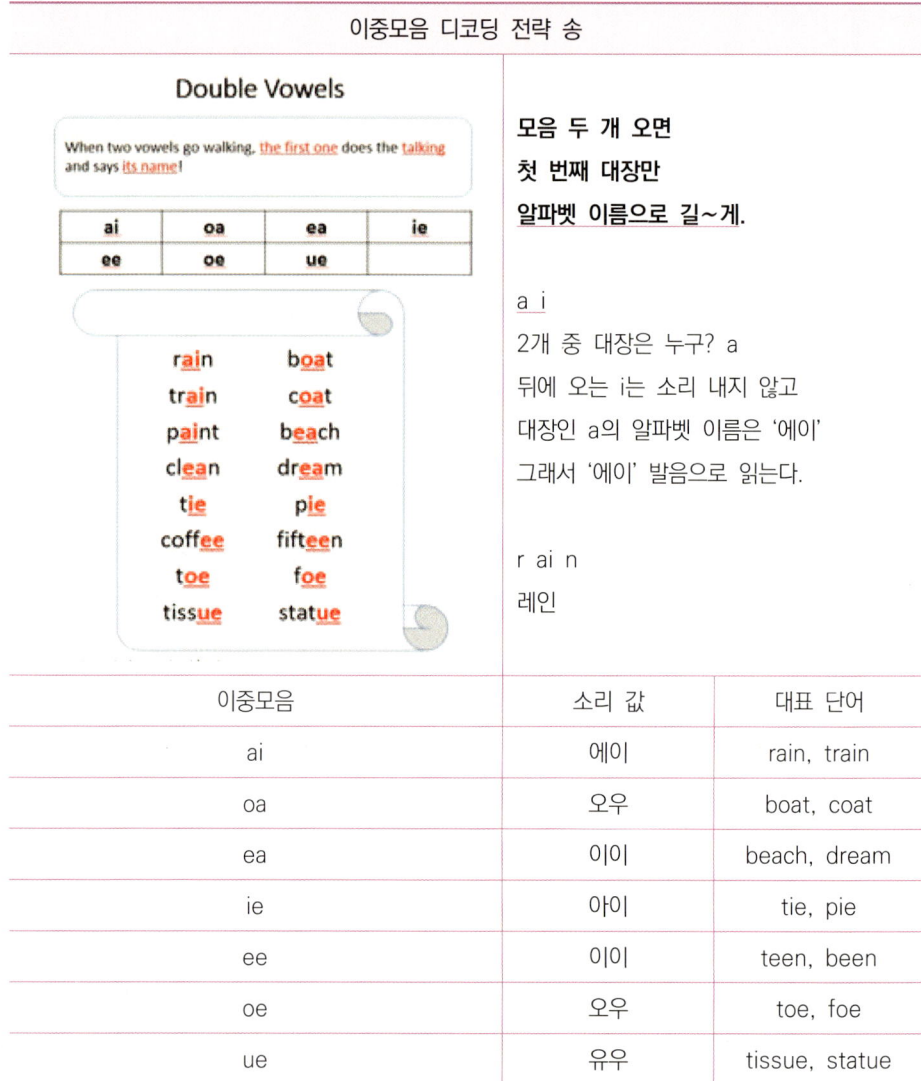

이중모음	소리 값	대표 단어
ai	에이	rain, train
oa	오우	boat, coat
ea	이이	beach, dream
ie	아이	tie, pie
ee	이이	teen, been
oe	오우	toe, foe
ue	유우	tissue, statue

저는 수업시간에 이렇게 설명합니다.

"친구들 우리 모음 5총사 기억나지요? 얼굴 모양 다 같이 공중에 써볼까요? 잘했어요. 짧게 발음 할 땐?! 어떤 발음이 났었죠? 맞아요. 길게 발음할 땐?! 네, 알파벳 이름으로 길게 발음이 났었죠?"

이렇게 모음 개념과 장모음과 단모음을 복습하고, 새로 배우는 개념 전에 다시 이전 개념들을 단단히 하는 복습 과정을 거칩니다.

"앗! 그런데, 오늘 배울 이 글자들을 보세요. 모음들이 두 개씩 팀을 이루고 있네요. 이럴 땐 대체 어떻게 읽어야 할까? 노래로 알려 줄게요. 잘 들어 보세요.

모음 2개 오면 첫 번째 대장만 알파벳 이름으로 길~게!

네. 여러분 모음 두 개 중에 뒤에 오는 아이는 소리를 내지 않고, 앞에 오는 대장만 알파벳 이름으로 길~게 소리가 나요. 같이 해볼까요. 여기 ai 중에 누가 대장일까요? 첫 번째 오는 친구 a가 대장이니까 뒤에 오는 i는 소리 내지 말고, a만 어떻게요? 맞아요. 알파벳 이름으로 길게. 이 친구의 알파벳 이름은 '에이'이니까 '에이'라고 읽으면 돼요. 그럼 ai가 들어간 단어들을 함께 읽어 봐요. 'r. ai. n' 'ㄹ에인' '레인' 아주 잘했어요!"

이중 모음 송을 배우고 나서 이중 모음 단어를 만날 때마다 적용하는 모습을 선생님이 모델로 보여주고, 아이들을 훈련시키면, 아이들은 파닉스 스킬에 대한 자신감을 얻게 됩니다. 앞에서처럼, 이 디코딩 전략을 배운 아이와 배우지 않은 아이의 문자 해독 프로세싱 속도를 다시 한 번 생각해 보세요.

디코딩 전략을 배우지 않은 아이는 또 수많은 경우의 수를 머리 속에 욱여넣어야 하지만, 배운 아이는 두 가지 경우의 수 중에 하나로 정리하게 됩니다. '음가송에서 배운 대로 적용하기' 아니면, '알파벳 이름으로 길게 발음하기'. 그러니 효과적일 수밖에 없겠죠?

● 디코딩 전략을 체계적으로 정리한 아이의 모음 소리 처리 프로세싱 효율성 비교 ●

디코딩 전략송을 배우지 않은 아이	디코딩 전략송을 배운 아이
모음을 만날 때 a의 경우의 수: 애, 에이, 아 e의 경우의 수: 이, 에, 이이 i의 경우의 수: 이, 아이 o의 경우의 수: 아, 오우 u의 경우의 수: 어, 유우 이중모음 ai, ay: 에이 ea, ee: 이이 ie : 아이 oa, oe: 오우 ue: 유우 등등	모음을 만날 때 1) a 애, e 에, i 이, o 아, u 어, 2) 알파벳 이름으로 길게 　• 뒤에 마술사 e가 올 때 앞앞 모음 　• 모음 2개가 올 때 첫 번째 대장만 3) 그리고 기타

　왜 이렇게 디코딩 전략이라는 어려운 말을 써가며, 이런 걸 만들었는지 혹시 살짝 감이 오시나요? 파닉스 커리큘럼을 쫙 펼쳐보면, 갈 길이 너무 멀어 보입니다. 이제 막 영어를 시작하는 아이들에게 굉장한 혼란을 가중시키는 것 같아서 가르치는 사람도 배우는 사람도 힘이 듭니다. 배우자마자 잊어버리는 것은 물론 정작 배운 규칙을 적용하여 글을 읽어내지를 못하기 때문이죠.

　하지만, 파닉스를 가르칠 때, 모음이라는 허리를 꽉 잡아 놓으면 훨씬 쉬워집니다. 왜일까요? 바로 단어를 읽어내는 것과 문장을 읽어 내는 것이 목표라는 것에 초점을 맞췄기 때문입니다. 단어는 CVC 또는 CVCe(자음＋모음＋자음) 같은 조합의 원리로 이뤄집니다. 영어에서의 자음은 다행히도 몇 개를 빼면 각 글자들이 한 가지 정도의 소리를 갖고 있지요.

　반대로 모음의 경우는 경우의 수가 너무 많지만, 정말 중요하게도 단어를 읽어 내기 위해 어떤 소리일지 판단해 내야 합니다. 원어민 학생들에게 판단의 데이터가 모국어로서 그동안 3년 이상 들은 소리로 뇌에 쌓여 있지만, 우리 EFL 학생들은 그렇지가 않습니다. 때문에 파닉스를 가르친다고 1년이란 긴 시간 동안 수많은 데이터를 한꺼번에 쏟아내는 대신, 아이들의 판단 프로세스를 도울 수 있도록 데이터를 정리하여 가르쳐 주는 것이 영어라는 글을 깨치는데 더 효율적일 수 밖에 없습니다.

이렇게 아이의 입장을 고려해서 아는 파닉스 규칙을 적용할 수 있도록 제대로 디코딩 훈련을 한다면, 거의 대부분의 아이들을 영어 원서를 읽을 수 있게 지도가 가능합니다. 사실, 거의 영업(?)기밀이다시피 한 이러한 노하우를 나누는 것도 우리나라 학생들이 모두들 영어 원서를 잘 읽을 수 있도록 도와주고 싶기 때문입니다.

⑦ 읽기 피로감이 쌓이지 않게 동화책을 꼭 함께 섞어 읽어주기

읽기 독립 훈련이 시작되면 아이들이 문자에 대해 쉽게 피로감을 느낍니다. 뇌가 풀 가동 되느라 얼마나 힘들지요. 게다가 디코더블 리더스는 파닉스 규칙 학습에 초점 맞춰 설계된 책이라 스토리가 풍성하지 못하고 밋밋하거나 단순하다는 단점이 있습니다. 자칫 잘못하면 아이가 책 읽기는 재미없다고 생각해버리고 질려 버릴 수가 있기 때문에 매우 주의해야 합니다.

아이가 읽기 훈련을 시작했다고 해서, 아이보고 읽으라고 더 이상 부모가 읽어주지 않는 것도 그래서 위험합니다. 아이의 귀로 듣는 언어 스킬은 눈으로 읽는 디코딩 스킬보다 훨씬 레벨이 높은, 불균형적인 상황이라는 사실을 기억하세요. 귀와 뇌는 지금 만족스럽지 못한 상황인 거죠. 어서 재미있는 이야기를 뇌와 귀에 들려주어, 이해력을 높이는데 능력을 가동하고 싶을 것입니다.

따라서 디코더블 리더스를 읽고 있다면, 꼭 재미있는 동화책을 섞어서 구매하여 부모님이 읽어주시는 것이 좋습니다. 문자들이 조합되어 생생하게 그려지는 이야기를 들어가며 상상의 나래를 펴도록 부모님은 계속 재미있는 동화책을 읽어 주어야 합니다. 아이는 영어적 어순과 문장 단어에 노출되어 좋고, 또 편히 이야기를 즐기는 동안 슬쩍슬쩍 읽을 줄 아는 단어를 보고 반가워하는 여유를 보이기도 할 것입니다. 어쩌다 아는 단어가 있다며, 반가워할 때에는 아이가 그 단어를 읽을 기회를 주고 칭찬을 아낌없이 해주세요. 아이는 신나서 고래가 춤추듯 더욱 열심히 읽을 것이며, 영어에 대한 성취감과 자신감을 느낄 것입니다.

8 마더구스(Mother Goose), 너서리 라임(Nursery Rhyme) 활용

우리나라에도 영유아 시절에 배웠던 전래 동요가 있듯, 영미권에서도 리드미컬한 음율이 섞여있는 전래 동요가 있습니다. 너서리 롸임Nursery Rhyme 또는 마더구스Mother Goose라고 하지요.

노래만큼 재미와 학습을 동시에 잡아주는 것이 없습니다. 저 역시 첫 영어 선생님께 어릴 때 배운 영어 노래를 아직도 기억합니다. 우리의 뇌리 속에 박힌 이 후크Hook한 멜로디. 아이들 뇌리에도 똑같이 작동하게 되니 이 얼마나 좋은지요!

유명한 너서리 롸임들의 가사를 자세히 보면, 영어 단어의 비슷한 소리가 나는 단어들로 리듬이 생기게 만들어진 가사를 발견할 수 있습니다. 즉 파닉스를 배우는 아이들을 타겟으로 매우 유용함을 알 수 있습니다.

● Rain, Rain, Go Away! ●

Rain, Rain, Go away!	비야, 비야, 저리가!
Rain Rain Go away	비야, 비야, 저리가!
Come again another day	다른 날에 오렴.
Little children want to play	어린이들이 놀고 싶어 하잖아.
Rain Rain Go away	비야, 비야, 저리가!

위의 노래는 Rain, Rain, Go Away입니다. 'ai'와 'ay'는 '에이'라는 소리가 납니다. 가사를 보면, rain레인, away어웨이, day데이, play플레이 처럼 '에이' 소리가 들어간 단어들로 이뤄져 있습니다.

● Row Row Row your boat ●

Row Row Row your boat	저어, 저어, 배를 저어
Row Row Row your boat	저어, 저어, 배를 저어
Gently down the stream	강가 아래로 부드럽게
Merrily Merrily Merrily Merrily	기쁘게 기쁘게 기쁘게 기쁘게
Life is but a dream	삶은 그러나 꿈 일 뿐.

그 다음은 Row, Row Row your boat라는 노래 입니다. 'ow'와 'oa'는 긴 '오우' 발음이 나고 row로우, boat보우트 같은 소리의 단어를 썼고, 'ea'는 긴 '이이' 발음이 나는 stream스트리임, dream드리임 같은 단어를 썼습니다.

아이가 이런 파닉스 규칙을 배우는 중이라면, 가사를 함께 보면서 노래 연습을 하면 좋겠지요?

파닉스 규칙의 단어들의 소리뿐 아니라 의미까지 익히는데 노래만큼 좋은 게 없습니다. 리듬과 멜로디는 몸과 기억에 각인되는 효과가 있지요. 기록이 힘들었던 옛날, 그 긴 이야기를 노래로 엮어 전래되는 동화나 동요들은 어느 나라에서나 있어 왔던 것이 그 증거입니다.

마더구스 노래가 어떤 것은 현대와 맞지 않다는 지적도 있는데(가사가 매우 잔인한 내용이 꽤 있어요.), 요즘은 옷을 입다Put on처럼 유튜브로 다양한 현대적 동요 콘텐츠들이 많기 때문에 그런 것들을 적극 활용하는 것도 좋습니다.

예를 들어, 다음의 비디오를 한 번 검색해서 보세요. 옷을 입다. put on이라는 표현을 여러 차례 반복되는 코믹한 상황과 단순하고 재미있는 멜로디와 함께 학습

● 슈퍼 심플송 가사 예시 ●

Super Simple Song	Put on Your Shoes가사 Put on your shoes, your shoes, your shoes. Put on your shoes, your shoes, your shoes. Put on your shoes. Let's go outside. Hurry up. Hurry up. Hurry hurry up! Put on your jacket, your jacket, your jacket. Put on your jacket, your jacket, your jacket. Put on your jacket. Let's go outside. Hurry up. Hurry up. Hurry hurry up! Put on your scarf, your scarf, your scarf. Put on your scarf, your scarf, your scarf. Put on your scarf. Let's go outside. Hurry up. Hurry up. Hurry hurry up! Put on your hat, your hat, your hat. Put on your hat, your hat, your hat. Put on your hat. Let's go outside. Hurry up. Hurry up. Hurry hurry up! Put on your shoes. Your jacket. Your scarf. And your hat. Hurry up. Hurry up. Hurry hurry up!
	Put on your shoes. *4 Let's go outside! Hurry up *4

효과를 극대화하고 있습니다. 아이들이 몇 번만 들어도 금세 따라합니다.

슈퍼 심플송의 경우는 외국에 있는 국제학교의 유치원에서도 수업 시간에 사용할 정도로 콘텐츠의 내용이 교육적이면서도 아이들의 눈높이에 매우 잘 맞춰져 있어서 강력히 추천합니다.

9 알파벳 순서 쓰기 헷갈리는 아이

분명 다 배웠는데, 시간이 조금 지나 다시 알파벳을 순서대로 쓰라고 하면 틀린 글자들이 보입니다. '알파벳 순서를 모르다니, 다시 해야 한단 말인가?!' 좌절하실 수 있습니다.

그런데, 그렇게 실망하실 필요 없습니다. 정말 자연스러운 거예요. 문자를 26개씩이나 익숙하지도 않은 글자들을 다 외우기 힘들죠. 외웠다 한들 강력한 뇌의 망각 능력에 의해 장기 기억으로 못 넘어간 알파벳들이 있을 수 있어요.

1) 매일 꾸준히 알파벳 5분 쓰기 루틴

팁을 드리자면, 엄마와 정한 공부 시간이 시작될 때 항상 5분~10분은 알파벳 순서대로 끝까지 써 보기를 2~3번 한 달 정도를 한 번 해보세요. 처음에는 순서대로 따라서 써 보기를 합니다. 그리고 두 번째는 안 보고 스스로 써 보기를 합니다. 그리고 틀리거나 헷갈린 알파벳만 다시 3번정도 써 보는 거죠. 아이들은 지속적으로 틀리는 알파벳의 경우, 다시 여러 번 쓰기 귀찮아서 주의 깊게 신경 써서 쓰기 시작합니다. 스스로 자극을 받아서, 기억하게 됩니다.

네이버 카페 영어독서코칭SOS에 가시면, 리딩 레디니스 패킷Reading Readiness Packet에서 알파벳 쓰기 보드를 다운 받으실 수 있습니다. 만약 코팅을 할 수 있다면, 코팅해서 지울 수 있는 수성 보드 마커로 쓰고 지우며 연습하게 하시고, 연습이 끝나면 뒤집어서 빈 공간에 안 보고 알파벳 순서 쓰기를 시켜보세요. 틀린 것을 노트에 여러 번 쓰게 해보세요. 매일매일 알파벳 26개 중에 몇 개를 헷갈리지 않았는지 기록 차트에다 한 달 동안 기록해보세요. 아이가 이제 더 이상 헷갈리지 않을 때 상장도 주시고요. 스트레스 받지 않고, 실망하지도 않고, 아이도 엄마도 즐겁게 마스터할 수 있습니다.

● 스트레스 없이 알파벳 쓰기 루틴 해보기 ●

알파벳 순서 따라 쓰기	안 보고 써보기	틀린 것 여러 번 쓰기	기록차트
획의 순서대로 쓰게 도와주세요. M과 N의 경우 소문자 쓰는 순서와 같게 써도 되고 위의 보드 안내된 대로 써도 됩니다.	알파벳 쓰기 노트를 쓸 경우, 각 가이드 라인 줄이 넓은 걸 사주세요. 중학생 이상이 쓰는 노트는 가이드 라인의 줄이 좁아서, 아직 손 근육이 발달하지 않은 아이들은 쓰기를 힘들어 해요.	헷갈린 것도 써보게 해주세요. 순서가 헷갈렸다면, 알파벳 노래를 다시 부르면서 순서 외우는 것부터 점검해주세요. 틀린 건 최소 2~3번 써보게 해주세요. 날짜를 적어서, 나날이 틀리는 갯수가 줄어드는 것을 아이가 확인하게 해주세요. 성취감을 느껴요.	26개의 알파벳 중 제대로 쓴 알파벳의 수만큼 아이가 좋아하는 색으로 칠하거나, 스티커를 붙여 막대 그래프로 아이의 성취를 눈에 보이게 도와주세요.

2) b와 d를 구분하지 못하는 아이 돕는 꿀팁

알파벳 순서를 다 아는데도 불구하고 b와 d를 쓸 때 자꾸 틀리고, 단어를 읽을 때도, b를 d소리로 낸다구요? 여러 번 교정을 시도했음에도 불구하고 또 그런다구요? 일단 걱정하지 않으셔도 돼요. 많은 아이들이 영어를 배운지 1년이 넘었음에도 b와 d를 헷갈려 한답니다.

고쳐주기 위해서 아이들에게 또 구분 전략을 소개해 주세요.

b는 배가 볼록하고
d는 등이 둥글하다

b는 'ㅂ' 소리가 나고 우리나라 단어 '배 볼록'이랑 비슷하게 생겼지요.

한글에 알파벳 b를 겹쳐서 그려주고, d도 등이라는 글자에 겹쳐서 그려보게 해주세요.

그리고 b와 d를 쓴 카드를 여러 개 놓고 매칭하는 게임을 하게 해주세요. 아이는 점차 b와 d를 의도적으로 구분하는 프로세스를 점점 훈련해서 헷갈림이 없어질 것입니다.

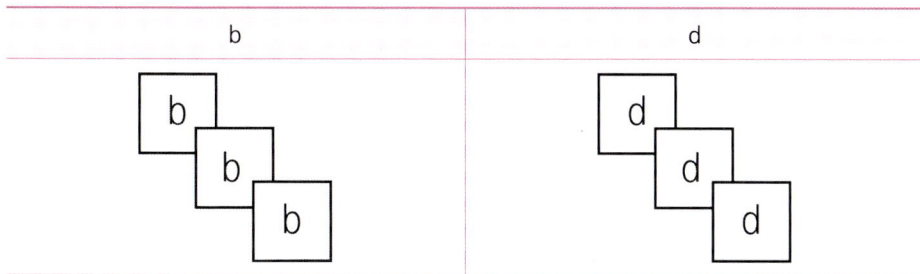

CHAPTER 7

싸이트 워드(Sight Words) 지도 팁

    단어를 읽는다는 실질적이고 궁극적인 목표를 상기하며, 모음 허리를 잡는 디코딩 전략을 가르쳐 주었다면, 그보다 더 궁극적인 목표를 생각할 차례입니다. 실제 글 읽기가 진행되려면, 문장을 읽어내야 한다는 사실이지요.

    다시 아이들의 입장이 되어 봅니다. 원어민 아이들이 읽는 리더스 1레벨의 책이 눈앞에 보입니다. 문장을 읽으려니, 파닉스 규칙을 배울 때 알게 되었던 단어들이 보여서 무척 반갑겠네요. 그런데, 모르는 낯선 단어들이 자주 눈에 보입니다. 게다가 단어들이 파닉스 규칙을 배울 때는 한 번에 한 개씩 밖에 안 나왔었는데, 어라. 단어들이 여러 개 줄지어 서있네요. 또 다시 동공 지진이 일어 날 것 같습니다.

    이 말을 리딩 전문가들의 용어로 풀어 보자면, 소통을 위한 최소한의 단위인 문장을 읽어내기 위해 필요한 훈련 요소는 문장을 이룰 때 자주 나오는 우선 순위 영단어인 Sight Words싸이트 워드와 문장이 만들어지는 어순을 포함한 문장 구조인 문법Grammar 지식으로 확장되어 나아가야 한다는 거죠.

● Literacy Framework for Reading ●

Motivation								
Decoding/ Encoding				Comprehension				
Word Recognition				Fluency	Academic Language		Comprehension Strategies	
concepts of Prints	Phonemic Awareness	Phonics	Sight Words	Automaticity	Background Knowledge	Vocabulary	syntax & Text structure	Comprehension monitoring	(Re)Organizing Text

출처: John Shefelbine 의 Literacy Framework

싸이트 워드 지도는 그래서 중요합니다. 아이들이 문장을 읽어 내기를 위해 나아갈 때 부딪히게 될 또 하나의 장벽인 셈이니, 가르쳐 주지 않는다면, 읽기 독립 훈련 교재인 리더스로 넘어가기 힘들게 되지요.

1 싸이트 워드란?

Sight words싸이트 워드 또는 High Frequency words하이 프리퀀시 워드란, 한국말로 번역하자면, 사용 빈도가 높은 어휘입니다. 글을 읽을 때, 단어들이 모여 문장을 이루는데, 이때 문장에서 자주 보이는 우선순위 영단어입니다. 한 마디로 문장에 자주 나오는 단어가 싸이트 워드입니다.

거의 대부분의 싸이트 워드가 파닉스 규칙을 따르지 않는 예외적인 단어가 많습니다. 예를 들어, the, a, he, my 같은 어휘입니다. 때문에, 술술 유창하게 읽기를 위해서는 싸이트 워드를 보자마자 읽어 내고 이해하는 자동성, 즉 체화가 되어 있어야 합니다. 보자마자 '한 눈에!'라는 말 자체가 At sight! 또는 On sight 이라는 것만 봐도, 싸이트 워드 지도의 핵심은 바로 보자마자 자동으로 읽고 의미 이해를 시키는 데 있다는 것을 알 수 있습니다.

● **Phonics Decodable Words(파닉스 규칙의 어휘들) vs Sight Words(고빈도 어휘)** ●

Phonics Decodable Words	Sight Words
hat	a
paint	and
book	look
mat	make
met	me
ship	go
see	see

② 미국 유치원, 초등학교 싸이트 워드 지도 엿보기

1) Sight Word Wall(싸이트 워드 월)

영미권에서는 유치원, 초등학교 특히 저학년 학생들에게 읽기 지도를 위해 단어를 소개하고 익히는 시간을 갖기도 합니다. 매일 오늘의 요일과 날씨를 말하는 연습을 하는 루틴Routine처럼, 오늘의 싸이트 워드를 소개하고 함께 읽어보고 익히는 것입니다.

그래서 한쪽 칠판이나 게시판에 "Sight Word Wall"싸이트 워드 벽 등을 학생들이 잘 볼 수 있도록 만들어 놓습니다. 주로 그림보다는 어휘를 익힐 수 있도록 그림 없이 문자로만 된 플래쉬카드로 한 단어씩 붙여놓고, 그 전에 배웠던 단어까지 한꺼번에 붙여 두어, 매일 복습하면서 새로운 단어를 추가하기도 합니다.

2) Dolch Sight Words

아마 가장 많이 들어본 싸이트워드 리스트는 Dolch Word List일 것입니다. Edward William Dolch가 1936년에 미국 유치원부터 초등학교 3학년 읽기 교재에서 가장 자주 쓰이는 50~75%의 단어 중 220개의 어휘를 추출하여 리스트화한 것이죠.

220단어 중에 명사는 거의 들어가 있지 않는데, Dolch는 그것은 테마와 연결하여 배워갈 수 있는 것이기 때문에 220개의 싸이트 워드에서 제외했다고 합니다. 즉, 나의 몸My Body라는 테마에서 leg [레그] (다리), ear [이어] (귀) 등을 배울 것이므로 뺐다는 것입니다. 대신 95개의 고빈도 명사 리스트를 따로 만들어서 학습하도록 추가했습니다.

리스트를 보면, 문장을 말할 때, 빠질 수 없는 우선순위 어휘들이라는 것을 금방 알 수 있습니다

● Dolch Sight Words: 220 Words ●

Pre-K	Kinder	G1	G2	G3
the	he	of	would	if
to	was	his	very	long
and	that	had	your	about
a	she	him	its	got
I	on	her	around	six
you	they	some	don't	never
it	but	as	right	seven
in	at	then	green	eight
said	with	could	their	today
for	all	when	call	myself
up	there	were	sleep	much
look	out	them	five	keep

Pre-K	Kinder	G1	G2	G3
is	be	ask	wash	try
go	have	an	or	start
we	am	over	before	ten
little	do	just	been	bring
down	did	from	off	drink
can	what	any	cold	only
see	so	how	tell	better
not	get	know	work	hold
one	like	put	first	warm
my	this	take	does	full
me	will	every	goes	done
big	yes	old	write	light
come	went	by	always	pick
blue	are	after	made	hurt
red	now	think	gave	cut
where	no	let	us	kind
jump	came	going	buy	fall
away	ride	walk	those	carry
here	into	again	use	small
help	good	may	fast	own
make	want	stop	pull	show
yellow	too	fly	both	hot
two	pretty	round	sit	far
play	four	give	which	draw
run	saw	once	read	clean
find	well	open	why	grow
three	ran	has	found	together
funny	brown	live	because	shall
	eat	thank	best	laugh
	who		upon	
	new		these	
	must		sing	

Pre-K	Kinder	G1	G2	G3
	black		wish	
	white		many	
	soon			
	our			
	ate			
	say			
	under			
	please			

● **Dolch Sight Words: 95 Nouns** ●

apple	day	home	school
baby	dog	horse	seed
back	doll	house	sheep
ball	door	kitty	shoe
bear	duck	leg	sister
bed	egg	letter	snow
bell	eye	man	song
bird	farm	milk	squirrel
birthday	farmer	money	stick
boat	father	morning	street
box	feet	mother	sun
boy	fire	name	table
bread	fish	nest	thing
brother	floor	night	time
cake	flower	paper	top
car	game	party	toy
cat	garden	picture	tree
chair	girl	pig	watch
chicken	good-bye	rabbit	water
children	grass	rain	way

Christmas	ground	ring	wind
coat	hand	robin	window
corn	head	Santa Class	wood
cow	hill		

3) Fry Sight Words

우리나라에서는 싸이트 워드 하면, Dolch Sight Words가 유명하지만, 유명한 싸이트 워드 리스트가 하나 더 있습니다. 바로 Edward Fry가 1957년에 만들고 1980년에 업데이트한 1000개의 싸이트 워드 리스트입니다. Dolch Sight Words는 220개의 단어에 명사를 주로 포함하지 않고 따로 빼서 만들고, 실제로 레벨화하지도 않았었다고 합니다.(나중에 선생님들이 사용하면서 리스트를 나누어 레벨화했다고 하네요.) 그러나 Fry List는 명사까지 포함한 대부분의 품사의 단어를 모두 포함하고 있으며, 미국 3학년~9학년까지 가장 자주 쓰이는 1000개의 고빈도 어휘를 정리하여, 각 학년별로 레벨화되어 있습니다.

3 싸이트 워드 지도 팁

Q1 하루 몇 개 정도 진도가 좋을까?

영미권 교실에 가면 싸이트 워드를 소개하기 위해 벽에 싸이트워드 카드를 붙여놓은 Sight Word Wall싸이트워드 월, 고빈도 어휘 벽이 있습니다. 매일 1~3개 정도가 적당합니다.(사람이 기억하기 가장 좋은 정보의 개수는 3개이며 최대치는 7개를 넘지 않는 것이 가장 좋다고 합니다.) 적게 배우는 대신 그 전에 배운 단어들을 누적해서 매일 복습합니다. 즉, 오늘 배울 싸이트 워드가 he라면, he를 배우고 지난 주 동안 배웠던 싸이트 워드를 계속 복습하다 보니 자연스럽게 체화되는 것입니다.

Fry Word List^{프라이 워드 리스트, 프라이 고빈도 어휘목록}에서는 학년별로 100개씩 주어져 있기 때문에 1년 동안 100개를 목표로 55주로 나누면 1.8개가 나옵니다. 한 주에 2개 정도는 꼭 마스터하고, 누적 복습한다는 최소한의 목표를 세워볼 수 있습니다. 하지만, 방학과 휴일 등등을 고려해본다면, 한국의 법정 수업일 수는 220일이므로 그 기간 동안 100개를 목표로 한다면 하루 2.2개, 한 주^{5일 기준} 10개~15개가 가장 현실적인 목표입니다.

Q2 싸이트 워드 무엇을 가르쳐야 하나?

싸이트 워드를 공부할 때는 스펠링, 소리, 의미^{단어의 뜻} 그리고 자동성^{체화}를 훈련해야 합니다. 싸이트 워드는 아이가 보자마자 소리 내어 문자를 읽을 수 있어야 하고 뜻까지 머리 속에 바로 떠올라야만 합니다. 예를 들어, go라는 단어를 보자마자 '고우'라고 소리가 나와야 하고, '가다'라는 의미가 머리 속에 떠올라야 하는 것이죠. 이것이 1초만에 자동으로 되도록^{자동화, 체화} 훈련하는 것이 학습 목표입니다.

어른들이 볼 때는 참 간단하고도 쉬워 보이지만 나이가 어린 아이들에게는 어려운 미션 일 수 있습니다. 늘 생활 속에서 들었던 단어가 아니기 때문에 소리도 익숙하지 않은데, 글자의 모양까지 모국어와 다른 이미지이기 때문에 여러 차례 반복이 필수입니다. 게다가 싸이트 워드는 파닉스 규칙을 따르지 않는 경우가 많습니다.

따라서 아이들에게 싸이트 워드를 가르칠 때는 소리, 뜻, 스펠링, 자동화 훈련을 모두 시켜야 합니다. 유튜브에 찾아보면 싸이트 워드를 재미있게 익힐 수 있도록 노래와 함께 만든 비디오나 스펠링과 함께 읽어주는 동영상들이 많습니다. 활용하면 매우 좋지요. 하지만 안타깝게도 뜻은 생략되어 있는 경우가 많습니다.

원어민을 대상으로 하여 만든 콘텐츠이기 때문이죠. 그래서 뜻을 익히기 위해서는 이미지와 문자가 함께 있는 카드를 쓰다가, 자동성을 위해 나중에는 문자만 있는 카드를 쓰는 것이 좋습니다.

지도 예시를 보여 드리겠습니다.

● 싸이트 워드 지도 예시 ●

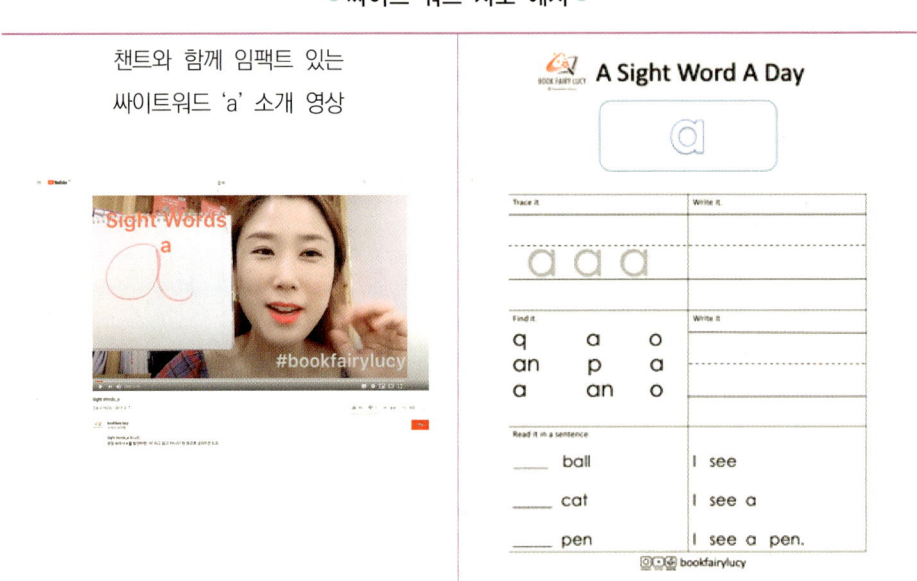

싸이트 워드 'a'를 배울 때 EFL 학생들에게는 설명이 필요합니다. 아이들은 알파벳 첫 글자로서의 'a'만 기억하고 있기 때문입니다. 원어민 아이들이야 a pen, a book처럼 문장 속에서 물건의 이름 앞에 늘 붙여 말하는 것을 3년 이상 들어왔기 때문에 문장 속에 관사인 a를 '어'라고 읽을 수 있겠지만, 우리 EFL 아이들의 언어 데이터 속에 a는 '에이'일 뿐이죠.

이 설명을 들으시고 '아~ 이래서 싸이트 워드를 따로 지도해야만 하는구나.' 라고 드디어 감이 오실 거란 생각이 듭니다. 어른의 입장에서 영어 책을 들이밀면, 아이들이 읽어 내지 못하는 것이 답답하셨는데, 아이의 입장에서 생각해 보니, 못 읽는 게 너무도 당연한 이유가 참으로 많지요? 마치 우리가 집에 있을 때 불편하다고 생각되지 않았던 수많은 가구의 모서리들이 걸음걸이에 익숙하지 않은 아이들에게는 너무도 위험하고 뾰족한 장애물들이 되는 것처럼 말입니다.

읽기를 지도하는 것은 참 어려워 보이지만, 아이의 눈높이를 먼저 맞춘다면, 누구나 좋은 선생님이 될 수 있습니다. 벌써 싸이트 워드라는 개념도 아시고, 예전에 보지 못했던 아이들의 어려움이 눈에 보여 이해가 되시니 아이가 실수하거나 잘 해내지 못해도 반복을 하실 인내심이 훨씬 더 넓어지셨죠? 그것만으로도 이미 아이의 눈높이에 서 계신 좋은 자질을 갖춘 선생님이라고 칭찬해 드리고 싶습니다.

자, 다시 싸이트 워드 지도 예시로 돌아와 보겠습니다. 싸이트 워드는 아이가 보자마자 문자를 소리로 바꿔 읽어 내고, 그 뜻을 머리에 바로 떠올리며 이해하도록 하는 것이 훈련 목표이기 때문에 a에 대해 설명해 주는 지도 시간은 아이에게 많은 도움이 됩니다.

동영상을 보시면, 'a' 카드를 들고 '어' '어' '어' '하나의'라고 리드미컬하게 읽는 모습을 보여줍니다. 아이에게 문자의 소리가 각인되겠지요? 그리고 나서 설명에 들어갑니다.

"우리에게 '에이'라는 알파벳으로 익숙한 이 글자는 문장 속에서는 '어'라고 읽고 '하나의'라는 뜻을 가져요. 영어는 숫자에 매우 민감해요. 물건의 이름을 말할 때, 한 개인지, 두 개인지, 꼭 구분 지어요. 그래서 펜을 문장 속에서 말할 때, 꼭 하나의 펜, a pen이라고 말해요."

이런 설명을 듣고 난 아이가 문장 속에서 a를 만나면, 어리둥절하기는 커녕 참 반가워할 것이고 그냥 지나치지 않고 눈 여겨 보겠지요?

하나 더 보실까요? 바로 'me'라는 글자입니다. 어른들인 우리가 학교에서 배울 때, 인칭 대명사 표라는 단어 목록 속에서 '목적격'이라는 어려운 개념으로 만났었던 단어입니다. 아이들에게 '목적격'이라는 어려운 개념을 설명하게 된다면, 정작 me의 스펠링과 발음하는 법, 뜻을 외우는데 더 집중하여 시간을 쓰지 못하고 아이들을 혼란에 빠뜨리게 되실 겁니다. 자꾸 우리가 배웠던 비효율적인 방식으로 지도하려는 마음을 버려 볼까요?

아이들은 아래 노래를 통해 'me'의 스펠링과 '미'라는 발음을 한꺼번에 배우고, '나를' 또는 '나에게'라는 뜻이라는 것을 배웁니다. 그리고 워크시트를 통해 여러 차례 써보고 또 눈으로 찾아보고, You see me. '너는 나를 본다' 문장을 채워가며 읽어 봅니다.

수업 시간에, '자~ 누가 해볼까? Well, who wants to try?"라고 물어보면, 아이들은 'Me!'하면서 손을 번쩍 듭니다. 목적격 '나를' 글자 'me'라고 배우는 것보다 실제로 일상 생활에서 쓰일 때의 표현으로 배우는 것이 훨씬 효과적이겠지요? 싸이트 워드를 노래로, 워크시트로 배운 후에 지금 집에 있는 책들을 뒤져, Me 찾기 게임도 해보세요. 이제 Me를 보자마자 한 눈에 마법처럼 읽는 아이들을 금세 보시면서 뿌듯한 미소를 짓게 되실 겁니다.

● 싸이트 워드 지도 예시-Me ●

Me 노래 가사	Me 워크시트
Me 송 엠(m), 이(e), 엠(m),이(e), 미(me), 미(me), 미(me), 미(me) 나를 엠(m), 이(e), 엠(m),이(e), 미(me), 미(me), 미(me), 미(me) 나에게 엠(m), 이(e), 엠(m),이(e), 미(me), 미(me), 미(me), 미(me) 저요!	A Sight Word A Day me Trace it / Write it me me Find it: no me mi me my ne ng me me Read it in a sentence. You see ____. You It is ____. You see You love ____. You see me. bookfairylucy

Q3 파닉스 건너뛰고 싸이트 워드만 배워도 될까?

싸이트 워드는 영어로 읽고 쓰기 위해서 필수적으로 만날 수밖에 없는 우선순위 영단어이기 때문에, 파닉스를 건너뛰고 싸이트 워드를 배우는 것이 더 빨라 보일 수 있습니다. 그러나, 학생의 입장에서 생각하면 파닉스 규칙을 모르고 싸이트 워드만 안다면, 새로운 단어를 만날 때마다, 입을 다물고 맙니다.

파닉스 규칙을 배워 문자들의 소리를 배운 아이는 시도를 하여 한 자씩 발음해 보며, 혹여 들어본 단어라면 금세 교정하여 그 단어를 읽어 낼 수 있습니다. 초반에는 싸이트 워드만 배우는 것이 빨라 보일 지 모르겠지만, 시간이 지날수록, 단어를 익힐 때 파닉스 규칙을 아는 것이 아이의 읽기 자신감과 유창성에 필수라는 것을 알게 될 것입니다. 특히 단어가 길어지면 소리와 연계해서 그 문자 조합을 복기하는 인코딩encoding을 할 수 있기 때문에 단어 외우는 것도 더 쉬워집니다.

특히 모음은 여러 음가를 가지고 있어서 아이들이 어려워하고 헷갈려 하는데, 'Silent E싸일런트 e, 묵음 e, 즉 단어 끝에 와서 본인은 소리를 내지 않고, 앞에 앞에 모음을 긴 알파벳 이름 소리로 낸다'라는 파닉스 규칙을 배운 아이는 dime이라는 단어도 쉽게 '다임'이라 읽고, 스펠링도 쉽게 익힐 수 있습니다.

4 컨텍스트, 컨텍스트, 컨텍스트!

전문가들이 싸이트워드 지도 시 꼭 강조하는 중요한 것 중 우리가 가장 많이 놓치는 것을 꼽으라면 바로 켄텍스트context입니다. 컨텍스트란 상황, 맥락, 문맥상의 의미입니다. 즉 단어를 배울 때, 그 스펠링과 발음만 배우지 말고, 그 단어가 쓰이는 상황과 활용법까지 함께 배워야 효과적이라는 뜻입니다.

예를 들어, mine은 '나의 것'이라는 단어입니다. 한국어 뜻만 가르쳐 주면, 아이들이 언제 어떻게 사용해야 하는지 잘 모릅니다. 우리 EFL 아이들은 my는 그래도 많이 들어봤는데, 거의 대부분 mine을 낯설어 합니다. 컨텍스트가 들어간 디코더블 리더스나 동화책을 함께 읽으면서 익혀야 하는 이유죠.

예전에 방송에서 'Mine's the best.'라는 책을 소개한 적이 있습니다. 책 커버 그림에 남자 아이 둘이 똑같이 생겼는데 색깔만 다른 풍선을 각자 들고는 뾰루퉁한 표정으로 서로를 노려보고 있습니다. "내 것이 최고야."라는 제목과 너무 딱 들어맞죠? 자기 것이 더 좋다고 우기며 싸우는 일은 우리 아이들에게 늘 일어나는 일이기에 mine의 쓰임을 상황에서 배우기 완벽한 책입니다.

익살스러우면서도 공감이 되는 이 리더스를 통해 아이들은 'mine'을 my balloon마이 불룬, 나의 풍선을 줄여서 말할 때, 쓴다는 것을 반복되는 장면과 문장으로 책을 통해 배웁니다. 덕분에 아이의 머릿속 활용 단어 목록에 쉽게 저장되고, 자기 일상 생활 속에서도 꺼내 쓸 수 있게 되죠.

● Mine을 배우기 좋은 리더스, 'Mine's the best' ●

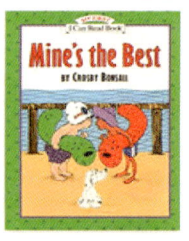

책 제목: Mine's the best
작가: Crosby Bonsall

싸이트 워드 리스트는 제가 네이버 카페에도 올려놓았지만, 인터넷으로 뒤지면 쉽게 찾아볼 수 있습니다. 리스트를 벽에 붙여놓는 것으로 아이에게 충분하지 않다는 것을 꼭 기억해주시기 바랍니다. 꼭 그 단어를 활용할 수 있는 상황과 활용 문장이 들어간 책과 함께 아이에게 노출하는 것이 단어를 아이의 것으로 만들 수 있는 가장 효과적인 방법입니다.

5 싸이트 워드 게임

우리 뇌의 강력한 망각 시스템 때문에, 싸이트 워드를 배울 때 역시 반복 학습이 절실히 필요합니다. 문자들이 나열된 단어 리스트 외우기를 반복하는 걸 지루하지 않게 하는 방법이 있을까요? 네. 게임을 하면, 아이들은 재미있어 하고, 그 단어를 꼭 외우고자 하는 동기부여가 됩니다. 재미있게 할 수 있는 간단한 싸이트 워드 게임을 소개하겠습니다.

1) 플래쉬카드 게임

스피드 게임	How to Play
	준비물 싸이트 워드 플래쉬카드, 초시계(스탑워치) **게임하는 법** 1) 팀을 나누고 각 팀 선수들의 순서를 정합니다. 2) 스탑워치를 1분으로 정해 놓고 카드를 책상 위에 흩어 놓습니다. 3) 스탑워치 시작을 누른 후 아는 단어를 큰 소리로 읽고, 바르게 읽은 카드는 뒤집어 놓습니다. 4) 1분 안에 가장 많이 읽은 팀이 이기는 게임

이 게임은 1분 안에 빨리 그 단어를 읽어 내는 것이 핵심이기 때문에, 아이들은 자신 있는 단어들을 먼저 읽고 카드를 뒤집어 놓습니다. 그렇게 하다 보면 매 라운드마다 아이들이 잘 읽지 못하는 싸이트 워드만 보이겠지요. 이때, 선생님은 그 단어들을 아이들과 함께 큰 소리로 읽으면서 복습을 합니다. 아이들이 못 읽는 단어들이 점차 줄어들어 가는 것을 보실 수 있습니다.

2) Fly Swatter 게임(파리채 때리기 게임)

위의 스피드 게임과 똑같은데, 도구가 하나 추가됩니다. 카드를 뒤집는 대신에 싸이트 워드를 재빠르게 읽은 후 파리채로 그 카드를 치는 거죠. '착' 소리와 함께요. 아이들은 읽어 내는 것에 쾌감을 느끼게 됩니다.

파리채 때리기 게임	How to Play
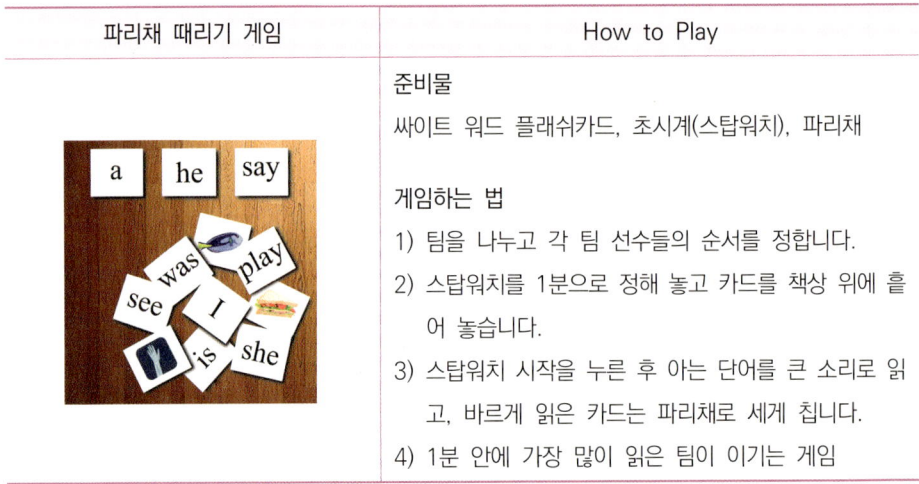	준비물 싸이트 워드 플래쉬카드, 초시계(스탑워치), 파리채 게임하는 법 1) 팀을 나누고 각 팀 선수들의 순서를 정합니다. 2) 스탑워치를 1분으로 정해 놓고 카드를 책상 위에 흩어 놓습니다. 3) 스탑워치 시작을 누른 후 아는 단어를 큰 소리로 읽고, 바르게 읽은 카드는 파리채로 세게 칩니다. 4) 1분 안에 가장 많이 읽은 팀이 이기는 게임

이 게임을 할 때 선생님은 아이들이 친 단어를 기록해야 합니다. 그렇지 않으면, 놓쳐서 점수를 잘못 계산할 수 있으니 주의하세요. 꼭 1분이라는 시간을 준수할 필요는 없습니다. 반대로 각 팀마다 전체 카드를 다 읽을 때까지 걸리는 시간을 잴 수도 있습니다. 먼저 다 읽는 팀이 이기는 거죠.

스피드 게임이나 파리채 때리기 게임이나 똑같이 변형을 줄 수 있습니다. 첫 라운드는 단어를 빨리 읽어내는 것이 미션이었다면, 두 번째 라운드는 소리 내서 읽고, 한국어 뜻까지 말하는 것을 1점 득점으로 치는 겁니다. 그리고 세 번째 라운드는 단어를 읽고, 문장을 만들어 보는 것까지 해야 1점 득점으로 치는 겁니다. 아이들의 수준에 맞춰서 다양하게 룰을 추가하면서 즐겨보세요.

3) 카드 매칭 게임

플래쉬 카드를 영어 카드와 한글 카드로 나눠 놓고, 아이들이 매칭하는 한 쌍의 카드를 찾을 때마다 1점씩 획득하는 게임입니다.

카드 매칭 게임	How to Play
	준비물 싸이트 워드 플래쉬카드(영어, 한글), 초시계(스탑워치) **게임하는법** 1) 팀을 나누고 각 팀 선수들의 순서를 정합니다. 2) 스탑워치를 1분으로 정해 놓고 카드를 책상 위에 흩어 놓습니다. 3) 스탑워치 시작을 누른 후 같은 뜻의 영어 / 한글 카드 한 쌍을 매칭하면 1점입니다. 4) 1분 안에 가장 많이 매칭한 팀이 우승입니다.

4) 스펠링 퍼즐 놀이

스펠링 퍼즐 놀이	How to Play
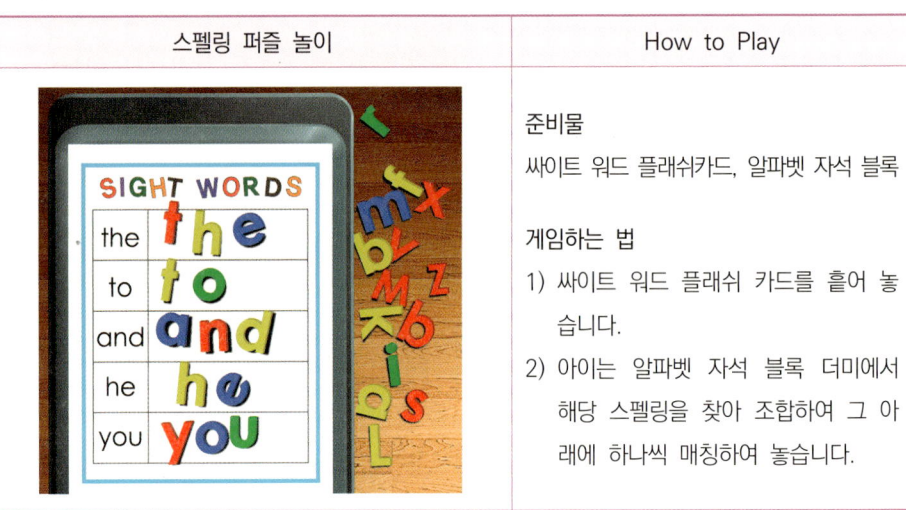	준비물 싸이트 워드 플래쉬카드, 알파벳 자석 블록 게임하는 법 1) 싸이트 워드 플래쉬 카드를 흩어 놓습니다. 2) 아이는 알파벳 자석 블록 더미에서 해당 스펠링을 찾아 조합하여 그 아래에 하나씩 매칭하여 놓습니다.

집에 알파벳 자석 블록이 없다면, 포스트잇 작은 것에 알파벳을 써서 사용해도 됩니다. 그냥 종이를 잘라 펜으로 써도 됩니다. 다만, 단어를 만들기 위해서 여러 개의 알파벳 세트가 필요하니 넉넉히 있어야 게임이 가능합니다. 집에 쓰다 버린 종이컵이나 떠먹는 요거트 용기나 동그란 초콜릿 플라스틱 케이스 등이 있다면 그걸 이용해 스펠링 퍼즐 놀이를 해도 됩니다. 점수 기록을 할 때, 깨지지 않는 종이컵이나 플라스틱컵으로 아이들이 스펠링 맞춘 단어 수 만큼 탑 쌓기를 해도 됩니다. 눈으로 자신의 영어 실력이 높게 쌓이는 것을 보며 성취감을 느낄 수 있지요. 이런 스펠링 게임들은 스펠링 외우는 것에 부담이 있는 아이들에게 싸이트 워드의 스펠링을 눈 여겨 보는 계기를 선물하게 되니 아이들과 함께 한 번 해보세요.

본격적인 읽기 독립 훈련, 리더스

얼마 전에 아는 원장님께 전화를 받았습니다. 학원을 운영하시면서, 효과적이라는 다양한 방법론과 프로그램들을 열심히 연구하시는 분입니다. 그 분이 하시는 말씀이 이것저것 다 해봤는데, 결론은 영어원서 다독, 정독에 있는 것 같다고 하셨습니다. 물론 영어 학습에 있어서 다 필요하지요. 파닉스도 문법도 듣기 말하기도 다 균형을 잡아주기 위해 필요합니다.

그 원장님 말씀은 '한국에서 아이들이 영어를 쓰고 노출하는 시간이 얼마나 되겠느냐, 주 5일 1시간씩 해 봤자 한 달 20시간에 노출되는 것이 고작이다. 영어 실력이 상승하려면, 절대적인 영어 노출이 필요한데, 영어 독서만큼 이것을 가장 잘 잡아주는 것이 없다. 영어 원어민 또래의 생활 표현이 재미있게 스토리로 녹아 있는 글들을 눈으로 귀로 입으로 손으로 배우는 것이 효과적이다.'였습니다. 맞습니다! Can't agree more! 저는 통화 중에 공감의 고개를 끄덕이며 맞장구를 쳤습니다.

이어서 매우 중요한 이야기를 하셨습니다. '그런데 리더스 시리즈로는 한계가 있더라 – 미국 학년 기준 2학년인 AR 2.0 – 이상 실력을 올리기 힘들다.' 원장님께서 사용하고 계신 리더스 프로그램은 해외 수입 교재로 리더스 교재 중에서도 한국 시장에서 베스트 셀러 중 하나였습니다. 엄마표 영어를 하시는 분들 사이에서도 세트 구매가 아주 고가인데도 입소문을 타고 레벨 세트 전체 라인을 통째로 구매하시는 분들이 꽤나 많은 시리즈입니다.

제가 대답했습니다. "원장님, 네. 맞습니다. 그럴 수밖에 없지요. 리더스라는 책의 태생적인 특징 때문에 그럴 수 밖에 없습니다." 정독과 다독을 생각할 때 현명한 구매와 학습효과를 생각한다면, 사실 이러한 이해도가 필요합니다. 대부분 엄마표 영어 가이드에 없는 내용이죠.

엄마표 영어 시장의 17년 성장 중 이 부분이 저에게는 참 안타까웠습니다. '엄마' 선생님의 평균 영어 실력의 한계점과 관리의 수월성으로 인해, 엄마표 영어독서 가이드 북에서 보통 학습 방법론 소개가 '집중 듣기 활동'에 대부분 치우쳐 있다는 한계점이 있어요. 그리고 '영어원서'라는 목표에서 엄마들의 눈높이는 챕터북이지만, 실제로 교육정보들은 영어 동화책에 머물러 있는 상황이라서 더욱 안타깝습니다.

그렇지만, 읽기 독립 지도에 들어가서 실질적으로 쓰이는 책들은 리더스이지요. 리더스의 활용은 아이의 읽기 독립에 있어서 굉장히 유용하고도 중요한 디딤돌 교재입니다.

따라서 엄마표 영어를 성공적으로 이끌어 가려면, 리더스 교재에 대한 특징에 대한 이해, 그리고 정독 다독 지도방법들에 대한 다양한 소개가 있어야 한다고 생각합니다. 문제는 화려한 일러스트의 동화책에 비해 사이즈도 페이지 양도 이야기의 수려함도 모두 뒤쳐지는 리더스의 볼품(?)없음에 소개하는 사람도 소개받는 사람도 재미가 없을 수 있습니다. 그러나, 리더스에 대한 정보를 소개하는 가시밭길(?)을 가보고자 합니다. 아이에게도 엄마에게도 진짜 필요한 내용이니까요.

너무 전문적인 이야기로 흐르면, 재미가 없으니 일단 OX 퀴즈를 내보겠습니다.

 리더스 OX 퀴즈

- 리더스는 세트로 구매하는 것이 좋다?
- 리더스는 전 레벨을 세트로 구매하는 것이 좋다?
- 리더스로 훈련할 때는 리더스만 읽어야 한다?
- 캐릭터 중심 리더스는 좋지 않다?
- 리더스는 집중듣기가 필수이다?
- 리더스는 낭독이 필수이다?
- 리더스는 다독보다 정독 수업에 좋다?
- 리더스는 온라인 다독 프로그램보다 종이책이 더 좋다?
- 리더스는 Comprehension Quiz를 무조건 해야한다?

정답을 먼저 확인해 볼까요?

1 리더스 세트 구매하는 것이 좋을까?

- 리더스는 세트로 구매하는 것이 좋다? ○
- 리더스는 전 레벨을 세트로 구매하는 것이 좋다? △

리더스는 세트로 구매하는 것이 더 좋고, 전 레벨을 세트로 구매하는 것은 목표에 따라 선택을 하는 것이 좋습니다. 왜일까요? 리더스는 학생의 리딩 스킬을 훈련할 수 있도록 레벨별로 어휘, 문장 길이와 난이도, 스토리의 복잡성 등을 맞춰서 설계한 훈련용 교재입니다. 원한다면 한 두 권씩 사는 것도 가능하지만, 세트로 구매하는 것이 더 좋습니다. 수업 지도 예시에서도 설명을 하겠지만, 세트를 사면, 원어민 녹음 오디오 파일도 제공되고, 단어장이나 워크북 등 수업 자료도 들어 있다 보니, 전문가가 아닌 엄마들이 수업 시간을 잘 관리할 수 있어서 세트로 구매하는 것이 더 용이하기에 추천합니다.

하지만, 전 레벨 세트를 한꺼번에 사는 것에 대해서는 먼저 목표를 묻고 싶습니다. 리더스를 하는 단계는 미국 원어민 학년 기준으로 따지자면, 유치원부터 초등 2학년까지 문자 해독Decoding과 읽기 유창성Fluency 훈련에 목표가 있습니다.

2학년 이후 레벨은 이제 Comprehension이해력과 깊은 사고력, 비판적 읽기와 분석, 토론과 글쓰기 등의 훈련이 목표입니다. 리더스 3~4단계 책을 보면, 글밥이 많고, 어휘도 높아지지만 페이지의 절대적인 양도 적고, 플롯, 즉 이야기 구조도 챕터북에 비해 복잡할 수 없는 태생적인 특징이 있습니다. 그렇다 보니, 미국 학년 기준으로 2학년 이상의 책은 챕터북으로 올라가기 힘들어하는 아이들의 적응을 돕는 레벨 전환용 도서로서 활용하는 것이 좋습니다. 또는 영어 원서 읽기 수업을 해야 하는데, 챕터북을 하기엔 시간을 많이 들이기 어려운 경우의 수업용 교재로 사용하는 등의 분명한 목적으로 쓰는 것이 맞습니다.

그리고 챕터북으로 올라가면, 완독하는 권 수의 양이 기존에 얇은 리더스의 완독 권 수에 비해서 적어질 수 밖에 없습니다. 다양한 책을 많이 읽는 다독을 기준으로 봤을 때, 채워지지 못한 허기가 있을 수 있습니다. 그래서 챕터북을 읽는 시기에 특히 논픽션 도서들을 리더스로 함께 다독을 시켜서 균형을 잡아 줄 때 활용하기 매우 좋습니다.

방금 언급한 레벨 전환용 도서, 다독 균형, 논픽션 다독 등등의 활용 목표에 맞는 도서를 찾는 것은 책을 잘 알지 못하는 분들에게는 사실 쉽지 않은 일입니다. 전문 북 큐레이터들의 도움을 받는 방법도 있지만, 혹시나 리더스 레벨 전체를 사 놓았는데, 높은 레벨의 리더스 세트를 잘 활용하고 있지 않다면, 앞에서 설명한 그런 목적으로 활용해 보시기 바랍니다.

2 리더스 훈련할 때 리더스만 읽어야 할까?

Q 리더스로 훈련할 때는 리더스만 읽어야 한다? ✕

혹시 키만 크고, 삐쩍 마르기만 한 성장을 바라는 분은 없지요? 리더스만으로는 온전한 레벨 업을 하기가 조금 어렵습니다. 리더스를 읽을 때 꼭 이야기가 풍성한 픽쳐북을 섞어서 읽어 주어야 한다는 사실을 기억해야 합니다. 리더스는 문장이 고도로 제한되어 설계되어 있습니다. 아이가 읽어 내는데 집중해야 하기 때문이죠. 소화할 수 있도록 모든 식재료를 잘게 잘라 놓은 이유식 같은 겁니다. 리더스로만 읽기 훈련을 한다면, 글을 읽어 낼 수는 있지만, 풍성한 이야기 구조와 캐릭터 갈등의 깊이로 그려진 작가의 의도를 이해하고 비판하는 능력을 균형 있게 훈련하는 것은 어렵습니다.

픽쳐북은 리더스보다 훨씬 더 주인공과 사건, 플롯의 다양성과 깊이 부분에서 영양가가 높습니다. 훨씬 더 풍성한 언어 데이터에 지속적으로 함께 노출시켜준다는 목표로 리더스와 픽쳐북을 섞어서 읽게 도와주세요.

픽쳐북의 글밥이나 글의 난이도로 인해서 아이가 다 읽지 못하는 경우가 대부분이기 때문에 부모님이 읽어 주셔야 하지만, 아이가 리더스 훈련을 하면서, 자기가 배운 단어들을 만나게 되면 아이가 읽도록 유도하고 칭찬해 주세요. 아이가 영어 책 읽기에 대한 동기부여도 받게 됩니다.

③ 캐릭터 중심 리더스는 좋지 않을까?

Q 캐릭터 중심 리더스는 좋지 않다? △

캐릭터 중심 리더스는 아이의 흥미와 동기부여를 위한 목표라면 좋지만, 체계적인 읽기 독립 드릴Drill, 연습 훈련용으로는 약점이 있습니다. 아이들이 픽쳐북을 접하다가 리더스를 접하면 힘들어합니다.

그런데 리더스에 자기가 좋아하는 슈퍼 히어로나 예쁘고 귀여운 캐릭터들이 있다면, 어렵더라도 흥미를 갖게 되지요.

문제는 캐릭터 중심의 리더스들이 아이가 혼자 읽기 연습을 하기에 맞는 레벨이 아닌 경우가 많습니다. 캐릭터 특징에 따른 사건 묘사를 위해 어려운 어휘와 문장을 쓸 수밖에 없기 때문입니다.

하지만, 그 캐릭터의 매력은 아이들이 리더스에도 관심을 갖게 해주는 작용을 해주니 큰 도움이 되지요.

저의 경우, 파닉스를 배우는 중에 또 리더스를 읽는 중에 학습에 많이 치우치게 되므로, 아이의 지루함을 덜어주기 위해, 아이들이 좋아할만한 캐릭터 중심 리더스를 섞어주는 편입니다.

대신 아이들한테 읽으라고 하기 보다는 제가 직접 읽어줍니다. 그렇지만, 중간중간, 아이들이 알만한 단어가 나타나면, 아이들에게 읽어보기를 유도합니다. 그리고 아는 단어가 나왔다고 좋아하는 아이들을 칭찬해줍니다.

4   리더스를 수업에 활용할 때 주의점

Q 리더스는 집중듣기가 필수이다? ○

Q 리더스는 낭독이 필수이다? ○

원어민 오디오 파일 듣기는 EFL 학생들에게 빼놓아서 안되는 훈련이라는 것은 두 말하면 입이 아플 정도로 당연한 것이겠지요. 원어민 아이들도 리딩 훈련을 하기 위해 큰소리 읽기Read Aloud, 낭독를 합니다. 읽기 유창성을 높이고자 한다면, 듣기와 낭독을 빼고는 해낼 수 없는 목표일 정도입니다.

그리고 최근 연구결과에 따르면 낭독이 읽기 유창성뿐만 아니라 이해력Comprehension을 높이는 효과도 있다고 합니다. 정말 중요한 낭독 지도법은 다른 파트에서 상세히 설명하도록 하겠습니다.

Q 리더스는 다독보다 정독 수업에 좋다? △

리더스는 다독, 정독 수업 모두에 쓰일 수 있습니다. 다독은 책을 양적으로 많이 읽는 것입니다. 정독은 한 권을 깊이 있게 파보면서 읽는 것dig deeper입니다. 리더스의 얇은 두께를 보면서 눈치채셨겠지만, 리더스는 아이들의 소화력에 맞춰져 있어서 다독을 위한 훈련용으로 매우 좋은 책입니다.

또한, 읽기 훈련을 하는 낮은 레벨의 아이들에게 정독 수업용으로도 매우 좋은 책이지요. 리딩 전문 학원에서는 주로 같은 책 한 권으로 어휘 학습, 문법 학습, 컴프리헨션 퀴즈Comprehension Quiz, 반복 읽기 등을 하면서 일주일 내내 한 권으로 학습을 시키기도 합니다. 한 권씩 정복한다는 느낌을 받으면서 실력이 쌓여가는 재미가 쏠쏠합니다.

● 정독 수업 운영의 예시 1시간 기준 ●

북 커버 톡 5분	• 책 표지의 그림과 제목 등을 보며 이야기에 관심을 가질 수 있도록 유도. • 제목과 연관된 어휘들 미리 노출
주요 어휘 노출/학습 10분	• 읽기 전에 미리 어휘를 소개하고 학습하면 아이가 읽기 연습을 좀 더 자신감 있게 할 수 있습니다. • 어휘는 반복이므로 가장 첫 시간에 완벽한 활용까지 기대하기 보다는 정확한 발음으로 읽어 낼 수 있도록 도와주고 뜻에 노출되는 정도로 학습을 도와주세요. • 주로 리더스의 경우 낮은 레벨일수록, 책 속에서 만나게 될 어휘 중 파닉스 규칙이 적용된 어휘 리스트나 싸이트 워드들이 앞표지나 뒤표지 안쪽에 제시되는 경우가 많습니다. 어휘를 미리 만나게 하는 것이 읽기 독립 훈련에 도움이 됩니다. • 이후(2차시) 같은 책으로 반복 읽기와 정독을 하게 될 때, 스펠링 써보기, 문장 연습해보기 등을 확대할 수 있습니다.
책 읽기와 내용 이해하기 15분 (원어민 오디오 파일 듣기 or 엄마가 읽어주기+During Reading Questions)	책을 읽어줄 때, 아이의 이해에 도움이 되는 질문이나, 설명을 자연스럽게 보충해 주세요.
반복 읽기 10분 (아이가 또는 아이와 함께 읽기)	반복 읽기는 최소 3~5회가 가장 효과적이라고 합니다. 반복 읽기 횟수가 늘어날 수록 아이의 완독 속도가 빨라지는 것을 눈으로 확인하실 수 있습니다.
목표 문장 학습 또는 Comprehension Quiz 15분 (독후 Speaking & Writing 활동)	아직 아이가 읽기 유창성 훈련에 더 집중해야 한다면 이 부분은 안 하셔도 됩니다. 아이가 읽어내기 훈련에 집중하도록 돕는 것에 우선순위를 두다가 천천히 높여가면 됩니다.
복습 5분	복습을 하면, 더 오랫동안 기억하여 학습효과를 높여요.

5 리더스 종이책 vs 전자책

Q 리더스는 온라인 다독 프로그램보다 종이책이 더 좋다? △

리더스는 온라인 다독 프로그램과 종이책 두 가지 효과를 비교했을 때, 거의 비슷한 걸로 나왔다고 합니다. 지도 방법만 효과적이라면, 학습 효과적으로는 차이가 없지만, 다른 장단점이 있습니다.

전자책과 종이책을 비교하면 17년 동안 엄마표 영어독서의 진화도 엿볼 수 있는 것 같습니다. 예전에는 종이책과 카세트 세트로 구입을 했었고, 출판사에서 제공하거나 온라인 카페에 돌아다니는 한 두 장짜리 워크시트를 이용했었죠. 그러다가 커다란 박스에 전 레벨의 종이책, CD, 단어장, 워크북을 모두 넣어 세트로 만들어 학습에 간편성이 점점 더해갔었습니다. 좋아지긴 했지만 여전히 책이 너무 많아 보관과 학습 관리 등에 힘든 점들이 있었습니다.

요즘엔 전자책e-book과 학습 퀴즈, 학습 관리까지 한꺼번에 온라인으로 할 수 있는 온라인 다독 프로그램이 생겨났습니다. 엄마는 아이가 할 수 있도록 시간 관리만 해주면, 온라인에서 듣고, 따라하고, 반복적으로 읽고, 단어 공부, 학습 퀴즈까지 한 후 한 달 동안 몇 권을 얼마나 읽었고, 이해했는지를 수치로 보여주는 리포트까지 출력해 줍니다.

엄마가 영어실력이 뛰어나지 않더라도, 프로그램의 힘을 빌릴 수 있어서 참 좋습니다만, 약간의 약점들도 있습니다. 온라인 다독 프로그램의 라인업은 거의 리더스 중심이라는 것입니다. 유명한 픽쳐북이나 베스트 셀러들을 찾기 어렵고, 챕터북 레벨은 더욱 별로 없습니다. 그래서 종이책을 구매하거나 도서관에서 대여해서 전자책과 섞어 읽혀주는 것이 좋습니다.

또 퀴즈의 경우, 아이들이 문제 패턴에 익숙해져서 책을 읽지 않고도 퀴즈를 잘 푸는 일이 발생하기도 합니다. 퀴즈에만 기대지 말고, 10분이라도 시간을 내서 아이와 책에 대해 이야기 나눠보거나 그래픽 오거나이저Graphic Organizer, 글과 그림을 결합시켜 정보를 구조화하여 시각적으로 나타낸 차트 위주의 매우 간단한 북 리포트 Book Report를 써보도록 유도하는 것이 좋습니다. 아직 글쓰기가 어려운 경우, 이해 정도를 확인하기 위해서, 오픈 북으로(내용을 다시 보기 가능) 서로 퀴즈 내기를 하면서 재미있게 복습을 해보는 것도 좋습니다.

 Learn to Read 지도 꿀팁!!!

- 어디까지 지도할지 목표를 미리 결정하여 엄마의 불안감 없애기
- 매일 읽는 시간을 5분~30분 이상으로 늘려가기
- 파닉스 학습서와 디코더블 리더스를 섞어서 가르치는 것이 가장 효과적
- 파닉스를 배울 때, 싸이트 워드와 문장 노출을 꼭 같이 지도
- 책에 대한 흥미와 스토리 이해력을 지속적으로 기르기 위해 동화책을 꾸준히 리더스와 섞어 읽기
- 글자를 읽을 수 있더라도 부모님이 책을 읽어주는 시간 지속적으로 갖기
- 원어민 오디오 파일을 듣고 따라서 낭독 시키기
- 최소 3~5회 반복 읽기 중요
- WPM 기록을 재면서 유창성 훈련도 진행(낭독에서 설명)
- 끊임없는 칭찬과 격려(특급 칭찬을 아끼지 마세요)
- 눈으로 보이는 성취감 주기(리딩로그나 리딩 차트를 사용하여 읽은 책이 쌓여가는 것 보여주세요)
- 정독과 다독의 균형
- 온라인 다독 프로그램 구독 추천

PART 4

영어원서 낭독 훈련법

전문가들도 놀란 영어원서 낭독의 효과

"아이들은 부모의 무릎 위에서 책 읽는 사람으로 길러진다"
-에밀리 버취왈드-

CHAPTER 9

저평가된 낭독, 제대로 알기

1 읽어 주기 vs 집중 듣기 vs 낭독

"집중듣기를 아이가 너무 힘들어해요."

"집중듣기 하느라 영어원서 낭독할 시간이 없어요."

SNS를 통해 영어독서지도에 대한 방송을 할 때, 참으로 많은 질문을 받았던 것이 바로 '집중듣기'에 대한 질문이었습니다.

'흘려듣기'란 용어의 뜻은 아이가 집중하지 않고 그냥 편히 들으면서 노출시키는 것입니다. 놀고 있을 때, 아이의 집중 여부와 상관없이 배경음악 틀어 놓듯 원어민 발음이 녹음된 동화책 오디오를 틀어 놓는 것이지요.

반면, '집중듣기'란 원어민 오디오를 틀어 놓고 책을 펼치고 눈으로 손가락으로 그 소리에 맞춰 문장을 듣는 것입니다. 이런 경우, 듣기도 훈련이 되지만, 눈으로 따라 읽는 훈련도 간접적으로 할 수가 있지요.

물론 EFL영어를 외국어로서 배우는 것 English as a Foreign Language 학생들에게 영어 노출은 매우 중요합니다. 그렇기 때문에 많이 듣는 것이 중요하며, 영어 학습에 있어서 필수적입니다. 당연히 많이 들을수록 영어실력 향상에 효과적이지요.

그런데, 이상한 점이 있었습니다. 미국 원어민 기준으로 2학년~3학년 이상의 책을 집중 듣기만 한다는 것입니다. 그것은 매우 비효율적입니다. 그 학년 정도의 책이라면 얇은 챕터북 이상입니다. 몇 페이지 밖에 안되는 리더스Readers, 읽기 훈련을 위해 반복된 단어나 문장 구조의 얇은 책나 픽쳐북Picture Book, 그림과 이야기가 있는 동화책이 아니라서 글밥text, 텍스트이 상당한 양입니다.

상상해 보세요. 그 두꺼운 책을 내가 읽는 것도 아니고 남이 읽어주고 나는 손과 눈으로 문자를 따라가기만 하는 것은 매우 '수동적인 책 읽기'입니다. 누구라도 그 양을 듣기만 한다면, 엄청난 졸음과 싸워야 할 수 밖에 없습니다. 참으로 고문이 따로 없습니다. 아니나 다를까, 이 방법론을 지도하기 위해서는 엄마가 옆에 앉아서 감시해야 한다니, 너무도 놀랐습니다. 그걸 해낸 엄마와 아이에게 참 대단하다 말하고 싶을 정도였습니다.

사실 영어독서학원에서도 아이들은 집중듣기를 합니다. 하지만, 처음부터 끝까지 할 필요는 없습니다. 오히려 그보다 더 중요한 것은 자신이 소리 내어 읽거나Read Aloud 읽은 내용을 자신의 문장으로 다시 설명Paraphrase해보는 것이 더 효과적입니다.

미국 학년으로 2~3학년 수준의 책을 읽을 수 있다면 그 학생은 어느 정도 혼자 읽기 즉 읽기 독립Independent Reading이 가능합니다. 즉 혼자서 문자를 술술 해독하여 읽을 수 있는 읽기 유창성이 생겼다는 것이지요. 그러면 이제 학생의 뇌와 눈과 귀와 입을 적극적으로 사용하여 반응하는 읽기Active Reading를 해야 합니다. 큰 소리로 낭독하거나 홀로 묵독을 자유롭게 해야 합니다. 그런데 눈으로만 읽고 있는 것을 계속 훈련하는 것은 너무도 비효율적입니다.

● 무엇이 가장 실력 상승에 효과적이었을까?

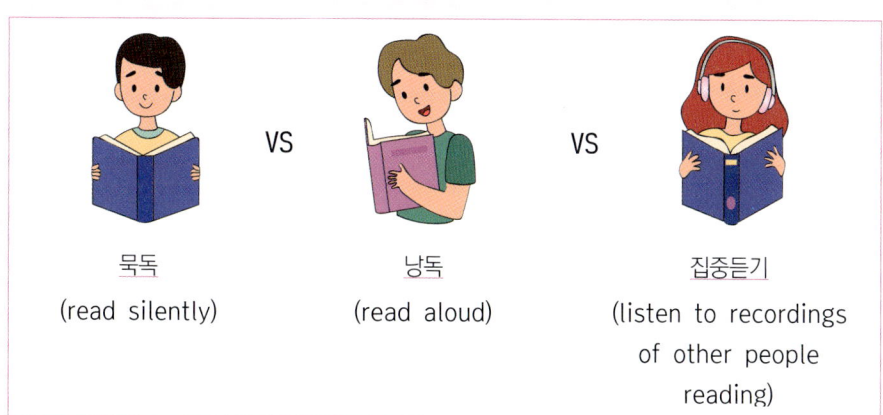

실제로 미국에서 실험을 했습니다. 묵독read silently, 소리내지 않고 눈으로 읽기, 낭독read aloud, 말하는 속도로 술술 큰소리 읽기, 집중 듣기다른 사람이 읽는 목소리를 녹음한 것을 듣기 이 3가지 중 어떤 것이 문해력글을 이해하는 능력 향상에 가장 효과적이었을까요? 그것은 바로 낭독read aloud이었습니다.

너무도 당연한 결과입니다. 앞서 설명했듯, '읽기'라는 것 자체는 뇌의 전체가 활성화되는 활동입니다. 거기다 소리까지 내서 읽으니, 스피킹까지 훈련됩니다. 말하는 속도로 문자 해독을 하면서 이해되는 활동이 더해지니, 내가 말하는 내용인 것처럼 뇌에서 이해해서 글에 대한 이해도 실제로 높아집니다. 낭독read aloud을 원어민뿐 아니라, 영어를 배우는 EFL환경의 학생들이 하면 스피킹과 문해력 향상에 도움이 되는 건 당연합니다.

그러나 우리나라 중학교로 가서 학생들에게 영어교과서를 읽어 보라고 하면 난리가 납니다. 발음은 물론 억양, 인토네이션Intonation이 이상한 건 물론이거니와, 말하듯이 술술은 기대하기 어려운 학생들이 넘쳐납니다 왜? 바로 눈으로만 영어공부를 하는 학습 문화와 여건이 바뀌지 않았기 때문이죠. 피겨의 여왕 김연

아의 아름다운 경기를 눈으로 귀로만 보고, 과연 우리는 트리플 악셀을 해낼 수 있을까요? 원어민 발음을 듣고 난 후 학생이 직접 입을 열어 큰 소리로 낭독하는 훈련을 생활화한다면, 우리가 영어에 투자한 만큼 입도 함께 트일 거라 확신합니다.

이미 영미권에서는 연구를 통해 각 학년별로 발달단계에 알맞은 낭독 데이터를 가지고 있습니다. 추후 낭독 훈련법에 대해 자세히 설명하겠지만, 본인이 이해할 수 있는 속도로 읽어내는 1분당 읽는 단어의 수 데이터로 읽기와 문해력의 발달 정도를 모니터링까지 할 수 있습니다.

낭독은 반복 읽기 훈련과 함께 하라고 전문가들은 추천하고 있습니다. 큰소리로 4번 읽는 것이 눈으로 15번 읽는 것보다 훨씬 더 효과적이라고 합니다. 아직도 집중듣기만 하고 계신다면, 집중듣기 시간을 적정하게 조절하는 대신, 아이와 함께 큰소리 반복 읽기를 해보시길 바랍니다. 영어 말하기와 읽기 문해력 향상이 훨씬 빠르게 향상되는 것을 몸소 체험하게 될 것입니다.

 읽어주기 vs 낭독하기 vs 묵독의 적절한 예

아이가 책을 읽지 못할 때 → 부모님이 읽어주기
아이가 책 읽는 훈련에 돌입할 때 → 듣고, 함께 낭독하기
아이의 읽기 유창성이 어느 정도 확보되었을 때 → 낭독+묵독 훈련

② 전문가들도 놀란 낭독의 효과!

2001년 오클랜드의 Langford라는 중학교에서 12~14세의 학생들인데, 읽기 레벨이 8세~10세 정도로 낮은 수준을 보이는 학생들을 대상으로 리딩전문가와

함께 낭독 훈련 프로그램을 실시했습니다.

8주 동안 매일 30분씩 리딩 유창성 훈련 시간을 가졌을 뿐인데, 이 두 달의 훈련은 놀라운 결과를 가져왔습니다 학생들의 읽기 실력과 이해력Comprehension 부문에서 평균 1.2년, 어휘력 부분은 9.7개월이 향상되었습니다. 학생들의 3분의 1의 리딩 실력이 무려 2년이나 향상되었습니다. 이 학생들의 대부분은 학습 성취도가 낮았을 뿐만 아니라, 대다수가 영어가 모국어가 아니었습니다.

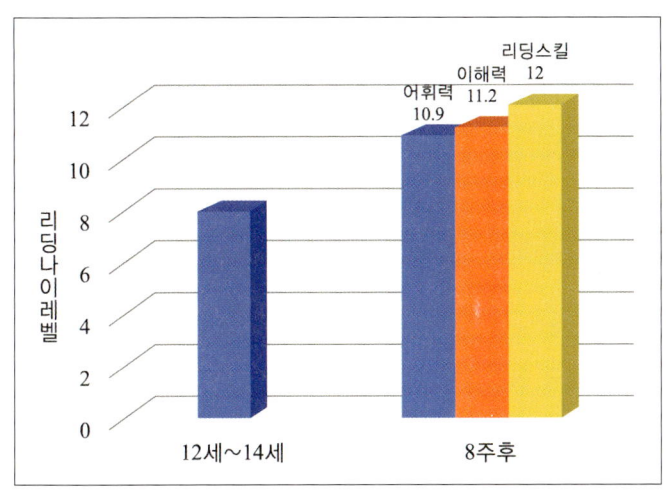

영어가 모국어가 아닌 ESL, EFL 환경의 학생들에게도 영어원서 큰 소리 읽기는, 입, 귀, 눈을 한꺼번에 훈련하게 도울 수밖에 없지요.

David D. Paige가 '읽기 유창성 훈련은 읽기 성공의 핵심 열쇠이기 때문에 초등학생뿐 아니라 중학생은 물론, 고등학생을 포함하여 모든 사람들에게 유창성 지도를 해야한다'라고 강조한 부분을 뒷받침하는 강력한 결과입니다.

Walker2008는 해독 능력이 충분하지 않은 학생은 묵독Sustained Silent Reading 만으로 읽기 능력을 기를 수 없다고 말합니다. 읽기 유창성 훈련이 되어 있지 않은 채로, 묵독만 하게 되는 교육환경이 계속 된다면, 읽기 독립은 요원해질 수밖에 없습니다.

하지만 안타깝게도, 중학생만 되어도, 우리나라 공교육에서 아이들은 영어 시간의 대부분을 문법과 묵독으로 문제만 푸는 읽기 수업에만 노출되어 있습니다. 갈수록 문해력과 기초 학력이 저하되는 것은 어쩌면 당연한 결과입니다.

또한 엄마표 영어를 하시는 분들 중 많은 분들이 낭독보다는 집중듣기에 시간을 더 많이 쏟고 있어서 안타깝게 느꼈던 적이 참으로 많았습니다. 낭독의 효과를 마음껏 누리는 학생들이 많아졌으면 하는 바람으로 낭독 훈련법에 대해 정보를 나눠 드리겠습니다.

 리딩 전문가들이 꼽는 영어낭독 훈련 효과

- 어휘력 증진
- 뇌 활성화
- 배경지식 상승
- 독서에 대한 욕구, 호기심 자극
- 언어 발달, 문법 능력 향상
- 읽기/듣기 능력 향상, 표현 능력 향상
- 아카데믹 성과, 읽기 성숙도 향상
- 스트레스 해소
- 평생 독서하는 사람으로 양육

 ## 3 낭독 유창성 구성요소와 문해력 연계성

미국 공인인증 시험 기관인 ETS에서 주관하는 시험 중에 토익스피킹 시험이 있습니다. 비지니스 영어 말하기 스킬을 테스트하는 시험인데, 재미있게도 첫 번째 문제는 바로 광고문이나 알림 같은 내용의 텍스트를 주어진 시간 45초 안에 큰소리로 읽는 Read Aloud, 즉 낭독 문제입니다.

　스크립트를 암기해서 안보고 말하는 것도 아니고, 그냥 지문을 보고 큰 소리로 읽는 것만으로도 그 사람의 영어 스피킹 실력을 파악할 수 있을까요? 네, 어느 정도 가능합니다!

 토익스피킹 1~2번 낭독 문제의 예시

Are you looking for a new table? Head on down to Kim's Furniture, where we offer a wide range of furniture for your every need. For this week only all tables are twenty percent off the regular price. Take advantage of this incredible offer by visiting the store on G.D street. For more information on sale, visit the website www.KimsFurniture.com.

　위의 지문을 읽어 내는 동안, 각 단어를 읽을 때의 발음과 억양의 정확성도 체크할 수 있고, 의미 단위에 맞게 끊어 읽는지, 어느 정도까지 한꺼번에 묶어서 유창하게 읽는지, 또 문장의 의미를 살려서 읽는지 등을 금방 진단해 낼 수 있습니다. 방금 나열한 것들은 바로 낭독 유창성을 측정하는 기준들입니다.

 낭독 유창성 구성 요소?

1) 정확성(Accuracy): 텍스트를 정확하게 읽어내는 정도
2) 속도(Speed, Automaticity 자동화, 체화): 문자를 보자마자 유창하게 읽어내는 정도
3) 표현력(Expression, Prosody): 의미에 따른 알맞은 끊어 읽기와 전달력

　우리나라 학생들은 주로 눈으로만 영어를 읽는데 시간을 쏟고 있습니다. 만약

이런 낭독 유창성 기준에 대해 알려주고, 학교에서 이것들을 평가한다면, 좀 더 많은 학생들이 영어를 소리 내어 연습하는 동기부여를 해줄 텐데, 이런 말들을 처음 들어 보는 사람이 훨씬 많은 것이 안타깝습니다.

그나마 미국 드라마를 쉐도잉Shadowing, 원어민의 대사를 그림자처럼 곧바로 따라서 말해 보는 연습하는 사람들이 늘어나서 이런 것들에 관심을 가지니 다행이라는 생각이 듭니다.

하지만, 실력이 아직 안되는 사람들에게 쉐도잉은 상당히 힘들 수 있습니다. 보통 영화 속 원어민은 대화체로 말하고 있어서 평균 말하는 속도가 분당 150단어 이상을 말하는 빠른 속도이기 때문입니다. 글 읽는 속도가 그 정도 되려면 미국기준으로 최소 2~3학년 이상은 되어야 합니다.

쉐도잉 전에 먼저 원어민 발음을 들은 뒤, 문장을 보면서 큰소리로 낭독하는 훈련이 먼저입니다. 파닉스 디코더블 리더스, 리더스, 얼리 챕터스, 챕터북 모두 낭독 훈련을 포함하는 것이 좋습니다. 레벨이 올라갈수록 점차 눈으로 빨리 읽는 묵독 유창성 훈련 시간이 늘어나야 하지만, 레벨이 비교적 높은 챕터북 단계에서도 낭독 훈련은 필수입니다. 낭독 훈련에 대해 좀 더 자세히 알아볼까요?

먼저 말하기의 안좋은 습관 중 의미 단위 끊어 읽기만 고쳐도 유창성이 금세 높아집니다. 의미 단위 끊어 읽기를 Phrasing프레이징, 구 단위 읽기이라고 하는데, 다음 문장을 어디서 끊어 읽는 것이 가장 유창한 사람일까요?

The ten monkeys are jumping and dancing on the bed.
10마리의 원숭이가 침대 위에서 뛰면서 춤추고 있습니다.

1) The/ ten/ monkeys/ are/ jumping/ and /dancing/ on/ the/ bed.
2) The ten monkeys/ are jumping/ and dancing/ on the bed.
3) The ten monkeys/ are jumping and dancing /on the bed.

가장 큰 의미 단위로 끊어 읽은 3번입니다. 학생의 입장에서 3번처럼 유창하게 단박에 읽으려면, 갖춰져야 하는 스킬들이 있습니다. 일단 문자들을 해독할 수 있어야 하고, 단어들의 의미뿐 아니라 문법 등의 문장 지식이 있어 문장 전체의 의미를 파악해야 하며, 영어식 표현 전달을 어떻게 하는지 알고 있어야 합니다. 이 모든 것이 동시다발적으로 일어나야 하죠.

영미권 리딩 전문가들 사이에서 연구를 통해 낭독의 효과가 지속적으로 밝혀지는 것이 이해가 가는 대목입니다. 리딩 전문가인 Rasinski는 읽기 유창성은 독서의 가장 중요한 요소인 단어 해독과 이해력 간에 다리 역할을 한다고 강조하였습니다. 그 중에 한 연구는 여러가지 읽기 훈련 효과들 중 문해력Reading Comprehension 증진에 가장 높은 효과가 있다는 결과 또한 보여줍니다.

● 읽기 훈련별 문해력 연계 효과성 ●

읽기 훈련	연계 효과성
구두 요약 (Oral Recall / Retelling)	0.70
빈칸 채우기 (Cloze / Fill in the blank)	0.72
이해력 퀴즈 (Q&A)	0.82
큰소리 읽기 유창성 훈련 (Oral Reading Fluency)	0.91

* 연구 결과 by Fuchs, Hosp, and Jenkins

위의 표를 보면, 1에 가까울수록 가장 효과적인데, 말로 요약하는 활동과 빈칸 채우기, 질문에 답하기와 비교했을 때, 낭독이 가장 1과 가까운 효과를 내고 있습니다. 다시 말해, 낭독은 문해력 향상에 가장 효과적이라는 말이죠.

연일 뉴스에 한국 학생들의 국어 영어 문해력과 기초 학력 저하 문제가 자주 대두되는데, 학교에서 중고생 아이들에게 큰소리 읽기만 시켜도 독해력이 향상될 것입니다.

CHAPTER 10

낭독 리딩 유창성(Oral Reading Fluency) 훈련 요소 제대로 알기!

1 WPM 분당 속도 계산법

　낭독Read Aloud이란 일정한 시간과 텍스트의 양을 정해 놓고, 큰소리로 읽어내는 훈련 법입니다.

　낭독을 좀 더 체계적으로 훈련하는 방법으로서 효과를 더하기 위해서 이해해야 하는 개념이 있습니다. 그것은 바로 WPMWord Per Minute, 워드 퍼 미닛이라고 불리는 분당 속도입니다. 다시 말해, 1분당 얼마나 유창하게 읽는지를 나타내는 수치입니다.

　리딩 전문가들은 WPM 하나만으로도 학생이 어느 정도의 읽기 유창성을 갖추고 있는지 어느 학년, 상위 몇%인지 파악할 수 있습니다. 앞서서 소개했던 간단하게 아이의 리딩 레벨을 측정할 수 있는 방법입니다.

1분당 소리 내어 얼마나 유창하게 읽는지를 다른 말로 Oral Reading Fluency Rate오럴 리딩 플루언시 레이트, 낭독 유창성이라고 합니다.

분당 속도 계산법은, 100단어 이상의 지문을 초시계를 맞춰 놓고, 학생이 얼마나 정확하고 빠르게 읽어내는지 계산을 하는 것입니다.

이때 주의할 점은 학생이 평소 읽던 빠르기로 읽어야 하며, 내용을 이해할 정도의 빠르기로 읽어야 한다는 것입니다. 큰 소리 읽기 후 2~3개의 지문 이해력을 테스트할 수 있는 질문을 낸다는 말을 미리 해서 학생이 평소 읽던 빠르기로 읽도록 안내해야 합니다.

 WPM 1분당 읽기 속도 계산법

● **WPM(Word per Minute) 계산법**
(지문 내 전체 단어 수-틀리게 읽은 단어 개수)*60/ 리딩시간(초)

지문 내 단어 개수에서 틀리게 읽은 단어의 수를 빼야 정확성과 속도를 제대로 측정할 수 있습니다. 틀리게 읽은 단어 수를 뺀 것을 계산하다 보니, 정확히 읽은 속도를 계산한다는 의미가 되어 Word Correct Per Minute워드 커렉트 포 미닛, 분당 정확하게 읽은 단어라고 부르기도 합니다. 아래 표와 같이 틀리게 읽은 단어 중 빼야 하는 단어와 안 빼도 되는 단어를 잘 보고 계산하여야 합니다.

틀리게 읽은 단어 계산법

● **틀리게 읽었다고 간주하여 빼야 단어**

1) 틀린 발음
   - 예) tape(테이프)를 tap(텝)이라고 읽음
2) 다른 단어로 교체해서 읽음
   - 예) women을 men이라고 읽음
3) 빼먹고 읽음
   - 예) on the bed인데, on bed라고 읽으면 the를 빼먹고 읽었음으로 틀린 단어로 셈
4) 거꾸로 읽음
   - 예) on을 no로 읽음
5) 3초 내에 읽지를 못한 단어

● **정확하지 않지만, 빼지 않는 단어**

1) 없는 단어를 추가하여 읽음
   - 예) to school인데 to the school이라고 the를 추가하여 읽을 경우, 시간이 추가로 흘러 갔기 때문에, 굳이 빼지 않는다.
2) 같은 단어를 반복해서 여러 번 읽을 경우.
   - 예) rain이 한 번 쓰여 있는데, 두 세 차례 읽은 경우, 시간이 추가로 흘러갔으므로, 빼지 않는다.
3) 첫 번째 틀리게 읽었으나 다시 스스로 고쳐 정확히 읽은 경우,
   - 예) mine을 처음에 '민'으로 읽었다가, '마인'으로 고쳐 읽을 경우, 시간이 추가로 흘러 갔으므로 틀린 단어라고 빼지 않는다.

아이의 WCPM을 계산하여 뒤에 나오는 미국 학년별 읽기 유창성 데이터 표와 대조하여, 어느 정도의 낭독 유창성 레벨을 갖추고 있는지를 판단하면 됩니다.

② 낭독 리딩 유창성 평가표를 통해 본 훈련 요소

큰 소리 읽기를 통해, 어느 정도 정확하고 빠르게 읽는지를 테스트한다고 하면, 아이들이 하는 실수 중에 하나가, 무조건 빨리 읽는 것이 좋은 것인 줄 착각한다는 것입니다. 하지만, 빨리 읽는 것만 집중한다면, 낭독이 가져오는 많은 혜택을 보기 힘듭니다.

리딩전문가들이 낭독 리딩 유창성 평가 루브릭 Oral Reading Fluency Rubric을 상세히 보면서, 지도하는 요소 또한 엿볼 수 있습니다.

● 리딩 유창성 평가표 ●

	Poor 미흡 1점	Average 평균 2점	Good 잘함 3점	Excellent 훌륭함 4점
속도 (Rate)	느리고 단어마다 읽는 데 어려움을 보인다.	속도가 일정치 않고, 가끔 더듬거린다.	전반적으로 대화하듯 자연스럽게 읽으며, 소수의 실수가 보인다.	대화하듯 자연스럽게 지속적으로 끝까지 유창하게 읽는다.
표현력 (Expression)	모노톤으로 읽는다.	거의 대부분 모노톤으로 읽다가 가끔 표현력을 보인다.	읽으면서 적절한 표현력을 보여준다.	처음부터 끝까지 적절한 표현력을 훌륭히 보여준다.
의미 단위 끊어 읽기 (Phrasing)	단어마다 끊어 읽고, 단어 사이에 멈춤이 길다.	단어마다 끊어 읽을 때도 있고, 어떤 것은 의미 단위로 끊어 읽는다.	거의 대부분 부드럽게 끊어 읽어냈다.	지속적으로 끝까지 자연스럽고, 유창하게 의미단위에 맞게 끊어 읽었다.
문장 부호에 따른 읽기 (Punctuation)	거의 사용하지를 않았다.	어느 정도는 신경을 쓰지만, 어느 정도는 무시한다.	대부분 문장 부호대로 읽어냈다.	처음부터 끝까지 지속적으로 문장 부호를 사용했다.

1) 속도에 대하여

영미권을 기준으로 성인들이 보통 책을 읽는 속도는 250~300WPM이라고 합니다. 오디오 북은 성우들이 독자들이 편안하게 듣고 이해할 수 있는 속도로 녹음을 하는데, 사람들이 편하게 느끼는 정도는 보통 150~200WPM이라고 합니다. 어린이를 위한 오디오 북의 경우, 특히 ESL, EFL 학생들을 위해 개발된 오디오의 경우는 좀 더 느리지요.

어린이들의 경우, 일단 지문이 학생의 레벨에 적정하다는 가정하에, 미국 학년 기준으로 학년별 적정 분당 속도가 있습니다.

Hasbrouck & Tindal 교수가 2017년 업데이트한 미국 학년별 평균 낭독 유창성 속도는 다음과 같습니다.

● Hasbrouck & Tindal 의 미국 학년별 낭독 유창성 데이터 ●

	평균 WPM	우수 WPM
1학년	30~60	97~116
2학년	50~100	111~148
3학년	83~112	134~166
4학년	94~133	153~184
5학년	121~146	179~195
6학년	132~146	185~204

여기서 주의사항은 위의 데이터는 미국 원어민 기준이므로, 아이가 ESL인지, EFL 환경인지 잘 판단하여 목표치를 너무 높게 잡지 않아야 한다는 것입니다. 또한 소리 내서 읽는 것은 어느 정도 한계가 있습니다. 130~150 정도에 다다르면 소리 내어 읽기가 그보다 더 빨라지는 것이 힘듭니다. 숨도 안 쉬고 읽어야 하니까요. 학년이 높아질 수록 수치의 갭이 크지 않는 이유가 이것입니다. 보통

150wpm 정도면, 낭독 읽기 유창성은 완성되었다고 보면 됩니다.

점점 학년이 높아질수록 눈으로 읽는 것이 더 빨라지는 것이 정상입니다. 소리없이 눈으로 읽는 것을 묵독Silent Reading이라고 하는데, 위의 낭독 유창성 속도보다 더 높은 것이 정상입니다. 소리 내어 읽는 낭독을 꾸준히 하는 것이 좋지만, 사실 학년이 올라가면, 눈으로 읽는 묵독 훈련을 더 많이 해야 합니다. 낭독만 하는 경우, 소리 내어 읽지 않으면, 집중을 못하는 안좋은 습관이 생길 경우도 있으니, 주의하시기 바랍니다. 한국 수능 영어 지문을 분석한 결과 평균 165WPM 정도는 기본 실력으로 갖춰야 했습니다. 가장 긴 지문은 300WPM 보다 높은 유창성을 요구했습니다.

2) 문장부호

영어에 비해 국어에서는 문장 부호에 큰 강조를 하고 있지 않아서, 한국 사람 대부분이 영어 지문을 읽으라고 시키면, 부호를 무시하는 경우가 많습니다. 피아노 연주를 할 때 악보를 보면, 쉼표나 도돌이표 등이 연주에 굉장히 중요한 것처럼 영어에서도 부호에 담긴 의미를 실어서 읽어야 합니다.

● 낭독 시 문장 부호 표현하는 법 ●

문장 부호	읽는 법	예시
쉼표 , (Comma)	잠깐 멈추다가 이어감 나열의 경우, 의미단위로 읽되, 뒤에 단어가 있는 경우, 억양을 완전히 내리지 않음	I like apples, / bananas, / and peaches. //
마침표 . (Period)	조금 긴 멈춤, 정지와 억양 내리기	He has a pet. // It is a dog. //

물음표 ? (Question Mark)	억양을 올림 Yes, No 의문의 경우 문장 끝 올림. 그러나 의문사로 시작하는 의문문은 문장 끝 내림	Tom at home? ↗ Is it yours? ↗ Where is it? ↘
느낌표 ! (Exclamation Mark)	감탄하는 느낌이나 감정을 더해 읽기	Don't do that! What a big ball!
대문자 (Capital letter words)	강조하며 읽기	He was thirsty and drank the water. Gulp. Gulp.

1) 끊어 읽기, 억양, 톤, 표현력 강조하여 읽기

한국에선 중학생만 되어도, 눈으로만 영어공부를 하는 시간이 대부분이라서, 큰 소리 읽기를 시켜보면, 발음이나 억양, 끊어 읽기 등을 제대로 하는 학생이 많지 않습니다. 낭독이 엄마표 영어를 하는 일부 학생들뿐만 아니라, 공교육까지 퍼졌으면 하는 간절한 바람이 있습니다. 그렇게 되면 아이들의 영어실력 향상 효과가 날 수 밖에 없을 것입니다. 그것을 가능케 하는 여러가지 이유 중에 하나가 바로 끊어 읽기Phrasing입니다. 끊어 읽기 훈련만 잘 시켜도, 문법 실력은 물론, 스피킹 유창성까지 기를 수 있기 때문입니다.

우리나라 말에도 끊어 읽기가 있습니다.

"아버지 가방에 들어가신다."
"아버지가 방에 들어가신다."

어디서 끊어 읽느냐에 따라 두 가지는 전혀 다른 의미가 됩니다. 영어도 의미 단위에 의해서 끊어 읽기가 가능합니다.

가장 기초적인 것이 바로 단어마다 끊어 읽는 것.

두 번째 단계는 의미 단위로 끊어 읽는 것.

세 번째 단계는 최대한 큰 의미 덩어리로 끊어 읽는 것입니다.

이렇게 끊어 읽기 덩어리의 크기를 넓혀가면서 읽다 보면, 듣기, 읽기, 쓰기, 말하기 모두가 향상됩니다.

● 의미 단위 끊어 읽기 비교 예시 ●

	I'm going to have a sandwich for lunch.	
1	I'm/ going/ to/ have/ a/ sandwich/ for/ lunch. //	나는/ 할 것이다/먹다/ 하나의 /샌드위치를/ 위하여 /점심//
2	I'm going to/ have a sandwich/ for lunch. //	나는 할 것이다/ 샌드위치를 먹는다/ 점심으로
3	I'm going to have / a sandwich for lunch. //	나는 먹겠다/ 샌드위치를 점심으로

듣기를 할 때, 너무 빨라서 안 들린다는 사람들은 이렇게 끊어 읽기 덩어리를 점점 더 크게 하여 빨리 읽기를 할수록 듣기 실력 역시 향상될 수 있습니다. 그 다음 연계된 단어가 예상되면서 들리기 때문이죠.

● 영미권 리딩 유창성 훈련 시트 엿보기 ●

I

I see

I see a

I see a cat

I see a cat and a

I see a cat and a dock.

문법 실력도 향상됩니다. 2단계 끊어 읽기에서 눈치채셨겠지만, 일단 주어, 동사, 문법적 요소 단위로 의미가 형성되다 보니 자연스레, 영어적 문법에 익숙해져 갑니다. 영어를 많이 읽은 사람들은, 문법 문제를 풀 때 문법적 지식을 적용하기도 전에, 읽었을 때 뭔가 부자연스럽다는 느낌을 먼저 받을 때가 많습니다. 이렇게 문법이 체화되어 쌓여 가기 때문이죠.

2) 로봇처럼 플랫한 톤을 없애주는 훈련

신기하게도, 듣기만 하고 따라서 큰 소리로 읽는 연습을 충분히 해보지 않은 학생들은 공통적으로 로봇처럼 플랫한 톤을 가지고 있습니다. 영어는 한국말과 달라서 톤과 억양이 있습니다. 미국 드라마를 보면서 들리지 않는 자신의 귀를 탓하기 이전에, 사실 입을 떼어 여러 번 연습하지 않은 나의 입도 함께 탓해야 하겠습니다.

쉐도잉보다 먼저 해야 하는 것이 바로 낭독입니다. 스크립트를 보며 최대한 영어적 표현력을 듣고 비슷하게 흉내내는 연습을 해야 합니다. 이것이 쌓인 후 듣고 바로 따라하는 쉐도잉이 가능합니다.

밋밋한 톤을 없애기 위해 가장 쉬운 팁을 하나 소개해 드립니다. 바로 소리의 볼륨 차이가 나게 밀어서 말하는 것입니다.

물론, 영어 단어 하나하나의 강세가 있고, 문장이 평서문인지 의문문인지에 따라 인토네이션Intonation도 있지만, 영어도 언어다 보니, 어떤 단어를 좀 더 강조하느냐에 따라 뉘앙스가 달라집니다.

아래의 표에서 보이는 문장은 다 똑같은 문장이지만, 볼드체로 밑줄 친 단어를 문장의 다른 단어들보다 좀 더 목소리를 실어서 크게 말한다는 생각으로 소리를 밀어줘 보세요. 그러면, 아래의 표처럼 문장 속 강조가 되는 그 단어의 뜻을 중심으로 뉘앙스가 다르게 전달됩니다.

● 플랫한 톤 없애는 훈련 예시 ●

문장 예시	전달되는 의미
I didn't tell her you were stupid.	내가 아닌 다른 사람이 말했다.
I **didn't** tell her you were stupid.	나는 그 일을 하지 않았다.
I didn't **tell** her you were stupid.	나는 말을 하지는 않았다.
I didn't tell **her** you were stupid.	나는 그녀가 아니라 다른 사람한테 말했다.
I didn't tell her **you** were stupid.	나는 너 아닌 다른 사람이 바보라고 말했다.
I didn't tell her you **were** stupid.	나는 그녀에게 네가 과거뿐 아니라 여전히 지금도 어리석다고 말했다.
I didn't tell her you were **stupid**.	나는 그녀에게 너에 대해 어리석은거 말고 다른 것에 대해서 말했다.

문장의 의미를 생각하면서 이렇게 자신이 강조하고 싶은 단어를 좀 더 큰 소리로 밀어서 말하면 항상 플랫한 톤에 높낮이와 리듬감이 생기게 되는 것을 느끼게 될 것입니다. 동화책을 녹음한 원어민 오디오 파일을 틀어놓고, 원어민이

읽을 때는 어디를 강조했는지, 찾아서 동그라미 쳐보고, 따라해보세요. 또, 다른 의미로 강조해 보고 싶다면, 어떻게 말해 볼지 강조하는 단어를 바꿔가면서도 여러 차례 읽어보면 좋은 훈련이 됩니다.

CHAPTER 11

낭독 리딩 유창성 지도 Tip

1 원서 낭독은 1분부터 점차 시간 늘려가기

낭독이 좋다고, 1시간 내내 소리 내서 읽으라고 하면, 목도 아프고, 정신적으로도 집중하기가 힘이 듭니다. 사람들은 어쩔 수 없이 물리적인 한계를 안고 있기 때문이죠. 그렇기 때문에 들이는 시간 대비 나오는 결과물의 효율성을 따지자면, 책을 집중해서 읽기 가장 좋은 시간은 몇 분일까요?

전문가들에 따르면 책을 집중해서 읽기 가장 좋은 시간은 30분이라고 합니다. 30분 이상 읽으면 좋기는 하지만, 효율성이 조금씩 떨어지긴 한다고 합니다. 그렇다고, 우리 아이들에게 매일 영어원서 낭독 30분을 바로 시킬 수 있을까요?

40Km가 넘는 마라톤 선수들도 매일매일 그만큼을 뛰면서 훈련하지는 않습니다. 하물며 아직 책을 읽기 위해 필요한 체력이 쌓이지 않은 우리 아이들에게 30분 이상 낭독은 너무 힘들겠죠?

가장 기본은 1분 읽기입니다. 그리고 점차적으로 늘려 가야 합니다. 소리 내서 읽는 것은 어느 정도 지나면 WPM 속도가 더 이상 빨라지지 않는 것을 발견하게 될 것입니다. 아이의 문제이기 보다, 사람이다 보니, 속도에 한계가 있을 수밖에 없습니다.

한 가지 또한 주의할 사항이 있습니다. 계속 낭독으로만 읽어야 이해가 되는 습관이 쌓이면 곤란합니다. 이제 소리내지 않고는 집중이 안되는 습관이 형성이 될 수 있거든요. 점점 읽기 유창성이 쌓이면서 묵독Sustained Silent Reading의 속도가 더 높아지는 방향성으로 가야 하기 때문입니다.

2 가장 효율적인 반복 읽기 횟수

영어원서를 큰 소리로 쭉 읽는 것도 효과적이지만, 더욱 좋은 건, 특정한 길이의 지문을 여러 차례 반복해서 읽는 것이 더욱 효과적이라는 연구 결과가 나왔습니다.

National Reading Panel내셔널 리딩 패널, 미국 국립 읽기 위원회에서 반복 읽기는 유창성을 발달시키는 가장 최고의 방법이라 했습니다. 1970년대 LaBerge와 Samuels의 연구에 따르면, 같은 지문을 반복해서 읽을 때, 읽는 속도가 빨라지고, 이해력이 높아졌으며, 연관된 주제의 지문을 훨씬 더 잘 읽을 수 있었다고 합니다.

반복 읽기는 지문 속 단어를 여러 차례 읽음으로써 학생이 그 단어를 습득하게 도움을 주고, 다른 텍스트에서도 알아볼 수 있도록 하는 비율을 증가시켰습니다. 즉 그 어휘를 마스터할 수 있도록 했습니다. 낭독을 꼭 전체 책을 다 할 필요가 없습니다. 아이가 가장 재미있어 하는 부분을 뽑아 자세히 듣고, 따라서 읽어보는 반복 낭독 훈련을 추천합니다.

그렇다면 가장 효율적인 반복 읽기의 횟수는 몇 번일까?

O'Shea Sindelar1985는 실험에서 지문을 네 번 반복해서 읽는 것이 가장 효율적이라는 것을 알아냈습니다. 반복 횟수가 많을수록 조금씩 더 많이 성장할 수 있지만, 투입된 시간과 노력 대비 성장 폭이 가장 효율적인 횟수는 4회라고 합니다.

EFL 환경의 학생들은 영어 노출이 적기 때문에 그 횟수가 훨씬 더 많은 것이 좋긴 하지만, 집중력 대비 성장폭을 효율성으로 봤을 때, 최소 3~5회 정도의 반복 읽기 정도를 기본으로 잡는 것이 가장 좋습니다.

 반복 읽기 지도의 예시

- 반복 읽기 지도의 예시

1) 1차 낭독
   1차 낭독 및 WPM(분당 속도) 측정 → 원어민 오디오 파일 듣기 → 뜻 파악하기 → 모르는 어휘 및 문맥 파악하기

2) 2차 낭독
   원어민 발음 들으며, 끊어 읽기 발음, 표현, 강세 등 체크하기 -> 따라서 쉐도잉 연습하기

3) 3차 낭독
   3차 낭독 녹음 및 WPM 측정 → 원어민 발음과 비교 평가

3 낭독 목표, 기록, 모니터링의 중요성

문자를 뗀 이후 어떤 아이들은 자꾸 오디오를 안 듣고 그냥 혼자 읽으려는 경향이 있습니다. 하지만, 아이가 EFL 환경에서 영어 말하기의 발음, 강세, 톤 같은 것들이 습관화되지 않은 상황에서, 지속적으로 잘못된 발음이나 억양으로 연습해서 굳어지는 경우가 많습니다. 원어민 오디오를 들려주고 잘 듣고 따라서 낭독하는 것이 가장 좋은 훈련이지만, 아이들은 듣고 따라하는 단순한 드릴Drill, 반복적 훈련이 지루할 수 있죠.

그럴 때, 아이들에게 읽기 모델링과 함께 목표를 제시해 주는 것이 매우 중요합니다. 소리내서 읽으면 끝이 아니라, 앞서 설명했던, 낭독의 훈련 요소Oral Reading Fluency Rubric들을 보여주고 설명해 주는 것입니다.

원어민 오디오를 들으면서 어디에서 끊어 읽었는지, 시간은 얼마나 걸렸는지, 그리고 어떤 부분을 좀 더 강조해서 읽었는지 문장에 표시를 해 보게 합니다. 발음이나 톤 표현력 등을 신경 써서 듣고, 아이와 함께 읽으면서 연습합니다.

그리고, 아이가 읽을 때 시간도 재지만, 아이 목소리도 녹음해서 비교해 보고, 의미 단위 끊어 읽기나 발음, 표현력을 원어민과 비교하여 비슷하게 해보려는 목표를 갖게 하면, 아이는 여러 차례 같은 지문을 반복 읽기를 해도 집중하게 됩니다.

낭독이 굉장히 단순한 훈련법 같지만, 아이들이 쉽게 성취감을 느낄 수 있는 훈련법이기도 합니다. 같은 지문을 반복 해서만 읽어도 벌써 그 지문 안의 문장을 유창하게 읽는 자신을 발견하고, 매번 WPM을 재면서도 그 속도가 빨라지는 것이 눈으로 보이게 되기 때문이죠. 낭독을 하면 보통 책 이름만 적고 넘어가시는 분들이 많은데, 기록하여 성취를 눈으로 보여주길 추천합니다.

National Reading Panel내셔널 리딩 패널, 미국 국립 읽기 위원회가 실시한 연구에 따르면, 학생들이 낭독 훈련을 하고 교사들이 피드백을 하는 경우와 그렇지 않은 경우를 비교했더니 낭독 후 피드백을 받은 학생들이 읽기 유창성이 눈에 띄게 향상되었다고 합니다.

미국의 리딩 전문가들이 학생마다 낭독 훈련의 기록을 하는 표들을 잠깐 엿볼까요?

 학생 별 리딩 프로파일

Reading Profile

Student Name: _____ Teacher Name: _____

Date (날짜)	Title (책 제목)	Repeated Reading (반복 읽기 순차)	WPM (분당 속도)	Word Rec.% (어휘인지율)	Total No. of Words (전체 단어수)
9.3	Fly Away	1st	42	96	113
		2nd	70	100	113
		3rd			
9.4	Eat Your Peas	1st	42	92	150
		2nd	58	94	150
		3rd	75	100	150

Evaluation/ Summary of Strategies Students Use

Sep.: Sight words, Phonics, Decoding Fluency, Expression, Phrasing

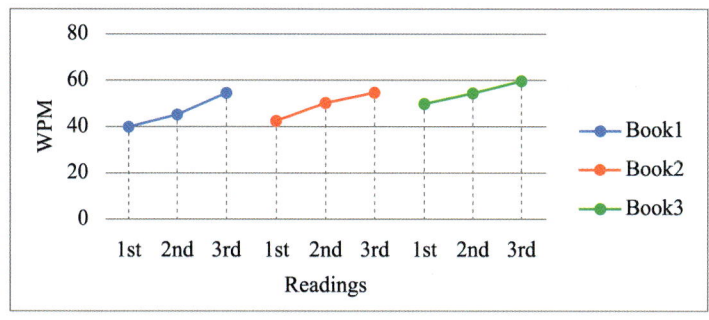

● 학급 WCPM 차트 ●

Sept.	WCPM	October
	130	
	120	
	110	
	100	
	90	Andy, Nick
Andy ☆	80	
Nick ☆	70	Sam, Zach, Nicole
Sam ☆, Shaela ☆, Joe ☆	60	Shaela, Joe
Zach ☆, Nicole ☆	50	
	40	
	30	

키 재기 차트처럼 세로로 긴 차트를 만들어 월별로 자신에게 해당되는 분당 속도 기록 옆에 아이들의 이름을 스티커나 찍찍이로 붙이게 합니다. 친구들끼리 긍정적으로 경쟁심이 생기게 해서 읽기 연습을 해야겠다는 동기부여를 해주기도 하고, 월 마다 상승하는 분당 속도 기록을 보며, 스스로 성취감을 느낄 수 있습니다.

4 낭독의 다양한 방법

1) Read Aloud 큰 소리로 읽어주기 단계

I do it, you watch 단계
선생님이나 부모님이 시범을 보여주는 단계

처음에는 아이, 학생에게 선생님이나 부모님이 읽어주는 큰소리 읽기 단계에서 시작합니다.

이 단계에서는 아이가 책 읽기를 좋아하게 만들어주고 상상력을 자극하는 것을 주된 목표로 삼습니다. 또한 영어 단어나 구조를 귀로 듣고 문자를 인식하는 것이 목표입니다.

주로 오감 자극 놀이책으로 시작하여, 흥미로운 이야기와 캐릭터가 살아있는 동화책들을 활용합니다.

육아 교육정보 온라인 커뮤니티에 올라온 질문 중에, 언제까지 책을 읽어줘야 하느냐는 질문이 자주 올라옵니다. 어떤 부모님은 이제 아이가 한글을 막 뗐으니 더이상 읽어주지 않는다고 합니다. 그러나 전문가들은 아이가 충분히 유창하게 읽는 2학년이 되더라도 부모님이 책을 읽어주는 시간을 계속 갖는 것이 아이의 상상력, 이해도, 정서적 교감에 도움이 된다고 입을 모아 말하고 있습니다.

또한 읽기 독립 훈련 프로그램을 구성할 때 수업 중 가장 먼저 하는 지도 단계이기도 합니다. 선생님은 최대한 또박또박 정확한 발음이나 스토리내 상황에 맞는 감정으로 책을 읽어 주는 것이 좋습니다.

2) Shared Reading 함께 읽기 단계

We do it together

선생님과 학생이 함께 텍스트를 읽으며 훈련하는 단계입니다. 선생님이 책을 읽을 때 어떻게 해야하는지 보여주고, 어떻게 의미구조를 구축해 나가는지를 학생들에게 보여줍니다. 그리고 학생들은 그것들을 적용 연습하면서 유창하게 읽도록 연습합니다.

이때 아이들이 선생님의 도움으로 직접 읽어 볼 수 있도록 매우 쉬운 텍스트의 책이 필요합니다.

영미권의 유치원이나 학교에서 혹시 스토리 타임이라고 아이들을 바닥에 동그랗게 앉게 하고 선생님이 큰 책, 즉 빅 북Big Book이나 스크린을 사용하여 책을 읽어주는 사진을 본 적이 있다면, 십중팔구는 선생님이 Read Aloud나 Shared Reading을 하고 있는 것입니다.

● 영미권 Shared Reading 지도 예시 ●

1차시	이야기가 익숙해지도록 함께 읽기, 이야기를 예측해보거나 자신과 연계 해보기
2차시	반복 읽기, 학생들이 직접 선생님과 함께 읽어보도록 하기, 특정한 단어들(파닉스 규칙 적용 단어 또는 싸이트 워드)을 가르치고 함께 읽는 훈련하기
3차시	반복 읽기. 학생들이 선생님과 함께 읽는다. 싸이트 워드들을 문장 속에서 알아볼 수 있도록 훈련한다. 오늘 읽은 이야기를 다시 전달하는 리텔링(Retelling) 훈련을 해본다.
4차시	반복 읽기. 학생들이 선생님과 함께 읽는다. 문장에서 구두점(마침표, 물음표 등)의 기능과 역할, 읽을 때 주의점 등을 배운다.
5차시	반복 읽기. 학생들이 선생님과 함께 읽는다.

낭독을 할 때, 혼자가 아닌 그룹 학생의 경우, 집중해서 읽는 아이들도 있고, 그렇지 않은 학생들도 있습니다. 재미있게 여럿이서 낭독하는 다양한 방법을 소개합니다.

Shared reading activity

1) 드라마식 읽기(Dramatic Play): 연극하듯 역할을 나눠서 읽기
2) 모두 함께 읽기(Choral reading): 모두 함께 큰 소리 읽기
3) 메아리식 읽기(Eco reading): 선생님이 읽고 난 후 따라서 읽기
4) 짝꿍과 읽기(Pair-up reading): 짝꿍과 함께 읽기
5) 박수 치며 읽기: 특정 타겟 단어(그날 새로 배운 단어 등)가 나왔을 때 모두 박수 한 번 치고,(또는 책상을 노크하며) 그 문자 디코딩을 함께 해냄

3) Guided Reading 가이디드 리딩 단계

You do, I help 단계

선생님이 학생의 지도 레벨에 맞는 도서를 소개합니다. 그리고 더 깊은 이해를 도와주는 읽기 전략들을 소개하고 학생들이 적용하여 훈련하게 합니다. 이제 단순히 문자를 읽어내는 것보다 이해도를 더욱 갈고 닦을 수 있도록 도와주는 단계인 것입니다.

마치, 이제 잘 걷는 아이가 달리기 경주에 참여할 수 있도록 점점 전략적 스킬을 훈련하는 단계라 할 수 있겠습니다.

어떠한 스킬을 훈련하느냐에 따라 선생님이 그림책이든, 리더스든, 챕터북이든, 잡지든 다양하게 골라 이용합니다.

가이디드 리딩의 예시는 리딩 전략에 대해 설명하는 파트에서 자세한 예시를 제시하겠습니다.

4) Independent Reading 읽기 독립

You can do it alone!

자신이 읽고 싶은 책을 골라서 직접 스스로 읽고 이해하는 단계입니다. 자발적으로 자신에게 흥미로운 책을 고르며, 자발적으로 읽기를 하는 훈련을 합니다. 또한 더욱 깊은 이해도를 훈련하며, 쓰기 훈련의 비중을 높이는 단계로 넘어갑니다.

사실 자립한 후에는 부모님이나 선생님의 역할이 크지 않습니다. 하지만, 우리나라 아이들의 경우, 모국어 독서가 아니기 때문에 레벨이 올라가면서 어려움을 느껴 지쳐버리는 경우가 있습니다. 잘 지켜보다가 아이에게 필요한 것이 동기부여인지 아니면 실력 향상인지 판단하셔서 필요한 도움을 주시기 바랍니다.

에필로그

 2년이 넘게 이 책의 원고를 썼다 지웠다를 몇 번이나 반복하며 고치는 와중에 참 많은 생각이 들었습니다. 그 중에 옛 회사 동료의 걱정도 생각나네요. 이렇게 어려운 이야기들을 대중들은 아마 알아봐 주지 않을 거라고 말이죠.

 실제로, 엊그제는 영어업계에서 스타강사로 이름을 날리시는 분이 '엄마표 영어'에 대한 라이브 강의를 유명한 플랫폼을 통해 하시는 걸 들었습니다. 어떤 엄마의 질문 중에 5살 아이의 영어를 어떻게 가르쳐야 할지 모르겠다고 조언을 해달라는 요청이 있었습니다. 아이에게 하루에 영어 단어 3개씩 암기 시키라는 조언을 하시더군요. 매일 초등학교까지 지속되면 양이 어마어마하다고 덧붙이면서 문장 순서에 대한 공부는 나중에 해도 된다고 말씀하셨습니다. 그분의 대답을 듣고 깜짝 놀랐습니다. 만약 초등학생이나 중학생 이상의 아이를 위한 조언이었다면 일리가 있을 수 있겠지만, 5세 아이를 위한 조언이라면, 그렇지 않기 때문입니다. 그분은 아이의 발달 단계에 대해 아는 바 없이 성인 스피킹을 가르쳐 본 경험만으로 그렇게 대답하고 있다는 것을 저는 금세 눈치챌 수 있었습니다. 하지만, 그 방송을 듣고 계신 대부분의 청중은 그 분의 명성과 신뢰를 기반으로 한 그 조언을 그대로 받아들이실 것 같아서 참으로 안타까웠습니다.

 5세면, 아직 문자 언어에 대해서는 느리지만, 소리 언어에 대해서는 스펀지처럼 열려 있습니다. 소리 언어로 짧은 문장 형태로 많은 노출이 필요합니다. 처음부터 문자와 단어에만 갇혀 공부하는 것은 매우 비효율적인 방법입니다. 이것은 저의 주장이 아니라, 석학들의 조사와 연구 결과입니다. 입문편과 심화편 두 권을 통해 그 내용을 상세히 설명했으니, 자세한 내용은 참고하시기 바랍니다.

어쨌든, 이 부분의 이야기를 어렵사리 꺼내는 것은 '엄마표 영어'라고 이름 붙이고, 오직 홍보와 돈벌이의 목적만으로 잘못된 정보를 아무렇게나 던지는 것에 대해 비판적으로 구분할 줄 아는 사람들이 많아졌으면 하는 바람 때문입니다.

영어독서관련 인플루언서들이 소개하는 독서 교육 상품들 중에 한 가지 확실한 것은 '만능이 없다'는 사실입니다. 아무리 좋은 상품도 내 아이가 100% 소화해 내지 못할 수 있고, 교재 교구 자체에 장단점이 있을 수 있습니다. 그래서 가장 효과적으로 사용할 수 있도록 하는 방법론에 대해 잘 아는 것이 필요합니다.

이것이 가장 크게 문제로 부각되는 레벨들이, 책 읽기 훈련을 하는 파닉스 단계부터 AR 1.0 사이의 아이들인 것 같습니다. 현재 한국에서 수입해서 쓰고 있는 대부분의 영어원서들이 원어민 기준이기 때문에 파닉스 프로그램을 포함한 Learn to Read 단계가 EFL 환경의 어린이들의 레벨에 잘 맞지 않을 수 있습니다. 어떤 아이들은 그 과정에서 너무 많은 좌절을 느낄 정도입니다. 이런 부분을 어떻게 보충해 주어야 하는지를 조언해 주는 사람이 별로 없어서 가슴이 답답하신 학부모님들을 많이 보았습니다.

이 책을 쓴 이유에는 영어원서를 통해 영어를 배우는 가장 이상적이고 효과적인 방법을 선택한 학부모님들과 선생님들에게 이런 답답함을 해소해 주는 제대로 된 정보를 제공해 드리고 싶다는 진심이 저에게 컸습니다.

분명 그 뜻은 좋지만, 작고 힘없는 저에게 분명 시장논리라는 파도 속에서 살아남기 힘든 어려운 여정이 될 것이 뻔히 보였기 때문에 저의 동료가 그런 걱정에 찬 조언을 해주었겠지요. 사실 저도 부족하디 부족한 사람이라 '그냥 아무 말 않고 가만히 있을까?'하는 생각도 했습니다. 하지만, 우리나라에 영어 원서 읽기가 대중화 되기 전부터 지금까지 제 마음 속 한 켠에 해결되지 않은 질문들을 꺼내서 물어보고 싶었습니다. '왜 우리는 암기 교육에만 혈안이 되어 있을까? 왜 우리는 아이들의 가치관 교육에는 신경을 쓰지 않을까? 왜 우리는 말 한마디 못하는 문법 중심의 교육만 할까?'라는 우리 교육의 문제를 드러내는 물음들이었습니다.

어제는 회사 대표님들과 만나 이야기를 나누는 자리가 있었습니다. 그 분 중 한 분은 딥러닝 기반의 기술로 인터넷 언론사를 운영하고 계셨습니다. 기자들도 수십 명 고용하셨지만, AI인공지능가 엄청난 양의 뉴스 기사를 작성해 준다고 합니다. 뉴스 기사에 대한 일반적인 틀이 있기 때문에, 딥러닝으로 금방 분석하고 금방 글을 써낸다고 합니다.

게다가, 뉴스 기사에서 최근에 AI가 글을 분석하고 이해Comprehension까지 할 수 있도록 개발되고 있다는 소식을 접한 적이 있습니다. 그 대표님도 말씀하시길, AI에게 글을 줘서 단순히 글의 내용에 대한 육하원칙 사실만을 물어보는 정도의 쉬운 난이도의 테스크는 금세 수행한답니다. 더 나아가서, 글을 다 파악한 다음에 글의 전반적인 논조나 분위기까지 파악한다고 합니다. AI가 글의 요지가 불만인 것인지, 칭찬하는 건지를 판단한다는 겁니다. 놀랍지 않으세요? 저는 정말 충격을 받았습니다. 그리고 발등에 불이 떨어진 느낌을 받을 정도로 우리 교육이 빠르게 변화해야 한다는 걱정이 앞섰습니다.

공상과학 영화에서 기계 vs 인간의 대결이 두려움으로 다뤄지는 경우가 많습니다. 기계가 인간보다 뛰어나서 언젠가는 인간들을 지배하게 될 것이라는 걱정과 두려움이죠. 과한 상상이라고 넘기기에는, 이미 우리는 기술의 발달로 인해, 일거리를 잃어가고 있습니다.

게다가 기계가 정보를 분류하고 단순한 규칙 안에서 인간의 능력을 카피하는가 싶더니, 그 이상의 사고 능력을 학습해 내고 있네요. 뉴스 기사를 써내는 것까지도 신기한데, 이제는 '판단'이라는 인간의 고차원적인 사고 기술High order of thinking skill까지 따라오려고 한다는 것입니다.

예를 들어, AI가 긴 글 하나를 1초 만에 분석해 내더니, '음. 이 글은 정부에 대한 비판이 너무 세기 때문에, 그냥 안 보는게 좋겠어.'하고 판단해서 알려주는 거죠.

만약 우리가 제대로 된 가치관을 가지고 있지 않고, 기계에만 맡긴다면, 기계의 판단에 따라 제공된 선택지들을 선택하게 될 것은 뻔한 일이고, 그것은 분명 기계가 인간을 지배하는 것과 무엇이 다를까요? 유튜브의 알고리즘을 예로 들어볼까요? 우리의 취향을 알아서 좋아할 만한 영상들을 골라서 보여주는 것은 시간을 아껴주고 우리를 즐겁게 해줘서 참 편리하고 좋습니다.

하지만, 그 알고리즘 때문에 한 취향만 경험치가 쌓여가고 편식은 더해져만 가겠지요. 게다가 더 심각한 문제는 그 알고리즘에 우리의 판단은 없다는 것, 즉 기계의 판단과 선택지에 끌려 다니기 시작했다는 것입니다. 그런 사실조차 자각하지 못하고 있다면 그 자체도 매우 위험한 거죠. 누군가 나쁜 의도라도 갖고 그 알고리즘을 조작한다면, 분명 그 영향을 받게 되겠죠.

페이스북에 '좋아요'를 많이 받지 못했다는 이유로 우울증을 앓거나 자살을 하는 사건 등이 종종 뉴스에 나옵니다. 이런 여러 부작용들을 보면서 '좋아요' 버튼을 만들었던 개발자가 회사를 나오게 됐고, 이런 문제들을 예방하고자 기관을 설립하였다고 합니다. 주로 하는 일이 거대 인터넷 기반 기업들이 어떤 특정 기능을 디자인 할 때, 인권과 가치를 먼저 고려하도록 부작용들을 모니터링하고 사회적인 여론을 형성하여 더 나은 기술 활용을 선도하는 것이라고 합니다. 이제 부지불식간에 새로운 기술에 지배당해 끌려가기 보다는, 그것을 슬기롭게 활용하는 제대로 된 주인이 되기 위해, 우리는 끊임없이 소통하고 생각하고 토론하고 가치 판단하고 의사결정 내려야 합니다.

공해Pollution의 시대에 나쁜 것들을 걸러주고 좋은 것을 얻을 수 있게 해주는 필터가 필수입니다. 마찬가지로, 정보의 홍수 시대, 이렇게 '판단'의 영역까지 고차원의 사고영역으로 발전하고 있는 AI의 시대에 우리에게는 가치관의 필터가 필요합니다. 암기해서 1등 하는 것보다 가치관 교육과 고차원적인 생각을 하여 의사결정하고 새로운 것을 설계하여 창조할 수 있도록 이끄는 교육이 활발히 이뤄져야 합니다. 그렇게 하기 위한 가장 기본이 되는 교육은 리터러시 교육, 독서 교육, 디지털 리터러시 교육, 미디어 리터러시 교육입니다.

리터러시 교육은 우리 모두가 함께 고민하고 알아야만 하는 중요한 이야기입니다. 우리 아이의 미래가 달린 교육에 대한 이슈이자 긴급히 해결해야 할 문제이기도 합니다.

인지신경학자이자 '읽는 뇌' 분야의 세계적인 연구자 매리언 울프는 디지털 시대에 '겉핥기 식 독서'의 심각한 부작용을 지적합니다. 비판적 사고와 공감력을 떨어뜨려, 지적 성숙이 진행중인 청소년들이 가짜 뉴스 희생물로 전락할 수 있는 위험을 경고합니다.

디지털 읽기를 하게 되면, 스크린으로 봐야 하기 때문에 종이책을 읽을 때와는 달리 자꾸 '훑어 읽기'를 하게 됩니다. 지그재그로 텍스트를 재빨리 훑게 되기 때문에 '깊이 읽기'를 하지 못하게 됩니다. 디지털 정보 중에서도 짧은 영상이나 게임 등의 짧고 자극적인 형식의 정보를 눈으로만 흘려 받는 것에 익숙해지다 보면, 이야기의 심층을 살피는데 필요한 인지적 참을성이 약해지면서, 조금만 어렵거나, 꼬인 문장, 느린 전개를 견디지 못합니다. 자연스럽게 산만해지고 비판적 사고와 공감력을 훈련하지 못하게 됩니다. 그런 상황에서 누군가 멋져 보이는 사람의 비윤리적인 주장이나 이야기를 여과 없이 그대로 믿고 따르게 된다면 어떻게 될까요?

정보를 제대로 다루는 스킬을 가르쳐 주지 않으면, 아이들은 이런 위험에 노출 될 뿐 아니라, 미래의 커리어를 발전시키기 어렵게 됩니다. 어떤 커리어를 가지든 간에 요즘은 변화가 매우 빨라서 새롭게 배워야 할 것들이 너무 많습니다. 새롭게 배울 수 있는 채널과 컨텐츠는 많아지고 있지만, 그것을 소화해 내는 것은 온전히 사람의 몫입니다.

정보를 다뤄서 자본화해야 먹고 살 수 있는 세대에게 학교를 가게 해주는 것만으로 교육의 기본권을 모두 제공해 주었다고 생각하면 안됩니다. 정보가 자본이 되는 시대에 읽고 쓰고 비판적 사고를 하고, 새로운 것을 만들어 낼 수 있는 스킬을 훈련시켜야 합니다. 그것이 바로 다른 말로, 리터러시 교육이고, 이것은 모든 학습 능력의 근간이 되는 스킬입니다.

디지털 리터러시, 미디어 리터러시 스킬 훈련의 기본은 종이책을 읽고 쓰고, 비판적 사고 훈련을 하는 독서토론 훈련입니다. 세계적인 인지신경학자인 매리언 울프 역시 지금 세대에게 종이책과 디지털 읽기 모두 균형 있게 읽을 수 있는 양손잡이 읽기 뇌를 만들어 줘야 한다고 강력히 주장하고 있습니다.

포스트 코로나 시대를 통과하고 있는 디지털 세대인 우리 아이들에게 꼭 필요한 것은 바로 독서토론 교육입니다. 누가 그 일을 할 수 있을까요? 바로 학부모님, 선생님, 학생 모두가 독서토론 교육 문화의 형성과 발전을 위해 각자의 자리에서 목소리를 내고 할 수 있는 일들을 함께 해 나가야 한다고 생각합니다.

그래도 희망적인건, 우리 아이들과 함께 책 읽고 생각하고 토론하는 교육을 꽃피우고자 목소리를 내시는 분들이 점점 더 많아지고 있다는 사실입니다. 시간이 갈수록 더욱 잔악무도해지는 온라인에서의 청소년 폭력이나 범죄에 대한 뉴스를 보면서 우리 발등에 떨어진 시급한 과제라는 확신도 듭니다.

아무리 세상이 바뀌어도 진리는 흔들리지 않습니다. 우리가 가르치고 지켜야 할 진리는 사람답게 사는 것, 사랑하며 사는 것이라고 생각합니다. 그것을 가르치는 방법이 생각보다 어렵지 않습니다. 책 속에 반짝이는 가치들을 아이들이 찾을 수 있도록 손에 쥐어 주고 함께 질문하고 토론해 보는 문화를 만들면 됩니다.

부족한 표현력으로 기나긴 페이지에 쏟아 낸 생각들과 의견들이지만, 이 책을 통해 전국에 이와 같은 생각을 하시는 분들을 만나는 계기가 되었으면 합니다. 함께 협업하여 교육계에 새로운 변화의 물결을 만들어 낼 수 있기를 간절히 바라봅니다.

끝까지 읽어 주셔서 감사합니다.

부록

I. 단계별 로드맵

II. 레벨 별 추천도서/미디어 목록

III. 영어독서코칭FAQ(자주 묻는 질문 모음)

부록 1

단계별 로드맵

집에서 하는 영어독서코칭의 최대 장점은 우리 아이와 나의 실력과 상황에 맞춰 속도와 레벨을 조절하며 나아갈 수 있다는 것입니다. 하지만, 단점은 선생님이 전문가가 아닌 엄마나 아빠 선생님이다 보니, 교육 정보나 방법론을 모른다면 여러모로 한계에 부딪힐 수 밖에 없다는 것입니다.

장점을 최대한 살리고, 단점을 최대한 보완하기 위해서는 일단 학년별 적정 발달At Grade Level에 기반한 단계별 로드맵Roadmap의 큰 그림을 이해한 후, 우리 아이에게 맞춘 커리큘럼으로 수정해서 적용하는 것이 가장 좋습니다.

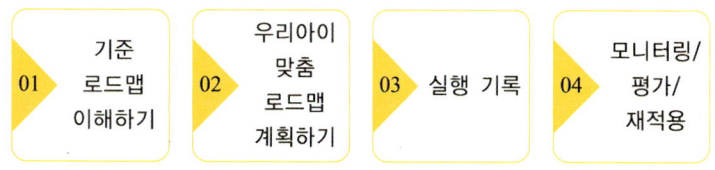

● 단계별 홈스쿨링 계획 및 실행하는 법 ●

01 기준 로드맵 이해하기 → 02 우리아이 맞춤 로드맵 계획하기 → 03 실행 기록 → 04 모니터링/평가/재적용

학년별 적정 발달At Grade Level을 고려한 각 단계의 학습 포커스, 적정 목표 레벨미국 기준, 적정 연령한국 기준, 도서 종류 추천 및 기타 팁을 한 눈에 볼 수 있도록 정리하였습니다.

부록 1. 단계별 로드맵   253

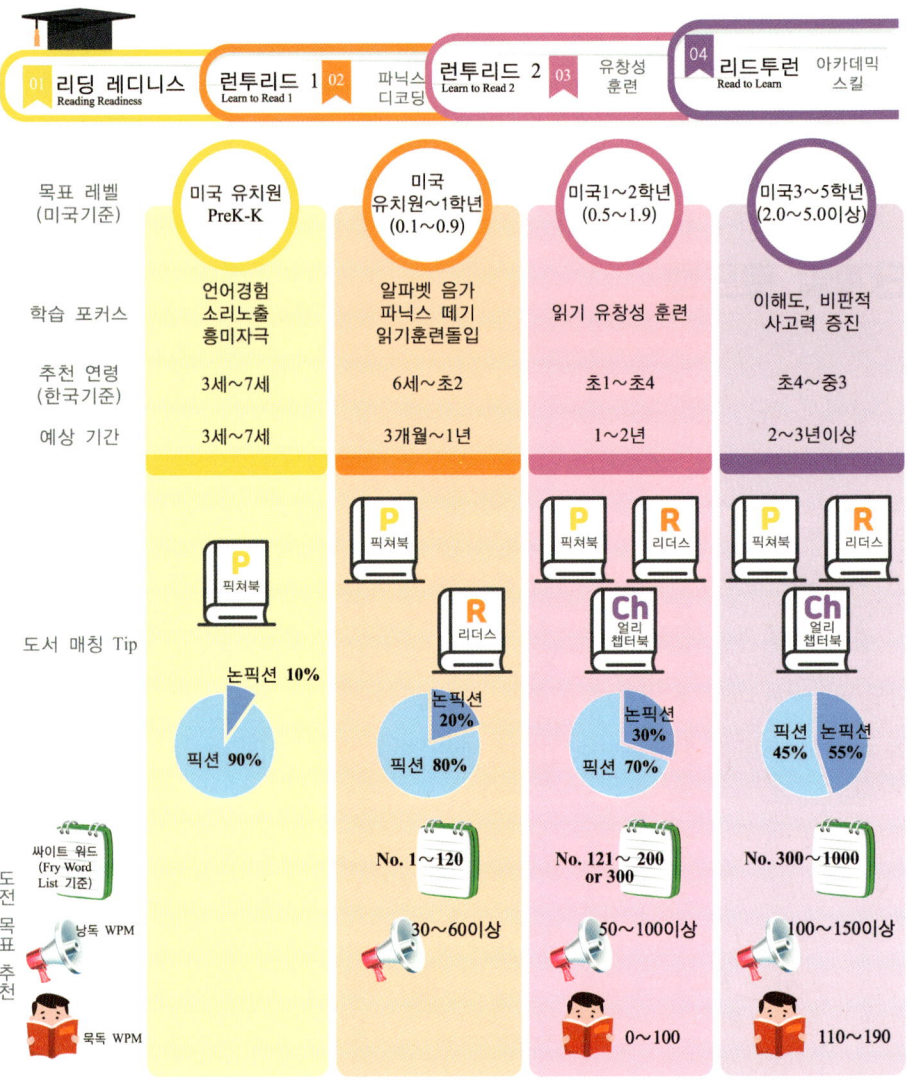

부록 2

레벨별 추천 도서/미디어 목록

I. 언어 경험 흥미 유발 단계(Reading Readiness)

II. 파닉스 디코딩 훈련 단계(Learn to Read 1)

 학년 적정 레벨 가이드

- 목표 레벨: 미국 유치원~초등 1학년(0.1~0.9)
- 학습 포커스: 언어 경험, 흥미 자극, 소리 노출
- 알파벳 음가 인지, 파닉스 떼기, 읽기 독립 훈련 돌입
- 추천 연령: 3세~초2학년
- 예상 기간: 3개월~1년

🔔 도서 매칭 Tip

▶	P	R	Ch
영어노래 오디오 비디오 노출	마더구스 보드북 오감북 그림책 동화책	디코더블 리더스 파닉스 리더스 싸이트 워드 리더스	파닉스 학습서
미디어 보고/듣기	부모님이 읽어주기	낭독 반복읽기	학습 코칭

리딩 레디니스Reading Readiness 단계는 읽기 들어가기 전에 문자와 친해지고, 언어, 이야기 등에 흥미를 느낄 수 있게 하는 단계입니다.

파닉스 디코딩 훈련 단계는 파닉스 규칙을 배워, 문자를 소리로 해독하는 훈련Decoding Skill을 하는 단계로서, 읽기 위해 필요한 문자에 대한 규칙들을 배워 익히는 단계Learn to Read의 시작 단계입니다 .

두 단계는 따로 진행할 수도 같이 혼합하여 진행할 수도 있습니다. 아이에게 모국어와 같은 방식으로 영어를 가르쳐 준다면, 영어는 언제든 시작할 수 있습니다. 다만 아이가 소리를 통해 먼저 언어를 배울 수 있게 하고, 문자 언어를 배우는 것은 아이의 뇌 발달단계를 고려하여 시작할 수 있도록 해주세요.

이 시기에 책을 고르는 절대적인 기준은 바로 소리 자극과 흥미입니다. 라임Rhyme이 들어가 있어, 읽을 때 리듬이 느껴지는 책, 그림이 아이의 흥미를 자극할만한 책, 아이가 자연스럽게 책과 반응을 이끌게 만들어주는 오감만족 책들은 아이가 책을 좋아하는 것을 넘어 수없이 반복 읽기를 자연스럽게 이끌어 줄 수 있습니다.

문자 언어를 배우기 시작했다고 해서 바로 아이가 술술 읽을 수 있는 것은 아닙니다. 아이는 지속적인 언어와 상상력 자극이 필요하기 때문에 부모님이 아이가 좋아할만한 책을 읽어 주어야 합니다.

파닉스Phonics 학습을 하고 있다면, 아이가 배운 소리 규칙 위주로 된 단어로만 이뤄진 디코더블 리더스와 학습서를 병행하여 훈련하는 것이 좋습니다. 이 시기에는 원어민 오디오 듣고 큰 소리 읽기, 반복 읽기를 해야 합니다. 아이 혼자 하기 힘들기 때문에 옆에서 많은 도움과 지원이 필요합니다.

 대표 추천 도서 목록

● 추천Top 30 픽쳐북 for 리딩 레디니스 ●

No.	이미지	제목	작가	레벨	비고
1		Chicka Chicka Boom Boom	Bill Martin Jr. and John Archambault		알파벳 인지에 도움을 주는 책
2		Press Here	Herve Tullet		노란색 점을 누르면 일어나는 다양한 경험이 책에 대한 흥미를 심어주고 문자와 반응하는 학습이 됨
3		Dear Zoo	Rod Campbell		애완동물을 갖고 싶은 아이에게 동물원에서 택배가 오는데… 상자를 열어보며 애완동물이 되면 어떨지 자연스레 대화하게 되는 책
4		The Very Hungry Caterpillar	Eric Carle	2.9	알록달록 애벌레와 함께 색깔, 숫자, 과일 이름을 배울 수 있는 책
5		Wheels on the Bus	illustrated by Annie Kubler	2.6	라임이 있는 흥미로운 챈트 동네 버스에서 나는 다양한 의태어 의성어

6		Who Stole the Cookies from the Cookie Jar	Illustrated by Jane Manning		라임이 있는 흥미로운 챈트, 뺄셈의 개념과 질문 답을 할 수 있음
7		Go away Big Green Monster	Ed Emberley	1.3	"저리가, 괴물아!"를 외치며, 얼굴 부위 명칭을 영어로 배울 수 있음
8		We're going on a Bear Hunt	Michael J. Rosen	1.3	리드미컬한 문장과 곰 사냥을 가는 흥미진진한 전개
9		Pete the Cat and His Four Groovy Buttons	James Dean and Eric Litwin		시크도도 고양이 피트와 함께 재미있는 숫자세기
10		Clifford the Big Red Dog	Norman Bridwell	1.2	집 한 채 크기만한 강아지 클리포드와 앨리자베스의 사건 사고 에피소드
11		Goodnight Moon	Margaret Wise Brown		Bedtime 스토리의 클래식
12		Mr. Men: My Complete Collection	Roger Hargreaves		사랑스러운 캐릭터들을 통해 자동으로 익혀지는 연관 어휘
13		Five Little Monkeys Jumping on the Bed	Eileen Christelow	1.4	장난꾸러기 다섯 원숭이들이 침대에서 뛰다가 벌어지는 일
14		The Foot Book	Dr. Seuss	0.6	상상력의 대가 닥터 수스와 함께 발에 대한 여러가지 모습

15		What's the Time, Mr. Wolf?	Annie Kubler		손인형 늑대와 함께 시간에 대해 묻고 답하는 재미를 주는 책
16		Peppa Pig	Eone		같은 또래의 이야기라 몰입되는 스토리
17		Rosie's Walk	Pat Hutchins	0.6	암탉 로지를 잡아먹으려는 여우 그러나…
18		Harold and the Purple Crayon	Crockett Johnson	3.0	마법 크레용으로 어디까지 그려 봤니?
19		We Are in a Book! (Elephant&Piggie)	Mo Willems	0.9	만화같은 구성으로 책 읽기를 쉽고 재미있다고 느끼게 하는 책
20		Is Your Mama a Llama?	Deborah Guarino	1.6	라마 엄마를 찾아볼까?
21		Brown Bear, Brown Bear, What do you see?	Eric Carle		곰이 뭘 봤을까요?
22		The Mixed -up Chameleon	Eric Carle	1.8	다른 동물을 부러워하는 카멜레온아, 넌 있는 그대로 멋져!

23	My Dad	Anthony Browne	1.4	세상에서 제일 멋진 우리 아빠는요…
24	My Mom	Anthony Browne	1.1	세상에서 제일 멋진 우리 엄마는요…
25	Silly Suzy Goose	Peter Horacek	1.7	남들과 다르고 싶은 거위 수지의 반전 이야기
26	Look out, Suzy Goose	Peter Horacek	1.7	조용한 평화를 누리고 싶은 거위 수지의 뜻밖의 난관…
27	I'm a little Teapot	마더구스		
28	Itsy Bitsy Spider	마더구스		마더구스 시리즈로 롸임으로 책과 친해져요.
29	To Market To Market	마더구스		
30	Hickory Dickory Dock	마더구스		

● 디코더블 리더스 ●

Primary Phonics	Now I'm Reading	Scholastic Decodable Readers

● 파닉스 학습서 ●

Spotlight on Phonics	Smart Phonics	EFL Phonics

III. 유창성 확보 단계(Learn to Read 2)

 학년 적정 레벨 가이드

- 목표 레벨: 미국 초등 1~2학년(0.5~1.9)
- 학습 포커스: 읽기 유창성 훈련
- 연령: 초1~초 4학년
- 예상기간: 1년~2년

 도서 매칭 Tip

▶	P	R
영어노래 오디오 비디오 노출	동화책	레벨드 리더스
미디어 보고/듣기	부모님이 읽어주기, 함께 부분 읽기	낭독, 반복 읽기

런투리드Learn to Read는 읽는 법을 배우는 단계입니다. 배웠던 파닉스 Phonics 규칙과 싸이트 워드Sight Words들을 문장 속에서 읽어내는 능숙함이 확실히 확보되어야 하는 단계입니다.

옆에서 많은 도움과 반복이 필요합니다. 읽기 유창성 훈련용으로 설계된 리더스로 오디오를 듣고, 큰 소리로 낭독하고, 반복 읽기를 해야 합니다. 어휘 학습도 점점 늘려가야 하며 이야기에 대한 이해도를 확인해야 합니다. 이런 필요 요소들에 가장 최적화되도록 설계된 책이 바로 레벨드 리더스Leveled Readers입니다.

레벨드 리더스는 다분히 학습적인 부분이 있기 때문에, 흥미를 잃지 않도록 재미있고 이야기 구조가 드러나는 동화책을 읽어 주어야 합니다. 아이가 읽을 수 있는 단어나 문장을 만나면 함께 읽기도 해봅니다.

레벨드 리더스는 세트로 사는 것이 효과적입니다. 전체세트까지는 아니더라도 학습하고자 하는 레벨에 맞춘 도서 레벨의 세트를 구매하는 것이 다독 훈련에 도움이 됩니다. 그 시기에 맞는 픽션 논픽션으로 비율이 잘 구성되어 있고, 문장이나 어휘도 발달 단계별로 높아지는 구조로 잘 설계되어 있기 때문에 활용하기 좋습니다.

 대표 추천 도서 목록

● 대표 레벨드 리더스(Leveled Readers) 시리즈 ●

Hello Readers	I Can Read
미국 유치 초등학교 읽기 교육과 연계하여 개발된 리더스	미국 초등교과 과정 필수 리더스 (미국 초등 교과서에 실린 이야기들이 주로 구성되어 있어요.)
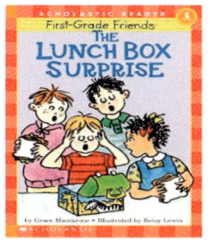	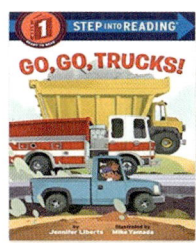

Usborne First Reading	Usborne Young Reading
읽기를 시작하는 아이들을 위한 초급 리더	전래동화, 판타지, 픽션과 논픽션을 한번에!
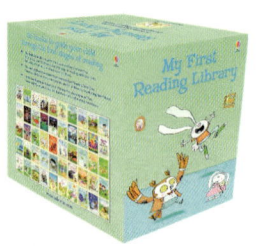	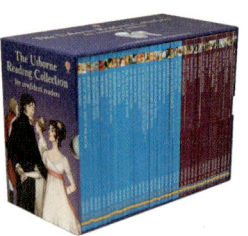
Cambridge Reading Adventures	**Raz-kids**
다독훈련에 최적화된 흥미진진 리더스 시리즈	레벨별 읽기 훈련용 리더스 시리즈

● 추천Top 30 픽쳐북 for 런투리드(2) ●

No.	이미지	제목	작가	레벨	비고
1		Leo the Late Bloomer	Robert Kraus	1.2	읽기, 쓰기를 못하는 아기 호랑이 리오를 걱정하는 아빠와는 달리 그의 때를 느긋하게 기다려 주는 엄마. 그리고 마침내…
2		Don't Let the Pigeon Drive the Bus	Mo Williams	0.9	아무리 애절하더라도 비둘기의 부탁을 들어줘선 안돼

3	There is a Bird on Your Head (An Elephant and Piggie Book)	Mo Williams	1.0	머리 위에 새가 있는데 어쩌지?
4	I Want My Hat Back	Jon Klassen	1.0	누가 곰의 모자를 가져 갔는지 추리하는 재미가 쏠쏠
5	Green Eggs and Ham	Dr. Seuss	1.5	초록 달걀과 햄이라니? 대체 어디서 먹을 건데?
6	The Little Mouse, the Red Ripe Strawberry and the Big Hungry Bear	Don Wood	1.5	쥐가 딸기를 지키는 방법! 그림이 너무 귀여워서 푹 빠질 수 밖에 없어!
7	Hi! Fly Guy	Tedd Arnold	1.5	이렇게 간단한 문장으로 읽는 재미와 자신감을 주는 책 있으면 나와봐
8	Pinkerton, Behave!	Steven Kellogg	1.5	말썽꾸러기 개 핑커톤 길 들이기
9	This Is Not My Hat	Jon Klassen	1.6	이 모자 누구거지?

10	Are You My Mother?	Philip D. Eastman	1.6	우리 엄마는 어디에?
11	Knuffle Bunny: A Cautionary Tale	Mo Wilems	1.6	말문이 트이는 경험을 떠올리게 되는 이야기
12	Pete the Cat: I Love My White Shoes	Eric Litwin	1.5	시크 도도 고양이 피트는 하얀 신발을 좋아하는데, 색깔이 자꾸 변하게 되네…
13	Peter's Chair	Ezra Jack Keats	1.8	다들, 아가 동생만 신경 쓰고, 피터한테 관심 없는 줄 알고 섭섭했는데…
14	Day the Teacher Went Banana	James Howe	1.8	학교 왔더니 선생님이 고릴라?
15	The Dot	Peter H. Reynolds	1.9	반항심에 아무렇게나 그린 점 하나도 폭풍 칭찬 해주신 선생님 덕분에..
16	The Carrot Seed	Ruth Krauss	1.9	아무도 자라지 않는다고 했던 당근 씨를 뿌리고 싹이 날 때까지 기다리고 기다리는데…
17	George Shrinks	William Joyce		조지가 작아졌어요!

18	The Cat in the Hat	Dr. Seuss	2.1	비오는 심심한 날 나타난 기묘한 고양이
19	Pete the Cat: Rocking in My School Shoes	Eric Litwin	2.2	학교 가는 날 안 무서워. 시크 도도 고양이 피트처럼 노래 불러봐.
20	The Giving Tree	Shel Silverstein	2.6	소년을 사랑한 나무는 그가 원하는 무엇이든 모두 아낌없이 주었는데…
21	If you give a mouse a cookie	Laura Numeroff	2.7	귀여운 쥐에게 쿠키를 주면 벌어지는 일?
22	Click, Clack, Moo Cows that Type	Doreen Cronin	2.3	소들이 갑자기 파업을 한다고 농부아저씨에게 편지를 썼다고?
23	The little old lady who was not afraid of anything	Linda Williams	3.5	세상 아무것도 무섭지 않은 용감한 할머니에게 일어난 일
24	Don't Do That!	Tony Ross		넬리야, 코 파지 마!
25	Piggybook	Anthony Browne	2.5	모두를 돌봐주던 엄마가 지쳐서 집을 나가셨어, 어떡하지?

26		The Gruffalo	Julia Donaldson	2.3	지혜로운 작은 쥐가 살아남을 수 있었던 진짜 비밀
27		Room on the Broom	Julia Donaldson	3.7	마녀 위니와 친구들의 용감한 모험
28		The Rainbow Fish	Marcus Pfister	3.3	무지개색 비늘을 가진 물고기가 배운 나눔의 가치
29		John Patrick Norman McHennessy :The Boy Who Always Late	John Burningham	3.8	지각하는 진짜 이유, 믿을 수 없겠지만…
30		Doctor De Soto	William Steig	3.6	쥐 치과의사 선생님, 천적인 여우를 치료해줘야 할까?

IV. 아카데믹 스킬 향상 단계(Read to Learn)

 학년 적정 레벨 가이드

- 목표 레벨: 미국 초등 3~5학년(2.0~5.0)
- 학습 포커스: 이해도, 비판적 사고력 증진
- 추천 연령: 초4학년~중3학년
- 예상기간: 2년~3년

📖 도서 매칭 Tip

▶	P	R	Ch
영어노래 오디오 비디오 노출	동화책	레벨드 리더스 논픽션 리더스	얼리 챕터스 챕터북 뉴베리 도서
미디어 보고/듣기 쉐도잉 딕테이션	함께 읽기 혼자 읽기 토론하기	낭독, 반복 읽기, 묵독	낭독<묵독 북퀴즈 스토리 요약 북리포트 토론하기

　아카데믹 스킬 향상 단계는 혼자 읽을 수 있는 읽기 유창성이 완성된 단계에서 조금 더 높은 사고력을 훈련하는 단계입니다. 논픽션을 읽고 정보를 구조화할 줄 알고, 다른 사람에게 정보를 재구성해 전달할 수 있어야 합니다.

　이제 자주 쓰이는 싸이트 워드 이외에 개념이나 용어에 대한 이해도와 지식이 높아져야 합니다.

　픽션을 읽을 때도, 캐릭터와 플롯이야기 구조을 전체적으로 파악하면서 작가의 의도를 간파해야 합니다.

　요약 말하기는 기본이고, 비판적인 의문을 가져야 하고, 상대와 그 의문에 대해 토의나 토론할 수 있어야 합니다. 생각을 하고 그것을 구조화하여 담은 체계적인 글쓰기 훈련도 집중해야 합니다.

📖 대표 추천 도서 목록

● 얼리 챕터스 추천 TOP 30 ●

	이미지	제목	작가	레벨	비고
1		Hi Fly Guy	Tedd Arnold	1.5	애완 파리 플라이 가이와 코믹한 사건
2		Nate the Great	Marjorie Weinman Sharmat and Marc Simont	2.0	꼬마 탐정 네이트 오늘도 사건 해결
3		Zak Zoo Series	Justine Smith		여러 동물들과 함께 사는 Zak의 좌충우돌 이야기
4		Arthur series	March Brown	2.2	아서의 좌충우돌 하루하루
5		Fluffy Goes To School	Kate McMullan	2.2	귀여운 햄스터 플러피
6		Amelia Bedelia	Herman Parish	2.5	엉뚱한 가정부 아멜리아가 다양한 의미를 가진 표현을 잘못 이해해 새기는 해프닝

7		Magic Tree House	Mary Pope Osborne	2.6	잭과 애니와 함께 떠나는 시간 여행
8		Mercy Watson	Kate DiCamilo	2.7	말썽꾸러기 애완돼지 머시 왓슨의 코믹한 사건사고
9		Henry and Mudge	Cynthia Rylant	2.7	핸리와 애완견 머지의 우정
10		Junie B. Jones	Barbara Park	2.9	말괄량이 주니 비 존스와 재밌는 이야기들
11		Ricky Ricotta Mighty Robot	Dav Pilkey	2.9	로봇과 함께 악당들을 물리치는 리키 리코타
12		Stink	Megan McDonald	3.0	주디 무디의 남동생 스틴크의 코믹엽기 이야기
13		Nancy Drew and the Clue Crew	Carolyn Keene	3.1	낸시와 그 절친들이 함께 하는 소녀탐정 시리즈

14		Ivy + Bean	Annie Barrows	3.2	스타일이 다른 두 절친 이야기
15		Olivia Sharp	Marjorie Weinman Sharmat	3.0	유명한 꼬마탐정 Nate the Great의 사촌이자 동료로서 비밀스런 사건 해결사
16		Flat Stanley	Jeff Brown and Macky Pamintuan	3.2	납작 스탠리의 모험
17		Cam Jansen	David A. Adler	3.2	한번 본 건 사진 찍는 것처럼 기억해버리는 천재 소녀 탐정이야기
18		Horrible Harry	Suzy Kline	3.2	말썽꾸러기 해리의 일상
19		Ready Freddy	Abby Klein	3.3	1학년 프레디의 좌충우돌 일상
20		Wayside School	Louis Sachar	3.3	이상한 학교를 소개합니다.

21		Zapato Power	Jacqueline Jules and Miguel Benitez	3.3	어느날 갑자기 초능력 신발이 생겼다?!
22		A to Z Mysteries	Ron Roy	3.4	꼬마 탐정단의 사건 해결
23		Katie Kazoo Sitcheroo	Nancy Krulik	3.5	마법 변신쟁이 케이티 카쥬
24		George Brown Class Clown	Nancy Krulik	3.6	말썽쟁이 조지 브라운의 이야기
25		Geronimo Stilton	Geronimo Stilton	3.7	기자 제로니모의 모험
26		Franny K. Stein	Jim Benton	4.2	엽기 과학자 프레니
27		Captain Underpants	Dav Pilkey	4.3	배꼽잡는 빤스맨

28		The Magic School Bus Series	작가 다양	3.1	마법의 스쿨버스를 타고 떠나는 모험과 함께 과학 지식 쑥쑥
29		Silver Penny Stories	Sterling Childrens Book		소장가치가 있는 사랑스런 전래동화
30		First Greek Myth	작가 다양		서양 학문의 기본 지식인 그리스 신화를 쉽고 재미있게

● 챕터북 추천 Top 30 ●

	이미지	제목	작가	레벨	interest level	비고
1		The One and Only Ivan	Katherine Applegate	3.6	MG	쇼핑몰에 갇혀사는 수컷 고릴라 아이반과 코끼리의 우정
2		Because of Winn-Dixie	Kate DiCamillo	3.9	MG	길잃은 개 윈딕시 덕분에 배운 용서
3		Charlotte's Web	E,B White	4.4	MG	똑똑한 거미 친구 샬롯의 아기 돼지 윌버 구하기 대작전

4		Number the Stars	Lois Lowry	4.5	MG	나치 통치하에 10살 소녀 안네마리와 가족이 유태인 친구를 숨겨주는데…
5		Holes	Louis Sachar	4.6	MG	억울하게 소년원에 갇힌 스탠리 구덩이를 파다 생긴 일
6		The Lightning Thief	Rick Riordan	4.7	MG	12살 소년 퍼시 잭슨 알고 보니 아빠가 바다의 신 포세이돈?
7		The Tale of Despereaux	Kate DiCamillo	4.7	MG	생쥐기사 데스페로의 성장 이야기
8		Charlie and the Chocolate Factory	Roald Dahl	4.8	MG	가난한 찰리가 황금 초콜릿에 당첨되어 신비한 윌리웡카의 초콜릿 공장에 초대되었는데…
9		James and the Giant Peach	Roald Dahl	4.8	MG	제임스가 거대한 복숭아 열매 안의 친구들과 떠나는 모험
10		Wonder	R.J. Palacio	4.8	MG	선천적 얼굴 기형으로 태어난 어거스트의 성장과 우정이야기

11		The Lion, the Witch and the Wardrobe	C. S. Lewis	4.9	MG	옷장 속에 들어갔더니 나니아라는 나라에 떨어진 4남매의 환상적인 모험
12		Bud, Not Buddy	Christopher Curtis	5.0	MG	아빠를 찾는 흑인 소년 버드
13		Matilda	Roald Dahl	5.0	MG	천재 소녀 마틸다를 괴롭히면 큰 코 다칠걸?!
14		The House of the Scorpion	Nancy Farmer	5.1	MG	복제 인간 매트는 영생을 꿈꾸는 권력자 앨 페트론으로부터 탈출할 수 있을까?
15		Diary of a Wimpy Kid	Jeff Kinney	5.2	MG	사춘기 소년 그레그의 배꼽잡는 일기장
16		Frindle	Andrew Clements	5.4	MG	볼펜을 프린들이라고 부르자 유명인사가 된 닉의 흥미진진한 이야기
18		Hatchet	Gary Paulsen	5.7	MG	비행기 추락사고로 숲속에 고립된 브라이언의 생존기

19		The Giver	Lois Lowry	5.7	MG	감정과 욕구가 제거되고 통제되는 미래 사회 기억을 전달받는 역할로 선택된 Jonas
20		The Higher Power of Lucky	Susan Patron	5.9	MG	부모로부터 버림받은 11살 소녀 럭키의 꿋꿋한 삶
21		Lunch Money	Andrew Clements	5.2	MG	경쟁심 가득한 두 소년의 돈 많이 벌기 내기 한판?
22		The Homework Machine	Dan Gutman	4.8	MG	숙제를 대신 해주는 기계를 몰래 쓰다가 벌어지는 기상천외한 사건
23		Mr. Popper's Penguins	Richard Atwater	5.6	MG	일 중독 포퍼씨에게 배달된 뜬금없는 펭귄가족.
24		How to Eat Fried Worms	Thomas Rockwell	3.5	MG	절대 내기에 질수 없어, 아무리 지렁이 튀김 먹기 챌린지라도?
25		Ramona Quimby, Age 8	Beverly Cleary	5.6	MG	3학년이 된 라모나의 이야기

번호	표지	제목	저자	레벨	구분	설명
26		How to Train Your Dragon	Cressida Cowell	6.6	MG	용을 훈련시키는 팁
27		Ella Enchanted	Gail Carson Levine	4.6	MG	난 신데렐라와 달리 내 운명에 맞서겠어!
28		The Time Warp Trio: Knights of the Kitchen Table	Jon Scieszka	3.8	MG	시간 여행을 하게 된 3총사 소년들이 킹 아서를 만나다!
29		The BFG	Roald Dahl	4.8	MG	나의 거인 친구를 소개합니다.
30		The Alchemist	Paulo Coelho	6.4	UG	꿈을 따라가다 만나게 된 모험의 끝에는…

🔔 미디어로 만나는 베스트 스토리 Top 30 추천 리스트

유튜브 시대가 열리면서 원어민들이 보는 영상을 무료로 한국에서도 편하게 즐길 수가 있게 되었습니다. 미디어를 잘 활용하면, 생생한 영어표현을 아이들이 듣고 말하는 연습을 할 수가 있습니다.

하지만 요즘, 유튜브에 다양한 영상이 홍수처럼 쏟아지게 되어, 어떤 것이 교육적으로 좋은 영상인지 잘 모르시겠죠? 아래 베스트 30 미디어 스토리의 제목을 유튜브로 검색해 보세요!

아래의 추천 미디어 스토리는 영미권에서 유명한 TV 방송국에서 유치원 프로그램용으로 만든 영상들이 대부분이라 안전합니다. 그리고 뚜렷한 교육적 목표가 녹아져 설계되어 아주 효과적인 수업 자료로 활용할 수 있습니다.

굳이 가르치려 하지 말고, 아이들이 자연스럽게 보고 배울 수 있도록 해주세요. 영미권의 또래 아이들이 쓰는 생생한 표현들을 즐기기만 해도 영어 실력이 쑥쑥 성장할 것입니다.

● 추천 미디어 스토리 Top 30 ●

No.	Title	내용 소개
1	Leap Frog: Letter Factory	파닉스를 배울 수 있는 마법의 글자 공장으로 출발!
2	Alpha Block	글자들이 만나서 단어가 만들어지는 마법 글자 나라!
3	Dorah the Explorer	도라와 함께 모험하다 보면 파닉스를 자연스럽게 배워요.
4	Between the Lions	마법책으로 가득한 도서관을 운영하는 라이언 가족도 만나고 단어도 공부해요!
5	WordWorld	귀여운 3D 캐릭터들을 자세히 보면 스펠링이 보여요. 진짜 신기하고 재미있는 글자 나라 이야기
6	Sesami Street	에미상, 학부모 상을 휩쓴 유명한 프리스쿨 프로그램
7	Super Why	슈퍼 와이 특공대와 함께 글자, 스펠링, 영어를 배울 수 있어요!
8	Super Simple Song	상어가족 말고도 귀에 쏙쏙 들어오는 영어 노래가 가득해요.
9	Wee Sing	노래하며는 영어놀이 유치원에 온걸 환영해요!
10	Caillou	공감가는 까이유의 하루하루
11	Max & Ruby	말썽꾸러기 남동생과 누나의 좌충우돌 하루하루
12	Peppa Pig	아기돼지 페파피그 가족은 늘 즐거운 에피소드 가득
13	Clifford the Big Red Dog	거대 강아지 클리포드와 에밀리의 흥미진진 일상

14	PJ Masks	낮에는 평범한 아이, 밤에는 슈퍼히어로로 변신하여 도시의 평화를 지키는 3총사 이야기	
15	Octonauts	바다 탐험대 옥토넛, 한국어로만 즐기지 말고, 영어로도 즐겨보세요.	
16	Little Einstein	영어와 예술감각 까지 배울 수 있는 리틀아인슈타인 특공대, 오늘도 미션 성공!	
17	Sid the Science Kid	영어로 배우는 재미있는 과학과 문제해결 능력	
18	Daniel Tiger	인성, 기분, 심리, 예절을 호랑이 친구 다니엘과 함께 익혀요	
19	Martha Speaks	수다쟁이 말하는 개 마싸의 좌충우돌 이야기	
20	Magic School Bus	마법 스쿨 버스로 떠나는 신나는 과학 모험	
21	Arthur	아서와 함께 학교생활을!	
22	How to Train Your Dragon	드래곤과 소년의 우정이야기	
23	My Little Pony	예쁘고 귀여운 조랑말 캐릭터들의 이야기	
24	The Backyardigans	5명의 귀여운 친구들의 상상 놀이	
25	Paw Patrol	퍼피 구조대와 함께 안전교육도!	
26	Imagination Movers	엉뚱 밴드와 함께 뮤지컬로 배우는 프리스쿨 프로그램	
27	Team UmiZoomi	수학을 이렇게 재미있게 배운다고?	
28	Tumble Leaf	프리스쿨러들의 과학 수업을 도와줍니다!	
29	Dog with a Blog	파워 블로거 강아지는 처음이지?	
30	Geronimo Stilton	뉴마우스시티 사건 해결 기자로 유명한 제로니모 스틸톤 알고 보면 허당?	

영어독서코칭 FAQ(자주 묻는 질문 모음)

인스타그램 라이브 방송을 할 때, 집에서 아이 독서 코칭을 하시는 엄마, 아빠들이 자주 하셨던 질문을 모아보았습니다.

Q1 종이책만 할까요? 온라인 독서 프로그램을 활용하는 것도 방법일까요?

노르웨이에서 10학년을 대상으로 종이책과 전자책의 학습 효과 실험2013을 했습니다. 똑같은 읽기 지문을 주고 퀴즈를 보았습니다. 한 그룹은 종이로 읽었고, 다른 한 그룹은 전자책으로 읽었다고 합니다. 퀴즈를 본 결과, 높은 점수를 보인 그룹은 종이책으로 학습한 그룹이라고 합니다. 이유는 전자책은 스크롤 다운Scroll down하면서 읽느라고 학생들이 훑어 읽기를 하는 경향이 컸고, 종이책은 책장을 넘기면서 보느라 기억을 하게 되는 효과가 있어서라고 합니다.

하지만, 그렇다고 해서 종이책만 읽힐 수는 없습니다. 부모님 세대가 경험해 본 적이 없는 새로운 기술들과 함께 살아가야 할 우리 자녀들의 세대는 종이책은 물론 디지털화된 정보를 컴퓨터, 스마트폰, 태블릿 PC등의 디바이스를 통해 읽고 쓰면서 살아가고 있습니다. 그렇기 때문에 아이들은 종이책과 전자책 두 가지 모두를 통해 독서교육을 받아야 한다고 생각합니다.

두 가지 모두 각자의 장단점이 있습니다. 특히 온라인 독서 프로그램은 오디오가 함께 나오고, 읽기 훈련을 할 수 있도록 하며, 독후 퀴즈 역시 제공되고, 학습 관리가 편하도록 LMSLearning Management System기능도 있습니다. 가격도 월 구독료를 감안할 때, 제공되는 도서의 양이 상당히 많기 때문에 도서 구입 비용도 절약하는 효과가 있습니다. 한마디로 영어원서 읽기를 학습하기에 좋은 툴이며, 가성비도 좋습니다.

하지만, 온라인 독서 프로그램의 경우, 다독에 목적을 두고 있으며, 각 도서의 저작권 문제로 인해, 내가 원하는 도서, 베스트셀러가 없을 가능성이 높습니다. 주로 학습 퀴즈를 개발하기 위해, 한 출판사의 리더스 시리즈를 계약하는 경우가 많기 때문에, 책의 다양성이 떨어질 수 있습니다. 그래서 종이책과 섞어서 읽는 것이 좋습니다.

Q2 아이가 미국 학년 기준 3학년 챕터북을 읽는데, 집중듣기 하느라 음독할 시간이 부족해요. 짧은 책 한 권이라도 음독해야 할까요, 아니면 시리즈 끝날 때까지 집중듣기만 해야 할까요?

미국에서 실험을 했습니다Colin Macleod and Noah Forrin at the University of Waterloo. 음독직접 눈으로 책읽기과 큰 소리 낭독, 성우의 목소리로 읽은 오디오 CD를 들으며 눈으로 읽기집중 듣기, 자기의 목소리를 녹음에서 읽은 오디오 CD를 들으며 눈으로 읽기를 한 4개의 그룹을 비교했더니, 가장 이해력과 기억력이 높은 그룹은 직접 큰 소리로 낭독한 그룹이었다고 합니다.

EFL 환경의 학생이 언어의 모델이 되는 원어민이 읽는 것을 녹음한 파일을 듣는 것은 좋은 듣기 훈련 방법입니다.

하지만, 현재 아이의 리딩 레벨과 그에 맞는 발달 목표를 고려하여, 가장 효율적인 시간관리라는 관점에서 판단해 본다면, 3.4^{미국 학년 기준 3학년 4개월}의 아이가 챕터북 한 권 전체를 오디오 듣기만 하는 것은 매우 비효율적입니다.

이미 듣고 큰 소리 낭독을 잘 훈련한 아이라면, 읽기 유창성 훈련이 어느 정도 완성되어 있을 것이라서 혼자서 음독하는 유창성 훈련으로 접어들고, 이해력이나 비판적 사고 훈련, 쓰기 훈련 등에 더 많은 시간을 투자하는 것이 맞습니다.

저라면, 낭독 5분^{오디오 듣고 따라 읽기} 묵독 30분, 나머지 시간은 책 내용을 요약해 보는 훈련과 퀴즈 풀고, 글 독후감 쓰기에 시간을 투자하겠습니다.

Q3 아이가 오디오나 세이펜보다 엄마목소리로 읽어 달라고 해요. 엄마는 영어에 자신이 없어요. 엄마가 영어 동화책을 읽어 줘도 될까요?

어떤 연구에서 밝혀진 바에 의하면, 아이는 부모의 말하는 투나 패턴 등이 80~90% 일치한다고 합니다.

그만큼 부모님은 아이가 언어를 배우게 되는 최고의 모델입니다. 그래서 아마 더욱 나의 발음보다는 원어민 발음을 듣고 연습하길 원하시겠지요.

하지만, 그래도 저는 부모님이 책을 읽어 주어야 한다고 생각합니다. 원어민 녹음 파일을 함께 들려주는 시간은 그 시간대로 의미가 있고 부모님은 언어를 포함한 표현과 사고에 영향을 미치기 때문입니다.

영미권의 교포 학생들의 영어 발음을 보면 이민 1세대인 부모의 영어발음이 매우 한국적인데 반해 이민 2세대 아이들은 원어민 발음인 것을 많이 목격하셨을 겁니다. 부모만이 전적인 언어 모델이 아니지요. 학교에서 선생님과 친구 등과 소통하면서 영어를 지속적으로 습득하기 때문입니다.

우리 아이들도 EFL 환경에서 영어를 학습하면서 부모가 하는 영어보다는 오히려 학원이나 학습 교재 오디오 선생님 등등 다른 영어의 언어적 모델에 더 많이 영향을 받고 학습하니 걱정마세요.

다만 부모님이 책을 읽어 줄 때는 부모님이 더 잘할 수 있는 특화된 역량을 발휘하여 다른 부분의 언어적 요소에 집중하여 훈련을 도와주세요. 발음보다는 책의 행간을 이해하는 일, 책 속의 그림을 보면서 상상의 나래를 펼칠 수 있도록 흥미를 유발하는 대화 등등 기계가 해주지 못하는 사랑을 담은 책 읽기를 해주세요. 아이의 인성과 가치관이 풍성하게 통통하게 살찔 거예요.

Q4 아이가 못 읽으면 읽어줘도 되는 거죠?

네. 아이가 읽기 독립 훈련 중에 못 읽으면 옆에서 어떻게 읽는지 도와주셔야 합니다. 이때 바로 단어를 읽어 주기보다는 읽어 내기 위해 필요한 소리들을 쪼개어 조합하는 단계 순서로 읽어내는 과정을 보여주세요.

알파벳 소리 값〉 자음과 모음 조합 덩어리〉 단어
c.a.t 크.애. 트〉 c. at. 크. 앹 〉 cat 캩

그러면 모르는 단어를 만났을 때 혼자서 아는 지식을 바탕으로 시도를 해보며 스스로 읽어내는 단어가 점점 많아지게 됩니다. 혼자서 읽지 못하는 아이에게는 적절한 도움이 꼭 필요하고 리딩 유창성 성장에 매우 효과적입니다.

Q5 읽기 독립했어도, 부모가 책 읽어 줘야 하나요?

네. 이제 막 문자를 뗐다고 해서 술술 읽을 수 있는 건 아니며, 생각이 다 자

란 건 아닙니다. 아이가 책 읽기를 혼자 해낼 수 있더라도 부모님께서 책을 읽어 주시는 시간은 아이의 이해력, 사고력, 가치관 교육에 매우 도움이 됩니다.

부모님이 책을 읽어 주시면, 아이는 문자를 해독하는데 뇌를 사용하는 대신, 이야기를 머리 속에 그려보고 생각에 더욱 더 집중할 수 있습니다.

평상시 우리가 대화 속에서 쓰는 어휘들은 1000개 이하라고 합니다. 책은 그보다 훨씬 더 풍성한 어휘를 선물합니다.

아이를 안고 생생한 스토리텔링을 해보세요. 뇌도 자극되고 풍성한 어휘 데이터가 쌓일 것 입니다.

Q6 반복 읽기 좋나요? 꼭 해야하나요?

반복 읽기를 하지 않는다면, 영어원서 읽기의 Benefit베네핏, 수혜를 포기하는 것이나 다름 없습니다. 반복 읽기는 읽기 유창성 훈련의 기본 중에 기본입니다. 미국의 National Reading Panel은 반복 읽기를 읽기 유창성을 증진시키는 최강의 방법이라고 강조할 정도입니다.

반복 읽기란, 지정된 지문Text를 정확하며 풍성한 표현으로 읽을 수 있을 때까지 같은 지문을 여러 차례 반복하며 읽는 매우 간단한 읽기 훈련법입니다.

1970년대에 한 연구는LaBerge and Samuels, 학생들이 반복 읽기 훈련을 통해 어떤 결과적 열매를 맺는지를 측정했습니다. 반복 읽기를 하는 학생들은 점점 더 읽는 속도도 빨라지고, 이해도도 높아졌으며, 그 지문의 주제와 연관된 다른 지문 또한 더욱 잘 소화해 낼 수 있음을 발견하였습니다. 반복 읽기는 아이들이 읽기를 대하는 자신감을 구축하게 해주는 단순하면서도 확실한 읽기 방법론이라고 생각합니다.

연구에 따르면, 반복 읽기의 인풋Input 대비 가장 효과적인 아웃풋Output이 나오는 횟수는 3~5회라고 합니다. 책의 적정한 페이지를 정해, 여러 차례 함께 읽기를 해보세요. 한 번은 정확하게 읽기에 도전해보고, 그 다음은 빠르게 읽기에 도전해 보고, 또 한 번은 표현력 중심 읽기에 도전해 보고, 마지막 한 번은 원어민 오디오와 최대한 비슷하게 따라하고자 하는 목표를 가지고 경쟁하며 읽어보기를 해보세요.

이렇게 목표가 있는 반복 읽기는 지루함을 타파하고 재미있는 게임처럼 느껴지게 합니다. 반복 읽기를 기록해보세요. 자기의 실력이 좋아지는 걸 느낀 아이에게 눈에 보이는 엄청난 동기 부여가 될 수도 있습니다.

Q7 독서 시 모르는 단어 하나하나 찾아야 할까요? 아니면, 흐름, 그림에 눈치껏 유추해야 될까요? 읽으면서 중간중간 단어 물어보면 얘기해줘야 하나요? 그냥 넘어가야 할까요?

먼저 목표를 점검한 후 선택하세요. 만약 아이가 이해도Comprehension의 정확성, 어휘력 향상에 초점 맞춘 훈련을 하고 있다면, 어휘를 물어보면 답해주고 단어 하나하나 찾아보며 공부 하는게 맞는 거겠죠. 하지만, 유추 능력을 훈련하고 있다면, 모르는 단어는 문맥 속에서 어떤 뜻일지 유추하며 넘기고, 표시해 두었다가 나중에 찾아 봐야 하겠지요.

상황마다 다릅니다. 그 어떤 것을 선택해도 그 끝에는 각기 다른 열매들이 있으니, 걱정은 내려 놓아도 됩니다.

저의 경우는, Bed Time Story잠자리 동화책 읽어주기 시간에 아이들에게 영어 책을 읽어 줄 때, 아이가 중간중간 단어를 물어보면, 그 뜻을 설명해 줍니다. 뜻을 바로 이야기 해 줄 때도 있고, 아이가 뜻을 유추하도록 글과 그림의 힌트들을 이용해 질문을 통해 아이가 이해할 수 있도록 에둘러 설명할 때도 있습니다. 다만 잠자리에서 읽는 동화책은 아이가 스토리를 듣고 상상의 나래를 펼치며 이야기를 즐기고, 저와 애착관계를 형성하는데 목적을 두고 있기 때문에, 몰랐던 단어들을 모아 다시 학습의 단계로 가지 않습니다.

하지만, 아이와 읽기 독립 훈련을 할 때는 어휘 학습 시간을 따로 둡니다. 배웠던 어휘도 잘 모를 경우, 유추하게 두되, 나중에 한꺼번에 다시 학습합니다. 유추하는 과정이 시간이 들긴 하지만, 그 시간을 투자한 만큼 높은 사고력High Order Thinking Skill을 훈련할 수 있는 절호의 기회이지요. 앞서서 통계 자료로 설명한 적이 있지만, 리딩 실력이 점점 높아질수록 유추 능력은 매우 중요하거든요.

독서 교육 방법론은 참으로 방대하여, 이럴 때 어떤 것이 더 좋은 방법인지 모르겠다는 생각이 들 때가 참 많습니다. 하지만, 그때는 그 활동을 하는 목표가 무엇인지 생각해서 그에 맞춰 결정하시면 됩니다. 그 어떤 것도 헛된 일이 되지 않고 아이에게 도움이 되니까요.

Q8 우리말 먼저 보여주면 원서에 흥미가 없어질까요? 쌍둥이 책은 우리말 책보고, 영어책 보는데, 이렇게 스토리가 끌어가는 책은 우리말 먼저 보여줘도 될까요?

가장 이상적인 것은 영어 책을 먼저 읽고 나서 정확성을 위해, 한글 책을 보는 것입니다. 아마 한글 책을 먼저 읽은 친구는 그 이야기가 재미있을수록 한글 책만 보고자 할 테니까요. 어른들이야, 우리말 책 먼저 보고, 영어 책을 볼 경우, '아.. 우리말로 이런 표현을 영어로 이렇게 하는 구나.' 감탄하면서 보겠지만, 아이들은 부모님이 읽어주시는 경우, 머리 속에 이야기를 그리며 몰입하는데 신경을 온통 쓰고 있는 걸요. 이미 이야기의 맛을 알아버린 상황에서 자꾸 영어라는 진입장벽이 방해받는 것이 짜증스러울 수도 있어요.

쌍둥이 책같은 도서를 영문판, 한국어판으로 함께 보는 것을 보여주는 이유는 여러가지가 있을 수 있겠지만, 가장 큰 이유는 EFL 환경의 아이가 모국어가 아닌 언어로의 이야기를 대충 이해하고 있는 것을 다시 한 번 정확하게 잡아주기 위함이 크니까요. 하지만, 이 또한 아이의 성향 별로 유동성 있게 선택하셔도 됩니다. 책에 우리 아이를 맞추지 않고, 책이 우리 아이에게 맞추려고 온 거니까요.

Q9 아이가 7세인데, 한글 책 좋아하는데 영어 책은 거부해요.

어쨌든 책을 좋아하니 매우 다행이네요. 한글 책을 좋아하는데 영어 책을 거부한다는 것은 결국, 재미있는 이야기가 들어있는 책에는 흥미가 있는데, 언어적 장벽을 느껴서 싫은 거죠. 영어 책 중에 Who Stole the Cookies from the Cookie Jar?, Wheels on the Bus 같이 음율과 롸임 Rhyme이 많이 들어간 흥미로운 책들을 고르시고, 모국어와 영어를 한 줄씩 번갈아 가면서 아이에게 이야기를 들려 주세요. 영어 책도 재미있다는 것을 경험하게 하는 것이 우선이니까요.

Q10 4학년인데 왜 원어민 7~8세들이 읽는 책을 읽고 있죠?

리딩 레벨에 있어서 본인의 학년이 중요하기보다는 아이의 리딩 레벨과 흥미 레벨이 더욱 중요합니다. 원어민용 7~8세라고 하면 실제 한국 아이 나이로는 9세~10세 정도네요. EFL 환경이라면, 또 영어를 시작한 햇수를 따져서 7~8세의 책을 읽고 있다면, 좋지 않다고 보기 어려워요.

또 그 7~8세라는 기준이 모호할 수 있어요. 부모님이 읽어주는 용으로 7~8세는 이야기는 유치할지 모르지만, 글밥이 많을 수 있답니다. 오히려, 4학년인데 읽기 독립한 아이가 읽는 것이 글의 난이도 측면에서 맞을 수도 있습니다.

아이가 좋아한다면, 읽도록 두세요. 대신 아이의 리딩 레벨에 맞는 책도 읽을 수 있도록 지도하는 것이 좋습니다. 꼭 높은 레벨의 책을 읽어내는 것만이 궁극적인 목표는 아닙니다. 저는 어른임에도 불구하고, 동화책을 즐겨 읽고 그 속에 담긴 많은 철학적인 질문을 발견하곤 합니다. 아이가 좋아하는 책이라면, 한 번 함께 들여다 보시고, 거기에 있는 생각의 거리들을 함께 발견해 보세요. 책은 높이 읽는 것보다 깊이 읽을 때 더 풍성해지는 것 같습니다.

Q11 충분히 아이가 읽을 수 있는 책인데, 안 읽으려고 해요. 어떡하죠?

아이가 이런 반응을 보이는 이유는 다음 두 가지 중 하나일 것 같습니다. 흥미가 안 생기거나, 혼자서 완독책을 끝까지 읽는 것할 체력이 아직 안되기 때문일 것입니다.

혹시 건강을 위해 헬스장을 등록해 놓고, 집에서 운동하러 가지 못하는 자신을 본 적 있으신가요? 또는 본전을 뽑고 싶어서, 마음만큼은 2시간 달리기를 하고 싶지만, 10분도 못 뛰고 트레이드밀에서 내려온 경험이 있으신지요? 운동 의지박약인 저는 매우 많습니다.

독서 그것도 영어독서라면, 아이가 설사 파닉스를 떼고 문자 읽기 해독 능력이 있다해도, 책을 혼자서 끝까지 읽을 수 있는 완독 근력이 생길 때까지 옆에서 독려해주는 페이스 메이커Pace Maker, 마라톤 선수들의 속도 완급을 코치하여 완주를 돕는 사람의 도움이 절실할 수 있습니다.

어떤 선생님은 자녀가 책을 너무 읽기 싫어해서, 본인이 먼저 읽으신 다음에, 아예 줄거리를 아이에게 이야기를 해주셨다고 합니다. 대신 가장 중요한 순간에 아침 드라마가 끊기듯이, 다음이 미치도록 궁금할 대목까지만 이야기를 하고 아이가 아무리 궁금해해도 말해주지 않았다고 합니다. 그랬더니 책이라면 질색하던 아이가 스스로 그 책을 서재에서 찾아와서 읽더랍니다.

또 제가 아는 어떤 독서전문가께서는 책 읽기를 매우 싫어하는 아이에게 책 커버에 나와있는 뱀을 손가락으로 가리키면서 '여기 뱀 보이지? 이 스토리를 읽으면, 지금 보이는 이 뱀보다 10배 큰 뱀 이야기가 나와.'라고 말했더니, 아이가 궁금해서 책을 읽기 시작했다고 합니다. 다 읽고 나서 그 선생님께, "에이 선생님, 뻥쟁이, 10배나 큰 뱀 안 나오던데요!"라고 했답니다.

한 TV프로그램에서 유명한 한국사 강사님 설민석 선생님께서 데미안, 이기적 유전자 등등의 줄거리를 요약해서 강의하시는 영상을 보았습니다. 설민석 강사님은 참 드라마타이즈Dramatize, 극적인 표현를 매우 잘하셔서 그런지 댓글에 선생님의 소개 덕분에 읽고 싶어진다, 온라인 서점에서 바로 구매했다 등등 호기심이 자극된 사람들의 글을 많이 볼 수 있었습니다.

미국의 한 초등학교 선생님은 책을 아예 펼쳐보지 못하도록 포장지로 싸고, 그 앞에 이 책의 재미있는 일부만을 소개한 글만 써놓고, 책꽂이에 그 글의 앞이 보이도록 전시를 해 놓으셨습니다. 아이들은 그 소개 글을 읽고 호기심이 생긴 책을 집어 들어 선물 포장을 찢고 책을 읽습니다. '읽기'라는 몰입의 시간을 선물하다니, 대단한 아이디어죠?

이 모든 것은 읽기 전 호기심을 자극하는 독서 전 활동Before Reading 한 종류입니다. 누구보다도 우리 아이의 흥미를 잘 아시니, 한번 해 보시겠어요?

책을 펼치는데 성공했을지라도 완독 체력은 하루 아침에 길러지지 않습니다. 솔직히 고백하자면, 저희 집에도 끝까지 읽혀지지 못하고 중간중간 책갈피가 꽂혀져 있는 책들이 수두룩합니다. 요즘 어른들도 유료 독서클럽들을 돈을 오히려 내고도 참여한다고 합니다. 함께하는 이들이 있어서 끝까지 읽고, 또 다 읽고 나서 서로 이야기하는 시간이 즐거워서 끝까지 읽는다고 합니다.

저의 친한 친구네 가족은 아이의 좋은 완독 습관을 기르기 위해, 아이는 일주일 동안 짧은 책 몇 권을, 엄마 아빠는 두꺼운 책 한 권을 읽되, 회사 때문에 책 읽을 시간이 부족하니 아무 책이나 한달 간 끝까지 읽기를 하기로 가족 회의에서 결정했다고 합니다. 결과적으로는 예상과 달리 아이가 먼저 할당량을 다 읽고, 엄마 아빠를 다그치고 독촉(?)하는 역할을 하게 된다네요. 아이가 우쭐해지며 완독하는 재미를 느껴가는 부(?)작용이 눈에 보이지요?

제가 있던 영어독서 학원에서는 "Read a thon"이라는 것을 했습니다. 다독을 장려하는 것이죠. 목표한 다독양을 달성하면, 아프리카에 그 학생의 이름으로 기부가 되었습니다. 완독이 가져오는 뿌듯함을 눈으로 보여주고 손에 잡힐 수 있게 했죠.

방문했던 한 국제학교는 "Book Week"때 모든 아이들이 책을 읽고 난 후 그 책 속의 캐릭터로 변신하는 이벤트를 했습니다. 책을 읽어야 그 캐릭터나 장면 묘사가 가능하죠. 아이들은 매우 적극적으로 변하고 완독하는 것을 즐거워 했습니다.

'책 한 권 읽히는데 이렇게까지 해야 해?'라고 생각하실지 모르겠지만, 동기부여 한 번으로 보물같은 책들 속에서 인생의 빛이 될 가치관들을 아이가 만날 수 있는 기회를 갖게 되고, 그 기회는 우리가 상상하는 것 이상으로 엄청난 인생의 자산이 될 것입니다. '험한 세상, 문제의 연속인 인생 속에서 아가, 네가 넘어지고 다치고, 답을 잘 모를 때에, 늘 그 자리에서 조용히 지혜를 나눠줄 책 속에서 답을 찾아 보렴.'이라는 엄마와 아빠의 정신적 유산을 남겨주는 일이라고 생각하시고, 완독을 동기부여할 아이디어 한 번 짜보세요. 화이팅!

Q12 레벨을 언제부터 측정해야 하나요? AR 지수 어떻게 Test해요? 진단 어디서 받나요?

Q13 리딩 지수가 들쑥날쑥한데, 그냥 리딩지수 나온 것보다 낮게 보는게 맞을까요?

리딩 레벨은 텍스트의 난이도를 기반으로 어느 정도까지 글을 읽고 이해하며 분석할 수 있는지를 진단하여 지수화한 것입니다. 전 세계적으로 다양한 지수들이 있는데, 그 중에 한국에 가장 많이 알려져 있는 것이 Lexile 지수와 AR입니다. 이러한 지수를 개발한 회사들은 저마다 계산 공식이 조금씩 다릅니다. 각 회사에서 개발한 테스트를 통해 진단을 내리는데, 그 테스트는 학교나 학원에 유료 계정을 주기 때문에, 보통 가까운 영어독서 전문 학원에 문의하여 이러한 테스트를 받아 볼 수 있습니다. 대부분 학원을 등록할 경우는 무료로 해주고, 등록을 안하는 학생들에게는 테스트 비용을 받습니다.

리딩 레벨을 진단하는 이유는 아이의 리딩 실력의 현재를 진단해보고, 부족한 부분을 돕기 위해서입니다. 따라서 리딩을 어느 정도 할 수 있는 1.0~1.5 이상 (미국 원어민 기준 1학년 5개월 정도의 수준, 한 문장에 3~4개 정도의 어휘로 이루어진 단순한 문장을 읽을 수 있는 정도의 수준)의 학생에게 의미가 있는 진단이라고 개인적으로 생각합니다. 리딩 레벨이 그 이하라면 아이가 어려움을 겪고 있는 내용은 뻔합니다. 알파벳 인지, 파닉스, 문자 해독, 유창성 훈련 등등 문자를 읽어내는 훈련을 해야 하는 시작 단계이기 때문입니다.

하지만, 2.0 이상으로 리딩 레벨이 점점 높아질수록, 어떤 리딩 전략이 약한지를 좀 더 자세히 분석해 볼 수 있습니다. 리딩 레벨의 수치만 보는 것이 다가 아니라는 것이 이 진단의 백미인데, 사실 수치만 보고 넘기는 경우가 많습니다.

리딩 지수가 들쭉날쭉 나올 수도 있습니다. 아이가 긴장할 수도 있고, 알고 있는 내용의 지문 또는 문제 유형에 익숙해질 경우도 그럴 수 있지요. 하지만, 들쭉날쭉 정도가 매우 심각한 경우는 조금 드물다 생각합니다. 어느 정도 전 세계적인 데이터가 쌓여있기 때문이죠. 다만 한 번의 데이터만으로 판단하는 것은 여러모로 정확하지 않을 수 있습니다. 평균치를 보는 것이 가장 정확할 수 있습니다. 가장 높은 점수와 낮은 점수를 제외한 점수들의 평균치를 보는 방법도 있구요.

또 수치만 보고 실망하거나 좋아하기에 또한 이 테스트 자체가 가진 단점이 있을 수 있습니다. 사실 리딩만 테스트 할 수 있죠. 보통 영어 실력은 말하기, 듣기, 쓰기, 읽기 이 4가지 영역으로 나눌 수 있습니다. 헌데, 우리나라에서는 이 네 가지 영역의 불균형이 심한 학생들이 너무나 많습니다. 학교에서 스피킹과 롸이팅Speaking & Writing을 가르치는 시간이 현저히 적기 때문에, 보통 읽고, 듣는 (수능도 리딩과 리스닝 파트 밖에 없지요.) 훈련만 많이 해서 그 능력은 높은 경우가 대부분입니다.

이 테스트를 보고 2.5가 나왔다고 해서 실제로 미국 원어민 기준으로 2학년 5개월의 수준이라고 판단하기엔 무리가 있습니다. 테스트를 하는 곳마다 다르지만, Verbal interview구두 인터뷰나 작문 실력을 통합적으로 테스트해주는 곳도 있습니다.

이러한 리딩 지수 테스트는 결과에 따라 '너는 잘하는 아이' 그리고 '너는 못하는 아이'라고 아이의 실력을 규정하고 레이블링Labeling, 분류표를 붙이는 일하는데 있다고 생각하지 않습니다. 우리 아이들의 가능성은 무궁무진합니다. 특히, 글을 읽고 쓰는 능력에 대한 성장은 아이들의 미래를 위한 권리이지요. 리딩 지수 테스트의 핵심은 아이의 제대로 된 성장을 돕기 위해, 부족한 면이나 강점들을 파악하는데 있다고 생각합니다. 수치만을 보지 않고, 그 수치 안에 들어 있는 것들을 분석하여 각각의 아이들의 성장을 돕는데 더 집중할 수 있으면 좋겠습니다.

Q14 아이가 계속 쉬운 책만 읽으려고 해요. 레벨 업을 해야 하는데 말이죠. 1년에 몇 레벨을 레벨 업하는 것이 적당할까요?

리딩 전문가들은 1년에 한 학년에 해당하는 레벨이 올라가는 것을 가장 이상적으로 생각합니다. 그것을 뜻하는 용어가 At Grade Level앳 그레이드 레벨, 학년 적정 레벨입니다.

아이가 계속 쉬운 책만 읽으려 하는 것은, 본인이 읽고 이해할 수 있고 재미있기 때문입니다. 우리도 모르는 분야나 관심 없는 분야의 두꺼운 책은 손이 잘 안 가지요. 아이의 입장도 마찬가지입니다. 다음 레벨로 넘어가기 위해서는 적절한 도움Instruction이 필요합니다.

리딩을 지도할 때, 아이들이 느끼는 이러한 어려움에 대해 지도하는 사람들이 더 잘 이해하도록 하기 위해, '좌절 레벨Frustration Level', '지도 레벨Instructional Level', '읽기 독립 레벨Independent Level'이라는 기준들을 제시합니다. 스스로 혼자 읽을 수 있는 책은 아이가 아는 단어가 98% 이상이어야만 한답니다. 놀랍지요? 나이가 어릴 수록 리딩 레벨이 낮을수록, 책을 읽고 이해하고 완독하는데 적절한 도움이 매우 필요합니다. 아이와 함께 책을 읽으면서 아이가 어떤 점을 어려워하는지를 한 번 파악해 보시고, 그 부분을 도와주면서, 조금씩 레벨을 올려 보세요.

그리고 리딩 레벨을 높이기 위해, 책의 레벨을 올릴 때도 현재의 레벨을 중심으로 아이가 너무 어렵다고 느끼지 않을 정도의 레벨의 책들을 골라야 합니다. 전문기관에서 시행하는 리딩 레벨 진단을 받으면 리딩 지수 수치가 나오는데요. 딱 그 수치에 맞춘 책만 읽히는 것이 아닙니다. 아이가 흥미를 잃지 않도록 텍스트 난이도가 조금 더 낮은 도서와 자신의 레벨보다 약간 높은 책을 섞어서 매칭하는 것이 좋습니다. 이것은 '성공적인 레벨 업을 염두한 추천 북 레벨 범위'라고나 할까요?

그렇다면, 어느 정도 낮거나 높아야 하는 걸까요? 감사하게도, 리서치에 기반한 추천 범위가 있습니다. 그것은 바로 러시아의 레프 비고츠키Lev Vygotsky는 아동의 인지발달 이론인, 근접발달영역Zone of Proximal Development에 근거한 것으로 르네상스 러닝사AR도 이 이론에 근거하여 각 레벨 별로 도서를 추천합니다.

● 리딩 레벨별 ZPD 추천 도서 레벨 범위 ●

미국학년 기준 리딩레벨	ZPD 추천 도서레벨 범위
1.0	1.0~2.0
1.5	1.5~2.5
2.0	2.0~3.0
2.5	2.3~3.3
3.0	2.6~3.6
3.5	2.8~4.0
4.0	3.0~4.5
4.5	3.2~5.0
5.0	3.4~5.4
5.5	3.7~5.7
6.0	4.0~6.1
6.5	4.2~6.5
7.0	4.3~7.5

예를 들어, 아이가 3.5 즉 미국 학년 기준으로 3학년 중반 정도의 리딩 실력을 갖춘 아이에게 2학년 후반부터 4학년 책을 섞어서 매칭해줌으로써 학생이 책 읽기에 대한 흥미도 잃지 않고, 높은 레벨에 너무 허덕이지 않게 리딩 지도를 해주며 리딩 레벨을 올려 줄 수 있는 거죠.

레벨 업에 대해 더 자세한 내용은 'Part II 잘못 쓰면 독, 리딩지수 이해와 활용'을 참조해주세요.

Q15 그림 있는 책에서 줄글 책으로 넘어 가려면 어떻게 해야 하나요?

그림이 있는 책은 Picture Book픽쳐북이고, 줄글 책은 Readers리더스나 Chapter

Book챕터북입니다.

픽쳐북은 대부분 부모님이 읽어주시는 책입니다. 아이가 책에 대해 흥미를 갖게 하고 언어에 노출되고 이해력과 상상력을 자극하는 것이 목표입니다.

리더스는 아이가 직접 읽는 연습을 하는 읽기 독립 훈련용으로 특별 설계된 책입니다. 하지만, EFL 환경영어를 외국어로 접하는 환경의 학생들에게 원어민들을 위해 설계된 리더스로 바로 가는 건 상당히 어려운 일입니다.

리딩 전문가들은 아이가 스스로 읽기 위해서는 음가, 파닉스 규칙, 사이트 워드Sight Words, 고빈도 어휘, 유창성 훈련, 문법에 대한 지식 등의 기초 훈련이 되어야 한다고 합니다. 줄글로 넘어가는 읽기 독립 훈련의 첫걸음용으로 Decodable Readers디코더블 리더스라는 파닉스 규칙을 기반으로 특별 설계된 디코딩 훈련용 리더스 교재와 파닉스 학습서를 함께 써서 아이가 글 읽는 훈련을 도와주셔야 합니다.

이에 대한 상세한 내용은 "Part III. 누구도 말해 주지 않은 읽기 독립 훈련의 첫 걸음 떼기!"를 참고하시기 바랍니다.

Q16 어느 정도 이해하는지 어떻게 파악할까?

- 책 내용 이해하는데, 문제를 잘 못 풀어요.
- 책 읽었는데 기억을 못해서, 다시 책을 찾아서 문제를 풀어요.

이해도를 측정하는 가장 쉽고 많이 쓰는 방법은 Comprehension Quiz를 푸는 것입니다. 출판사에서 민든 워크북을 활용하거나 유명한 영어 원서의 경우에 인터넷 검색을 하면 선생님들이 만들어 놓은 무료 워크시트나 퀴즈를 쉽게 구할 수 있습니다.

워크북이 아니더라도, 학부모님께서 인터넷으로 책의 줄거리를 검색하여 육하원칙으로 간단하게 질문을 만드셔서 답을 확인하면서 이해도를 간단하게 파악해 볼 수 있습니다.

또는 질문형이 아니라, 아이에게 요약을 직접 해보라고 할 수도 있습니다. 아이에게 육하원칙이나 이야기 기본 5요소_{주인공, 배경, 사건의 시작-중간-결말, 갈등, 해소}를 기반으로 리텔링retelling을 해보라고 하면 어느 정도 이해도는 파악할 수 있습니다.

책을 읽었는데, 기억을 잘 못해서 다시 책을 찾아서 문제를 풀 수도 있지요. 책의 중요한 정보를 기억하는 Recall_{기억을 상기하는} 일이 잘 안 되어 그럴 수 있어요. 책 중간 정도에 보시면, Retelling Bookmark_{리텔링 북마크}가 있는데요. 아이에게 책을 읽을 때, 중요한 요소들을 메모해도 괜찮다고 해주세요.

그리고, 책을 다 읽고 나서 Comprehension Quiz를 풀 때, 책 대신에 북마크와 메모만 활용하여 문제를 풀 수 있게 해주세요. 주요 정보를 구분하는 훈련을 할 수 있고, 다음에는 북마크와 메모도 빼는 거죠.

'책 내용을 이해했는데, 문제를 잘 못 푼다'라고 질문하셨는데, 책 내용을 표면적으로 이해했거나, 문제를 푸는 훈련이 안되어 있는 경우, 이 두가지 중 하나라고 봅니다. 깊은 이해를 하지 못했다면, 아이와 책을 다시 펼쳐놓고, 질문과 대화식으로 이해도를 도와주세요. 문장과 문장 사이에 깔려있는 의미를 파악하는 행간을 읽는 법에 대해서도 지도해야 하고, 전체와 연결하여 이해하는 법 등을 지도하는 것이 좋습니다.

만약 문제를 푸는 훈련이 되어 있지 않다면, 아이와 함께 문제를 이해하고 풀이하는 과정을 함께 해보세요. 이때 주의할 것은 답을 알려주기보다는 생각의 과정을 중간중간 도와주는 것입니다. 상세한 내용은 심화편 "이해력 차이를 만드는 바탕, 메타인지 독서 훈련법"을 참조하세요.

생각을 키우는 영어
영어 독서 코칭 입문

2020년 12월 18일 초판 1쇄 발행 | 2021년 10월 15일 초판 2쇄 발행

저자 이기택 · 이루시아 · 박원주 | **발행인** 장진혁 | **발행처** (주)형설이엠제이
주소 서울시 마포구 월드컵북로 402 KGIT 상암센터 1212호 | **전화** (070) 4896-6052~3
등록 제2014-000262호 | **홈페이지** www.emj.co.kr | **e-mail** emj@emj.co.kr
공급 형설출판사

정가 18,000원

ⓒ 2021 이기택, 이루시아, 박원주 All Rights Reserved.

ISBN 979-11-86320-80-8 03740

* 본서는 저자와의 협의에 따라 인지는 붙이지 않습니다.
* 이 책은 저작권법에 의해 보호를 받는 저작물이므로 동영상 제작 및 무단전재와 복제를 금합니다.

> 이 도서의 국립중앙도서관 출판시도서목록(CIP)은 서지정보유통지원시스템 홈페이지(http://seoji.nl.go.kr)와
> 국가자료공동목록시스템(http://www.nl.go.kr/kolisnet)에서 이용하실 수 있습니다.(CIP제어번호 : CIP2020048466)

영어
독서
코칭
입문